Disciplina Positiva
para adolescentes

Disciplina Positiva
para adolescentes

Uma abordagem gentil e firme
na educação dos filhos

3ª edição

Jane Nelsen, ED.D.

Lynn Lott, M.A.

Tradução de Bete P. Rodrigues e Ruymara Teixeira

Título original em inglês: *Positive discipline for teenagers: empowering your teens and yourself through kind and firm parenting*
Copyright © 1994, 2000, 2012 by Jane Nelsen and Lynn Lott. Todos os direitos reservados.
Publicado mediante acordo com Harmony Books, selo da Crown Publishing Group, uma divisão da Random House LLC, Penguin Random House Company, Nova York, EUA.
Esta publicação contempla as regras do Novo Acordo Ortográfico da Língua Portuguesa.

Editora-gestora: Sônia Midori Fujiyoshi
Produção editorial: Cláudia Lahr Tetzlaff
Tradução:

Bete P. Rodrigues
Treinadora certificada em Disciplina Positiva para pais, membro da Positive Discipline Association, mestre em Linguística Aplicada (LAEL-PUC/SP), palestrante e consultora para pais, escolas e empresas; professora da COGEAE-PUC/SP e *coach* para pais
www.beteprodrigues.com.br

Ruymara Teixeira
Graduada em Letras Português e Inglês pelas Faculdades Oswaldo Cruz, responsável pela formação e desenvolvimento de professores e coordenadores em uma rede de ensino de idiomas e um sistema bilíngue, certificada em Disciplina Positiva para pais e Disciplina Positiva na sala de aula pela Positive Discipline Association

Revisão de tradução e revisão de prova: Depto. editorial da Editora Manole
Diagramação: Anna Yue
Capa: Ricardo Yoshiaki Nitta Rodrigues
Imagem da capa: istockphoto

CIP-BRASIL. CATALOGAÇÃO NA PUBLICAÇÃO
SINDICATO NACIONAL DOS EDITORES DE LIVROS, RJ

N348d
3. ed.
Nelsen, Jane
    Disciplina positiva para adolescentes : uma abordagem gentil e firme na educação dos filhos / Jane Nelsen, Lynn Lott ; tradução Bete P. Rodrigues , Ruymara Teixeira de Almeida. - 3. ed. - Santana de Parnaíba [SP] : Manole, 2019.
    270 p.

    Tradução de: Positive discipline for teenagers : empowering your teens and yourself through kind and firm parenting
    Inclui índice
    ISBN 9788520458129

    1. Psicologia educacional. 2. Psicologia do desenvolvimento. 3. Psicologia do adolescente. 4. Pais e filhos. I. Lott, Lynn. II. Rodrigues, Bete P. III. Almeida, Ruymara Teixeira de. II. Título.

18-53537	CDD: 370.150835
	CDU: 37.015.3:159.922.8

Vanessa Mafra Xavier Salgado - Bibliotecária - CRB-7/6644

Todos os direitos reservados.
Nenhuma parte deste livro poderá ser reproduzida, por qualquer processo, sem a permissão expressa dos editores.
É proibida a reprodução por fotocópia.
A Editora Manole é filiada à ABDR – Associação Brasileira de Direitos Reprográficos.

Os nomes e as características dos pais e crianças citados na obra foram modificados a fim de preservar sua identidade.

Edição brasileira – 2019

Direitos em língua portuguesa adquiridos pela:
Editora Manole Ltda.
Alameda América, 876
Tamboré – Santana de Parnaíba – SP – Brasil
CEP: 06543-315 | Fone: (11) 4196-6000
www.manole.com.br | https://atendimento.manole.com.br/

Impresso no Brasil
Printed in Brazil

*Aos pais e adolescentes,
para ajudá-los a transformar a transição da
infância para a adolescência em um momento
alegre e empoderador.*

SUMÁRIO

Sobre as autoras   ix
Prefácio à edição brasileira   xi
Agradecimentos   xiii
Introdução   xv

Capítulo 1   Como saber quando seu filho tornou-se um adolescente?   1
Capítulo 2   De que lado você está?   17
Capítulo 3   Qual é o seu estilo parental?   31
Capítulo 4   Como os erros podem ser oportunidades maravilhosas para aprender?   47
Capítulo 5   Como motivar os adolescentes?   59
Capítulo 6   Seu filho adolescente escuta alguma coisa do que você diz?   77
Capítulo 7   As reuniões de família funcionam com os adolescentes?   99
Capítulo 8   Como conseguir passar tempo de qualidade com seu filho adolescente?   113
Capítulo 9   Você está desencorajando ou empoderando seu filho adolescente?   123
Capítulo 10   Você está ensinando habilidades de vida?   147
Capítulo 11   Quão conectados estão seus filhos?   161
Capítulo 12   Por que eles agem dessa forma?   173

Capítulo 13	Como você lida com comportamentos assustadores? 201
Capítulo 14	Seus problemas de adolescência não resolvidos estão atrapalhando? 233

Conclusão 241

Índice remissivo 245

SOBRE AS AUTORAS

JANE NELSEN é autora e coautora de vinte livros e terapeuta familiar licenciada com doutorado em psicologia educacional pela University of San Francisco. Ela encontra muita inspiração para seus livros com seus sete filhos, 22 netos, treze bisnetos e um marido muito companheiro. Ela escreveu o primeiro livro, *Disciplina Positiva*, em 1981. Mais tarde, juntou-se a Lynn Lott para escrever *Disciplina Positiva para adolescentes*, *Disciplina Positiva em sala de aula* e outros. Depois com Cheryl Erwin e Roslyn Duffy escreveu *Disciplina Positiva para crianças de 0 a 3 anos*, entre outros. Ela também escreveu livros com dois de seus filhos: Mary Nelsen Tamborski e Brad Ainge – *Positive Discipline Parenting Tools*. Muitos livros da série Disciplina Positiva foram publicados, e hoje o método possui milhares de seguidores em diversos países.

LYNN LOTT é autora e coautora de 22 livros com mestrado em aconselhamento familiar e de casais pela University of San Francisco (1978) e mestrado em psicologia pela Sonoma State University (1977). Ela criou um programa chamado *Encouragement Consultants* (EC), que agora está em todo o mundo, ajudando a incentivar as pessoas a reeducarem sua criança interior. Ela ensina as pessoas a encorajarem a si mesmas e aos outros. Em seu tempo livre, Lynn adora esquiar, ler, cozinhar e fazer caminhadas. Ela vive entre Califórnia e Flórida com o marido, Hal Penny. Lynn é mãe de dois filhos, madrasta de dois e avó de seis. Para mais informações sobre a Lynn, visite www.lynnlottec.com.

PREFÁCIO À EDIÇÃO BRASILEIRA

Educar em um mundo digital, no qual os adolescentes interagem nas mídias sociais e têm acesso infinito à informação, pode ser muito desafiador. Os pais foram preparados para competir e não para colaborar no trabalho. Alguns esperam que seus filhos reproduzam esse mesmo modelo. O mundo atual necessita cada vez mais de colaboração, empatia, criatividade e autonomia. A obediência, a passividade e o individualismo não têm mais espaço. Da mesma forma como o mundo mudou, a educação também precisa ser modificada.

Este livro nos ajuda a refletir sobre nosso papel de educar e sobre a importância de nos conectarmos com os adolescentes por meio da empatia, para que possamos ter relações entre gerações mais harmoniosas e respeitosas. O mundo, sim, mudou, mas a necessidade de conexão, empatia e desenvolvimento de habilidades de vida, não.

Nós conhecemos os princípios da Disciplina Positiva há pouco mais de 10 anos, em janeiro de 2008, em Los Angeles. No primeiro contato, sentimos uma certa resistência e até desconfiança. No entanto, nossa curiosidade foi aguçada, lemos diversos livros e começamos a aplicar muitos dos conceitos e ferramentas no dia a dia com nossos familiares, nossos alunos de 7 a 12 anos e em *workshops* para grupos de educadores e mães e pais. Os excelentes resultados modificaram nossa perspectiva sobre essa abordagem socioemocional. Nosso entusiasmo foi tanto que começamos a usar as ferramentas da Disciplina Positiva também em outros contextos de vida: família, trabalho, amigos.

Realizar a tradução deste livro juntas foi uma oportunidade maravilhosa e um enorme prazer para nós duas.

Este livro, assim como todos os outros da série Disciplina Positiva, traz *insights* sobre a vida pessoal. No caso deste título, sobre situações da adolescência que foram esquecidas, mas que podem continuar impactando na vida atual e a maneira como nos relacionamos e orientamos os adolescentes que nos cercam.

Disciplina Positiva para adolescentes é dividido em 14 capítulos que podem ser lidos de acordo com seu interesse ou necessidade. Porém, convidamos o leitor a ler a Introdução, que traz uma verdade simples e tocante e dá um direcionamento importante sobre como podemos trazer mais qualidade e respeito em nossas relações com adolescentes. Os Capítulos 1 a 3 ajudam a compreender melhor os demais capítulos que tratam de assuntos específicos.

Os leitores observarão que mesmo os exemplos sobre uso de eletrônicos, por exemplo, que podem parecer inicialmente "desatualizados", nos convidam a uma importante reflexão sobre a nossa relação com as mídias sociais e internet.

Disciplina Positiva para adolescentes é para ser lido, relido, consultado. Pode ser um companheiro e conselheiro nos momentos de angústia e confusão durante sua jornada com adolescentes.

Que essa leitura traga entusiasmo e coragem para lidar com a adolescência, que segundo as autoras enfatizam, não dura para sempre e é apenas uma fase da vida.

Boa leitura!

As tradutoras

AGRADECIMENTOS

Agradecemos aos nossos filhos, clientes e aos participantes dos cursos que nos ajudaram a aprender as lições sobre criar filhos adolescentes – repetidas vezes.

Agradecemos nosso editor, Nathan Roberson, que foi extremamente prestativo e apoiou nossos muitos pedidos.

Agradecemos nossos maridos, Hal Penny e Barry Nelsen, que são infinitamente solidários e tomam conta de tudo enquanto tentamos cumprir o prazo de entrega de um livro.

INTRODUÇÃO

Você se lembra de quando seu filho adolescente era um bebê aprendendo a andar? Que marco importante. Você não queria perder nada, e você o apoiou e o encorajou. Você segurava suas mãozinhas e caminhava com ele – mas sabia que tinha que soltá-lo para que ele conseguisse andar sozinho. Você também sabia que talvez ele caísse quando o soltasse, mas você acreditava que isso era apenas parte do processo.

Então você o soltou, e ele deu alguns passos vacilantes e caiu. O que você fez? Você provavelmente o encorajou: "Veja o que você fez! Você deu alguns passos. Você consegue! Vamos tentar de novo". Vocês dois estavam se divertindo muito. Quando ele se cansou da brincadeira e não quis mais andar, você recuou e esperou um pouco. Você acreditava que ele aprenderia a andar no seu tempo.

Enquanto isso, você preparou o ambiente. Protegeu sua casa. Cobriu quinas e removeu objetos que poderiam machucar seu filho. Criou um espaço seguro no qual ele poderia expandir suas habilidades. Chamamos isso de "construção de pontes", e você é o construtor de pontes. Quando seus filhos são pequenos e indefesos, você constrói pontes que têm extremidades próximas, para que seus filhos tenham segurança e espaço para se movimentar, experimentar, aprender e crescer. À medida que seus filhos ficam mais velhos e mais habilidosos, você afasta as "extremidades da ponte", de modo que eles tenham mais espaço para se movimentarem livremente, continuando em segurança.

Agora você tem um adolescente que está aprendendo a ser um adulto. Onde estão as extremidades da ponte agora? Você está aproximando as extremidades por causa de seus medos? Você está afastando-as para apoiar o processo dele? Você sabe que tem que soltá-lo antes que ele atinja a idade adulta? Você sabe que quando o deixar ir, ele tropeçará e cairá? Quando ele cai ou comete um erro, você entende que isso é apenas parte do processo de crescimento? (Você não tropeçou e caiu e cometeu erros?) Você o encoraja, anima e mostra que acredita que ele conseguirá?

A adolescência é uma fase importante do processo de crescimento. Durante essa fase, os adolescentes tentam descobrir quem são e tentam separar-se dos pais. A neurociência confirma isso, explicando que "o cérebro adolescente [...] mostra os adolescentes menos como um rascunho e mais como criatura extraordinariamente sensível e altamente adaptável, programada quase perfeitamente para a tarefa de sair da segurança de casa para o complicado mundo exterior" (http://ngm.nationalgeographic.com/2011/10/teenage-brains/dobbs-text).

O problema é que durante esse período a maioria dos pais usa muitos métodos parentais que tornam as situações piores em vez de melhores, chegando ao ponto de impedir que o cérebro adolescente execute seu trabalho. Este livro irá ajudá-lo a educar, desafiar e apoiar os adolescentes em uma atmosfera de respeito mútuo que afirme sua própria autoestima e a autoestima de seus filhos. Este livro lhe dará ferramentas para ajudar seus filhos a se tornarem os adultos adaptativos altamente funcionais que podem ser. Um bônus adicional é que você aprenderá a explorar seus próprios problemas não resolvidos da adolescência e a avançar também.

Cada capítulo deste livro contém informações tão importantes que foi difícil decidir quais capítulos deveriam estar no início. Nós consideramos que todos eles mereciam pelo menos o *status* de primeiro ou segundo capítulos. Portanto, leia os capítulos em qualquer ordem que lhe agrade, porque todos eles o ajudarão a se treinar novamente para poder educar seu filho de maneira mais eficaz.

Este livro é sobre gentileza e firmeza. Sabemos que passar pela adolescência pode ser como passar por uma zona de guerra tanto para você como para seus filhos adolescentes. A gentileza e a firmeza podem desaparecer e ser substituídas por métodos parentais menos encorajadores. É fácil perder seu senso de admiração e seu senso de humor. Lembre-se de como você achava seu filho adolescente lindo e adorável quando ele era bebê e tropeçava – e agora você pode olhar para o seu filho adolescente e se perguntar: "O que eu criei? Quem é essa pessoa? Como isso aconteceu? O que eu faço agora?". Muitas pessoas dirão a você que controlar (por meio de punições e recompensas) é exatamente o que o adolescente precisa.

Embora o controle algumas vezes dê a ilusão de sucesso em curto prazo, as crianças que são criadas com escolhas, responsabilidade e consistência têm maior probabilidade de desenvolver as habilidades sociais e de vida que lhes ajudarão muito ao longo de suas vidas. Este livro irá ajudá-lo a encontrar respostas e princípios que funcionam em vez de jogar a toalha ou desistir do seu filho ou de si mesmo. Trabalhar com o adolescente pode se tornar uma oportunidade para aprender ou reaprender o significado de respeito mútuo. Quando você aprender a ser mãe ou pai com gentileza e firmeza em vez de controle, você descobrirá que indivíduo fascinante é seu filho adolescente.

Se até agora você cuidou de seus filhos com um punho de ferro, seus filhos adolescentes vão amá-lo por lhes dar mais espaço. No entanto, eles podem não compreender o que significa ter mais liberdade e escolhas. Nesse caso, depende de você ajudá-los a entender a responsabilidade que acompanha suas escolhas. Abrir mão do controle não tem a ver com permissividade. Trata-se de compartilhar o controle respeitosamente. Este livro mostrará muitas maneiras de transmitir essa mensagem com sucesso.

Se você mimou e superprotegeu seus filhos, eles não ficarão animados por começar a assumir mais responsabilidade. Eles podem estar acostumados com você fazendo tudo por eles. Eles podem pensar que a responsabilidade é uma tarefa sua. Eles podem ser inábeis e preguiçosos e talvez até sintam um pouco de medo. E se eles realmente não puderem fazer o que é necessário? E se eles parecerem tolos tentando? E se for estressante assumir mais? Esteja preparado quando seus adolescentes tentarem convencê-lo de que é seu trabalho como mãe ou pai continuar a fazer por eles o que eles podem aprender a fazer por eles mesmos. Esteja pronto para que sintam raiva de você quando você responsabilizá-los por seu comportamento. Quando eles terminarem suas birras, você ficará satisfeito com a facilidade com que eles passam a ser mais responsáveis, e eles vão gostar do novo sentimento de capacidade e competência.

Seu trabalho é preparar seus filhos para a vida. Talvez você desejasse ter começado quando eles eram mais jovens. Isso teria sido bom, mas se você não o fez, a hora de começar é agora. Lembre-se de dar pequenos passos e trabalhar nas suas novas habilidades, uma de cada vez, até se sentir mais à vontade com elas. Você vai achar a parentalidade muito mais fácil quando fizer isso. É possível manter a alegria ao educar adolescentes.

1

COMO SABER QUANDO SEU FILHO TORNOU-SE UM ADOLESCENTE?

Quando seu filho não acha mais você sensacional

Quando Sally se tornou adolescente, sua mãe achou que a garota se tornara uma pessoa diferente. Ela se vestia de maneira diferente, tinha amigos diferentes, tornou-se fã de rock e começou a tocar violão. Na essência, ela ainda era Sally, mas agora assumira um novo papel: Sally, "a roqueira". Uma amiga perguntou à mãe de Sally: "Quando Sally era pequena, ela gostava de super-heróis? Ela pediu para você costurar um 'M' em seu *collant* para que ela pudesse fingir que era a Mulher Maravilha? Você achava isso fofo?". Mamãe sorriu ao recordar quanto achava Sally fofa nessa fase. Sua amiga continuou: "Você consegue imaginá-la desse jeito agora? Imagine que ela está vestindo uma fantasia de roqueira. É isso que está acontecendo; ela está experimentando uma nova identidade, mas essa identidade não é quem Sally realmente é".

Pode ser útil lembrar como a *sua* personalidade é diferente da que você tinha na adolescência. Mesmo que conviver com seu filho adolescente pareça que vai durar para sempre, a adolescência é apenas uma pequena parte do processo de crescimento. Não é de forma alguma o destino final.

O adolescente ideal e o adolescente normal

Em nossos *workshops* sobre educação de adolescentes, desafiamos noções preconcebidas sobre adolescentes por meio de uma atividade chamada "Desenhe um adolescente" (do manual *Teaching parenting the positive discipline way*, de Lynn Lott e Jane Nelsen, 6.ed., 2008). Nós formamos dois grupos. Um grupo é convidado a desenhar um adolescente "normal" – como a maioria dos pais vê seus adolescentes. Nós os convidamos a exagerar. O adolescente representado é egocêntrico, ouve música alta, desafia a autoridade, prefere amigos à família, tem um quarto bagunçado decorado com cartazes, valoriza carros e um estilo de vida independente, adota os estilos de roupas dos colegas (não importa quão nojentos sejam eles), está usando fones de ouvido e jogando *videogames*, fuma e bebe álcool. Comentários do grupo incluem:

"Bem, isso é um exagero. Nem todos os adolescentes são assim."

"Mas com certeza retrata a rebeldia, porque a maioria deles é bem parecida com isso."

"Isso me ajuda a lembrar que meu filho adolescente não seria normal se limpasse seu quarto."

"Parando para pensar, eu também fui assim um dia."

Esse último comentário foi um bom lembrete para o grupo de que todos nós continuamos a crescer e a mudar além da adolescência.

O outro grupo é convidado a desenhar um adolescente "ideal", ou como a maioria dos pais acha que quer que seus filhos sejam. Esse adolescente é descrito como o popular da turma, cumpre acordos ("Eu prometo estar lá no horário combinado, como sempre"), se voluntaria para ajudar, adora conversar com os pais ("Deixe-me contar tudo sobre a minha vida"), come apenas comida saudável, não vê televisão, adora esportes, ganha duas bolsas de estudo (uma atlética e uma acadêmica), tem excelentes resultados no Enem e nos vestibulares, consegue um trabalho temporário para as férias com seis meses de antecedência, paga com seu próprio dinheiro os produtos de cabelo ou a maquiagem que usa e economiza o resto para a faculdade e para comprar um carro, respeita a todos (incluindo irmãos), é respeitosamente assertivo, não perde tempo com *videogames* e é um aluno nota 10. Os comentários do grupo incluem:

"Um adolescente assim não teria amigos. Ninguém o suportaria."

"Eu tenho amigos que têm um filho assim e eu não o suporto."

"Minha filha é assim, embora ela pareça muito estressada a maior parte do tempo."

"Posso ver que espero que meu filho seja perfeito, mesmo que eu não seja."
"Eu conheço alguns adolescentes assim e acho que eles são ótimos."

Os pais costumam ver o adolescente dos sonhos como o "garoto bom". Você pode não ter pensado nisso, mas esses adolescentes podem ter se rendido a serem agradáveis e viciados em aprovação. Seus pais os usam como padrão e dizem aos irmãos: "Por que você não é como seu irmão ou sua irmã? Pelo menos eu tenho um que não me causa nenhum problema". O "bom garoto" pode se sentir valorizado somente se ele ou ela estiver recebendo esse tipo de elogio. Muitos adolescentes assim desmoronam quando cometem seu primeiro grande erro. Alguns não conseguem lidar com a competição quando chegam à faculdade e descobrem que não são os únicos alunos especiais. Incapazes de lidar com essa pressão, alguns até cometem suicídio porque não acham que conseguem se manter no topo. Outros começam sua individuação muito tarde, às vezes desperdiçando seu primeiro ano de faculdade em festas, em vez de estudar, por terem deixado de se sentir pressionados por seus pais.

O que todos os adolescentes estão tentando descobrir é: "Quem sou eu, e será que sou bom o suficiente?". Essa jornada pode parecer muito diferente do lado de fora, dependendo do adolescente. Não se deixe enganar pelas aparências. É muito difícil passar pela adolescência sem alguma insegurança. Tenha em mente que, se você fantasia ter um adolescente ideal, seu filho ou filha pode estar enfrentando problemas ligados ao perfeccionismo.

Seus sentimentos permitem que você saiba quando seu filho se tornou adolescente

As mudanças mais dramáticas em seus filhos provocarão sentimentos em você. Pense em como você ficou animado quando seus filhos foram desfraldados. Lembre-se de como você se sentia quando seu filho respondia "NÃO" para tudo o que você pedia. Relembre seus sentimentos quando seus filhos começaram a ir à escola ou dormiram pela primeira vez na casa de um amigo. Agora pense em alguns dos sentimentos que você teve quando seus filhos entraram na adolescência. Você consegue igualar o choque e/ou estresse experimentado pelos pais a seguir?

Herb relembrou o dia em que descobriu por acaso que sua filha de 11 anos, Kim, enviara 210 mensagens de texto em menos de um dia para um menino de sua classe. A maioria dos textos se referia ao quanto eles gostavam um do outro e ao fato de que queriam se beijar. A outra filha de Herb, Macy, de 15 anos, não tinha interesse em garotos nem em trocar mensagens de texto, então ele se surpreendeu ao perceber que sua filha de 11 anos havia se tornado adolescente.

Maxine levou seu enteado para comprar uma jaqueta nova. A balconista colocou a jaqueta em uma sacola, e o enteado se afastou e começou a sair da loja, deixando a sacola no balcão. Maxine pegou a sacola, irritada porque o garoto estava sendo mal-agradecido. Quando ela o encontrou no carro, perguntou a ele o que estava acontecendo. Ele disse: "Eu não queria que ninguém me visse carregando uma sacola pelo *shopping*. Isso é ridículo". Maxine não sabia se queria abraçá-lo ou matá-lo.

Sandi lembrou-se do choque que sentiu quando seu sobrinho, que nunca prestava atenção se suas meias combinavam ou se seu cabelo estava penteado, apareceu com calças abaixo da cintura, tênis sem cadarços e cabelos cheios de mousse modeladora. Ele tinha acabado de adotar o mais recente "visual" adolescente.

Pete disse a seu amigo: "Não sei o que está acontecendo com meu filho Trevor, de 13 anos. Num minuto ele é meu melhor amigo, e no outro grita comigo e me trata como o inimigo. Estou começando a ser duro com ele, para que ele não ache que pode se safar com esse mau comportamento. Não me lembro de quando me senti tão bravo". O amigo de Pete não pôde deixar de rir. "Pete", disse ele, "bem-vindo ao mundo dos adolescentes. Você foi iniciado."

A iniciação à educação de um adolescente pode ser estressante

O estresse é o espaço entre seus pensamentos sobre como a vida deveria ser e como a vida realmente é. Essa definição de estresse (embora diferente do que você pode ter ouvido) pode ser muito útil. Uma vez que o estresse é criado por seus pensamentos, você pode se sentir menos estressado tornando-se consciente dos pensamentos e procurando maneiras de mudar a vida, ou como você acha que ela deveria ser. Esse método pode ser feito sem que você tenha de fazer respirações profundas (embora não faça mal você respirar fundo), correr (embora estimulemos todos os tipos de exercícios), tomar pílulas ou um drinque (de verdade). Na atividade a seguir, mostraremos como é fácil reduzir o estresse.

Pegue uma folha de papel. Na parte superior, escreva sua opinião sobre como você acha que as coisas *deveriam ser* com seu filho adolescente. Agora, na parte inferior, anote como elas *estão sendo*. Observe o espaço entre a parte superior e a inferior do papel e, com letras grandes que preencham todo o espaço, escreva a palavra "ESTRESSE". O estresse é representado pelo espaço entre como a vida deveria ser (de acordo com você) e como a vida é.

Nesse momento, você já pode ver por que está se sentindo tão estressado – provavelmente há um grande espaço entre os dois pontos. Agora pense no que você faz quando está estressado. Anote em seu papel, em algum lugar no meio da folha. O que você está anotando são seus comportamentos de enfrentamento para lidar com o estresse. Se você olhar atentamente, seus comportamentos de enfrentamento podem estar aumentando seu estresse.

Esta é a parte complicada. É a chamada "dobradura do papel". Sua tarefa é dobrar a parte de baixo do papel para que ela alcance a parte superior do papel, de modo que as duas linhas que você escreveu estejam agora uma perto da outra. (Você pode precisar pedir a ajuda de seus filhos adolescentes para isso.) Ao olhar para as duas linhas juntas, sem o estresse entre elas, o que você pensa, sente e decide?

Aimee experimentou fazer essa atividade. No topo, ela escreveu: "Eu fico louca quando meu filho adia e espera até o último minuto para fazer a lição de casa. Eu odeio ter que chamar a atenção dele o tempo todo".

Na parte inferior, ela escreveu: "Não importa o que eu faça, ele fica irritado e adia ainda mais. O mais frustrante é que ele geralmente faz as tarefas, mas cria muito estresse para si e para mim".

Aimee contou que o espaço entre o topo do papel e a parte inferior era uma boa representação do estresse dela. A maneira como ela lidava com o estresse era sentindo-se irritada e obcecada com a seguinte questão: "Por que ele não pode simplesmente fazer o que deveria fazer?". Então ela o interrompia e o importunava para que ele fizesse a lição de casa. Ela o ameaçava com a perda de privilégios e ficava com raiva quando isso não funcionava. Então se sentia um fracasso como mãe porque não era capaz de mudá-lo.

Quando ela dobrou o papel para que as linhas ficassem próximas uma da outra sem o espaço, ela disse: "Que desperdício. Toda a minha raiva e irritação não mudam nada. Eu me pergunto o que aconteceria se eu apenas o reconhecesse por fazer a lição de casa no último minuto. Isso apenas reforçaria sua procrastinação? Bem, o que estou fazendo não está mudando nada. Eu posso pelo menos desistir do meu estresse. E seria engraçado ver a cara dele quando eu o elogiasse em vez de importuná-lo".

Essa atividade sobre o estresse ajuda muitos pais a obter uma consciência que elimina (ou reduz bastante) seu estresse. Você também pode reduzir seu estresse quando entender que quem seus filhos adolescentes são hoje não é quem serão para sempre.

Quem eles são hoje não é quem serão para sempre

Quando Mary era adolescente, sua mãe constantemente a repreendia por deixar seus pratos sujos no quarto ou na pia. Agora, Mary repreende o marido por deixar pratos sujos espalhados pela casa ou na pia. Brian parecia egocêntrico e egoísta quando adolescente. Como adulto, ele é um assistente social que defende pessoas necessitadas.

Pense em você quando era adolescente. De que maneiras você é diferente como adulto? Você é mais responsável? Você tem mais propósito e motivação na vida? Você é menos egoísta? Você está mais preocupado com os outros? Você pode achar útil fazer uma lista sobre a maneira drástica como mudou desde a adolescência.

Embora possa parecer diferente, os adolescentes ainda não cresceram. Seu comportamento é apenas temporário. Os adolescentes querem explorar como são diferentes de suas famílias, como se sentem e o que pensam sobre as coisas, e quais são seus próprios valores. Esse processo de separação da família é chamado de "individuação".

A individuação na adolescência pode começar cedo, aos 10 ou 11, ou tarde, aos 18 ou 19 anos. Algumas pessoas nunca passam por esse processo (apenas mudam fisicamente), ou esperam até a idade adulta para dar os grandes passos descritos nas características de individuação a seguir, que são discutidas em mais detalhes após a lista.

Características da individuação

1.   Os adolescentes têm a necessidade de descobrir quem são.

2. A individuação muitas vezes se parece com rebeldia porque os adolescentes estão testando os valores da família.
3. Os adolescentes passam por grandes mudanças físicas e emocionais.
4. Os relacionamentos com seus pares tornam-se mais importantes que os relacionamentos familiares.
5. Os adolescentes exploram e exercitam o poder pessoal e a autonomia.
6. Os adolescentes têm uma grande necessidade de privacidade com relação a seus pais.
7. Os pais se tornam um constrangimento para os adolescentes.
8. Os adolescentes se consideram onipotentes e acham que sabem tudo.

Tenha em mente que essas características ocorrem em um *continuum* que vai de quase nunca a quase o tempo todo. O desenvolvimento adolescente pode ser muito diferente de adolescente para adolescente.

Os adolescentes têm a necessidade de descobrir quem são

Você sabe que seus filhos estão se individualizando quando começam a guardar segredos de você. Você se lembra dos seus próprios segredos adolescentes? Quando pedimos aos pais que façam uma atividade chamada "segredos adolescentes" (o que você fazia quando era adolescente e não queria que seus pais soubessem?), todos riem muito ao compartilhar suas histórias sobre sair às escondidas à noite, experimentar drogas e álcool, sexo no banco de trás do carro, e brincadeiras que justificariam sentenças de prisão hoje. Esses pais são CEOs de empresas, professores, diretores, mecânicos, médicos, encanadores, pais e mães que têm medo de que seus filhos façam as mesmas coisas que eles faziam quando eram adolescentes.

A individuação muitas vezes se parece com rebeldia

Embora a maioria dos pais se preocupe quando seus adolescentes se rebelam, seria mais apropriado se preocupar se eles não o fizessem. Os adolescentes devem começar sua separação de suas famílias, e a rebeldia lhes dá a capacidade de fazer isso. No início, os adolescentes podem se rebelar desafiando o que é importante para suas famílias (valores familiares), ou se concentrando no que seus pais querem e, em seguida, fazendo exatamente o oposto. Mais tarde, eles podem se rebelar de outras maneiras – mas, a princípio, a individuação é principalmente uma reação contra seus pais, e fazer o oposto é a maneira mais simples e natural de ser diferente. Se os pais não permitirem que os adolescentes se rebelem, eles podem fazê-lo aos 20, 30 ou 50 anos. Adolescentes que não se rebelam (individualizam) podem se tornar viciados em aprovação – temerosos de correr riscos ou de se sentirem confortáveis com quem são.

Quando os adolescentes podem passar por seu processo de individuação em uma atmosfera de apoio (ver Capítulo 9), ficam mais propensos a readotar os valores da família aos 20 anos. Quanto mais se depararem com julgamento, punição e controle desrespeitosos, maior a probabilidade de ficarem "presos" em seu processo de individuação, e menor a probabilidade de voltarem aos valores familiares.

Os adolescentes passam por grandes mudanças físicas e emocionais

Quer gostem ou não, os adolescentes estão amadurecendo física e sexualmente, passando por processos biológicos que estão essencialmente fora de seu controle. Além dos sentimentos tumultuados e contraditórios que essas mudanças importantes causam, os adolescentes podem sentir ansiedade em relação à velocidade da mudança – eles podem achar que sua maturação física é muito rápida ou muito lenta em relação à de seus pares. (A maioria dos pais prefere que seus filhos amadureçam lentamente, mas a natureza tem seus próprios padrões.)

O processo de maturação física, com suas mudanças hormonais repentinas e poderosas, provoca mudanças de humor. Sem nenhuma premeditação, os adolescentes são agradáveis em um minuto e no próximo instante querem devorar a cabeça dos pais. Além disso, alguns adolescentes crescem fisicamente a uma velocidade tão rápida que experimentam verdadeiras "dores de crescimento", que realmente fazem seus corpos doerem.

Durante a adolescência, a maioria dos pesquisadores acredita que o cérebro passa por uma "segunda onda" de desenvolvimento. A puberdade também tem início, e a combinação dos hormônios com o crescimento do novo cérebro pode ser esmagadora. O córtex pré-frontal, responsável por muitas funções "adultas" como controle de impulsos, gestão e regulação emocional e resolução de problemas, ainda está amadurecendo. Os adolescentes processam emoções e tomam decisões principalmente por meio do sistema límbico (o chamado cérebro primitivo). Em outras palavras, eles reagem aos outros, identificam seus próprios sentimentos e tomam decisões com seu "instinto". Isso é parte da razão pela qual os adolescentes podem ser impulsivos, dramáticos e sujeitos a correr riscos. Eles precisam de ajuda para identificar seus sentimentos e, em seguida, conectar-se com sua mente para poder refletir sobre as coisas (isso será abordado mais detalhadamente no Capítulo 6, sobre habilidades de comunicação).

O desenvolvimento do cérebro não justifica escolhas e comportamentos ruins, mas ajuda os pais e professores a entender por que os adolescentes precisam de conexão, disciplina com gentileza e firmeza, capaz de ensinar, e boas habilidades para a vida. (E paciência – muita paciência.) Entender o desenvolvimento do cérebro também pode ajudar os adultos a não levar para o lado pessoal o mau comportamento dos adolescentes, mantendo-se calmos, gentis e firmes ao estabelecer limites e acompanhamento eficaz.

Os relacionamentos com seus pares tornam-se mais importantes que os relacionamentos familiares

Isso pode deixá-lo louco, mas um dos maiores indicadores da adolescência é quando seus filhos começam a se preocupar se estão "dentro" ou "fora" da turma e as decisões que tomam sobre si mesmos são baseadas em seu *status*. Eles podem decidir que são "vencedores" ou "perdedores" e, em seguida, intensificar seu comportamento de "rebeldia" se acreditarem que são "perdedores". Isso pode se tornar muito confuso e muito traumático. Como eles poderiam perder tempo se preocupando com seus relacionamentos familiares se no fundo estão preocupados em se sentir seguros no seu lugar de pertencimento à turma?

Embora os relacionamentos com seus pares ajudem os adolescentes em sua tarefa de separação, os pais muitas vezes interpretam a preocupação com os amigos como rejeição ou rebeldia. Não leve o processo de individuação deles para o lado pessoal. Tenha paciência. Se você evitar as disputas por poder e as críticas, seu filho adolescente se tornará um de seus melhores amigos quando chegar aos 20 anos.

Os adolescentes exploram e exercitam o poder pessoal e a autonomia

Você já se sentiu chocado ao ouvir um amigo ou vizinho lhe dizer o quanto seu filho adolescente é simpático e educado? Você se perguntou: "De quem você está falando?".

Isso pode ser um sinal de boa parentalidade. Seu filho adolescente se sente seguro para "testar" seu poder pessoal ao seu redor, mas pratica o que ele ou ela está aprendendo com você enquanto está em público.

Os adolescentes têm um forte desejo de descobrir do que são capazes – eles precisam testar seu poder e importância no mundo. Isso significa que eles querem decidir o que podem fazer por si mesmos sem serem direcionados e ordenados. Os pais geralmente interpretam isso como um desafio ao seu próprio poder, criando, assim, disputas por poder. A chave é aprender a apoiar a exploração adolescente de maneiras respeitosas que ensinam habilidades importantes para a vida. Quanto mais seguros se sentem em casa, menos traumático é seu processo de individuação.

Os adolescentes têm uma grande necessidade de privacidade

Você pode se perguntar por que seu filho precisa de privacidade em relação a você quando ele ou ela posta cada pensamento e sentimento para o mundo todo via Facebook ou outros sites de redes sociais. Será que os adolescentes não são necessariamente racionais? Talvez você possa simplesmente deixar de fazer perguntas e se tornar um amigo no Facebook.

Como eles se desenvolvem rapidamente e não conseguem controlar isso, os adolescentes podem sentir-se envergonhados de ter suas famílias observando-os. À medida que os adolescentes tentam descobrir o que é importante para eles, podem se envolver em certas atividades sem a aprovação dos pais e então decidir por si sós que talvez não queiram fazer nada daquilo, afinal. Para não se encrencarem ou desapontá-lo, os adolescentes descobrirão como testar atividades que talvez você não aprove sem que você tome conhecimento, como esconder roupas e maquiagem em suas mochilas e se trocar na escola, esconder cigarros, assistir a filmes impróprios que você pediu que não assistissem, escrever seus pensamentos mais secretos em um diário, ou sair com amigos que eles acham que você não aprovaria. Outra maneira de os adolescentes protegerem sua privacidade é mentir.

Adolescentes muitas vezes mentem porque amam os pais e querem protegê-los. Eles querem ser capazes de fazer o que querem fazer sem ferir seus sentimentos. Outras vezes, mentem para se proteger – de suas duras opiniões e possivelmente duras ações. Veja a seguir o que os adolescentes dizem sobre mentir:

"Eu minto para ir a festas porque, se não houver pais ou responsáveis no local, ela não aceita nem conversar sobre o assunto."

"Eu sou muito honesta com a minha mãe porque ela me trata como se eu fosse mais velha do que sou e me ensina a beber com responsabilidade."

"Eu mentia quando estava no primeiro e no segundo anos. Então decidi que não queria mais mentir para eles. Eu disse a eles, porque eu não quero mentir, e agora eu lhes digo tudo. Eu já passei por muita coisa com minha mãe."

"Eu não compartilho coisas que eles não gostariam de ouvir. Eles só querem ouvir coisas boas, então eu invento coisas, tipo, 'havia uma garota na festa que era tão retardada que ficou bêbada'. (Na verdade a garota era eu.)"

"Eu me sentiria pior sobre mim mesmo se dissesse a verdade porque minha mãe não entenderia, por causa do tipo de educação que ela recebeu."

"Contar a verdade depende de seus pais: para alguns você pode contar tudo, e outros, se ouvissem a verdade, o acorrentariam à cama."

Quando você entende a motivação do seu filho adolescente para mentir, pode ser muito mais eficaz ao criar uma atmosfera em que o adolescente se sinta seguro para lhe dizer a verdade – na maioria das vezes. Quantos de vocês diriam a verdade se soubessem que receberiam de volta culpa, vergonha ou dor? Quantos de vocês diriam a verdade se isso significasse não poder mais fazer algo que realmente querem fazer?

É pouco provável que você dissesse a verdade para garantir que seus pais o protegessem de aprender com seus próprios erros. Por outro lado, talvez você dissesse a verdade se seus pais confiassem em você e permitissem que você cometesse seus próprios erros enquanto o ajudam a explorar as possibilidades. As chances de você dizer a verdade seriam maiores se você soubesse que seus pais o apoiariam e encorajariam mesmo que você cometesse erros.

A necessidade de privacidade do seu filho adolescente pode ser muito assustadora para você. Você pode achar que não está sendo um pai responsável se não souber tudo o que seu filho está fazendo. Você pode temer que seu filho adolescente use drogas (ou se engaje em alguma outra atividade desastrosa) se você não estiver vigilante. Temos uma notícia para você: se os adolescentes tiverem interesse em se envolver nessas atividades, eles o farão apesar da vigilância dos pais. Eles apenas tomarão mais cuidado para reduzir as chances de serem pegos.

A melhor prevenção para um possível desastre é construir relações baseadas na gentileza e firmeza com seus adolescentes – deixe que eles saibam que são incondicionalmente importantes para você. Mantenha os olhos abertos e esteja pronto para ajudar quando o adolescente precisar da sua sabedoria e ajuda adultas para descobrir o que é importante para ele ou ela.

Os pais se tornam um constrangimento para os adolescentes

Às vezes os adolescentes ficam constrangidos ao ser vistos com seus pais e famílias em público, ou podem até se recusar a ser vistos com eles. O afeto que pode ter sido uma parte normal da vida familiar pode subitamente tornar--se um tabu. Eles podem até mesmo ridicularizar seus pais e dizer a eles que os acham idiotas. Essa é uma condição temporária, a menos que você se ofenda e que crie ressentimentos para o futuro.

Normalmente, a maneira como os filhos agem quando estão na presença dos pais não representa como eles realmente se sentem. Quando trabalhamos com adolescentes, muitas vezes pedimos a eles que descrevam seus pais com quatro ou cinco adjetivos. Suas descrições geralmente são incrivelmente encorajadoras. Pais que estavam convencidos de que seus adolescentes os odiavam ficam sabendo que são descritos como gentis, amigáveis, prestativos e justos, apesar de seus filhos brigarem com eles desde de manhã até à noite. Uma madrasta, ao ouvir seu enteado citando-a como parte da família, disse: "Opa, acho que você não deveria me colocar nessa categoria". Ele disse: "Por que não? Você faz parte da família". Embora ela pensasse nele desse jeito, não fazia ideia de que ele sentia o mesmo por ela.

Os adolescentes se consideram onipotentes e acham que sabem tudo

Pais que tentam dizer aos adolescentes como se vestir, ou o que comer, ou o que podem ou não podem fazer não conseguem compreender que os adolescentes nunca adoecem, não ficam com frio, não precisam dormir, e podem viver para sempre comendo besteiras ou até sem comer. Muitos pais se perguntam como seus filhos sobrevivem nesse período, mas o fato é que a maioria dos adolescentes de fato sobrevive. Para alguns, pode parecer que os métodos que defendemos são permissivos e aumentam as chances de consequências drásticas. O oposto é verdadeiro.

Não permissividade

Às vezes, temos uma forte reação dos pais que leem a lista de características da individuação. Seus comentários são muito semelhantes: "Você não pode simplesmente deixar de ser pai e deixar seu filho sozinho para se individualizar". Esta última palavra é dita em tom de sarcasmo.

Nós não defendemos a ideia de deixar os filhos sozinhos. Isso seria permissividade – uma espécie de parentalidade que priva os jovens do apoio parental enquanto aprendem lições valiosas. Os adolescentes precisam de orientação, mas não de controles externos, que apenas aumentam a rebeldia.

Não atice as chamas da rebeldia

Tenha em mente que a rebeldia adolescente é geralmente temporária (de um a cinco anos). Entretanto, se você não entender que a rebeldia é parte da individuação e, ao contrário, fizer disso um problema, a rebeldia pode se estender até a idade adulta. Quando os pais usam gentileza e firmeza, é menos provável que a rebeldia seja extrema. A individuação frequentemente se torna rebeldia completa quando você invalida o processo normal de crescimento.

Se você pudesse simplesmente relaxar e lembrar que esses são os anos em que seus filhos estão experimentando, na tentativa de descobrir o que pensam, você poderia apreciá-los mais. Se pudesse relaxar, você poderia confiar que quem eles são agora não é de forma alguma uma reflexão sobre você ou um indicador de quem eles serão quando crescerem. Com essas novas atitudes, você pode se concentrar na educação em longo prazo e aprender a ser um guia e facilitador em quem seus filhos adolescentes podem confiar.

REVISÃO DAS FERRAMENTAS PARENTAIS GENTIS E FIRMES

1. Se você está discutindo, repreendendo, dando sermão e constrangendo seu filho sem sucesso, pode ser que seu filho tenha acabado de se tornar um adolescente. Pense: "Que interessante...", e sente-se para observar os sinais.
2. Descubra quais são os problemas do seu filho adolescente, em vez de assumir que são iguais aos que você tinha quando era adolescente. Os tempos mudam.
3. Lembre-se de que seu filho adolescente está crescendo, mas ainda não é um adulto.
4. Pense no que você pode estar fazendo para atiçar as chamas da rebeldia em vez de honrar o processo de individuação. Revise as características da individuação.
5. Faça um esforço para entrar no mundo do adolescente e honrar a jornada da individualidade do adolescente durante a adolescência.
6. Equilibre a necessidade de privacidade do adolescente com momentos em que estejam juntos e com apoio gentil e firme.
7. Pratique as dicas para adolescentes "em desenvolvimento" em vez de recorrer à punição e ao controle.

ATIVIDADE PRÁTICA

Acreditamos que o seu relacionamento com seu filho adolescente seja importante o bastante para que você invista um pouco de tempo a cada semana registrando em um diário as respostas às atividades que encerram cada capítulo. Isso ajudará você a aumentar sua consciência ou a praticar um novo comportamento. Você pode se sentir encorajado ao descobrir quanta sabedoria inata você tem se receber um pouco de orientação na direção certa. Ao reservar um tempo para registrar suas descobertas em um diário, será mais fácil obter *insights*, aprender com seus erros, expandir sua perspectiva e aproveitar sua sabedoria inata.

Quando você percebe que as coisas que seus filhos adolescentes fazem e dizem são declarações sobre eles e não sobre você, você pode parar de se culpar pelo comportamento deles e de levar tudo para o lado pessoal. Seus filhos são pessoas separadas de você, e cabe a eles se responsabilizarem e aprenderem com os erros que cometem e com os sucessos que obtêm.

1. Para ajudá-lo a perceber que seus filhos estão separados de você, escolha um comportamento deles que realmente incomoda você ou escolha algo da lista a seguir:
   a. Cabular aula.
   b. Passar tempo no quarto.
   c. Recusar-se a viajar de férias com a família.
   d. Doar ou vender as roupas que você deu de presente.
   e. Ter oscilações de humor.
   f. Esquecer-se de fazer tarefas.
   g. Não sentar ao seu lado no cinema.
   h. Não querer ir para a faculdade.
2. Leia as duas atitudes a seguir:
   a. Levar isso para o lado pessoal significa dizer a mim mesmo que o comportamento do meu filho tem algo a ver com meus fracassos ou sucessos. Por exemplo: Sou um pai terrível; Sou um bom pai; O que os outros pensarão?; Como ele pôde fazer isso depois de tudo o que fiz por ele?; Ela deve me odiar, ou ela não se comportaria assim.
   b. Não levar isso para o lado pessoal significa dizer a mim mesmo que o comportamento do meu filho tem a ver com ele ou ela, não comigo. Por exemplo: Isso é importante para ele; Ela precisa descobrir por si mesma; Ele está explorando o que a vida e os valores significam para ele; Isso não é importante para ela; Eu tenho fé que ele pode aprender tudo o que precisa aprender com seus erros e desafios; Eu me pergunto o que isso significa para ela.
3. Retorne ao comportamento que o incomoda e escreva como você agiria com a atitude A. Depois, escreva como agiria com a atitude B.
4. Converse com seu filho adolescente sobre o que você aprendeu fazendo essa atividade.

2

DE QUE LADO VOCÊ ESTÁ?

Garanta que a mensagem do amor seja compreendida

Os adolescentes hoje querem ser os pilotos de seus próprios aviões da vida. Eles querem que seus pais os amem, apoiem e aceitem, mas os deixem em paz para perseguir suas vidas – exceto quando querem alguma coisa. Às vezes os adolescentes agem como se quisessem expulsar seus pais de seus aviões.

Muitos pais querem pilotar os aviões da vida dos seus filhos. Eles têm medo de que, se entregarem o controle aos filhos adolescentes, estes se envolvam em problemas, se magoem ou fracassem – talvez até morram. Com esse medo em mente, muitas vezes se tornam pais ineficazes e causam mais rebeldia com seu jeito supercontrolador.

Você pode permanecer no avião do seu filho adolescente como copiloto se aprender as habilidades da Disciplina Positiva, sendo um pai gentil e firme – estando disponível para dar apoio e orientação quando necessário, ao mesmo tempo que encoraja seu filho adolescente a ser um piloto qualificado e responsável. E, como qualquer copiloto, pode haver momentos em que você consiga pilotar o avião, mas eles são raros.

Connie queria aprender a ser uma copilota habilidosa na vida de seu filho Brad, então ela se juntou a um grupo de estudos para aprender mais sobre Disciplina Positiva. Nesse grupo, ela logo descobriu por que seus esforços para pilotar o avião de seu filho estavam fracassando de maneira lastimável. Por meio de atividades experienciais, ela foi capaz de "entrar no mundo de seu filho" e vivenciar por que ele se rebelava quando ela era controladora (muito firme) e por que ele passou a se aproveitar quando ela mudou para o outro extremo e tornou-se permissiva (muito gentil). Assim que entendeu a importância de ser gentil e firme ao mesmo tempo, Connie mal podia esperar para praticar o que aprendera.

No entanto, quando Connie ficou sabendo que Brad vinha faltando na escola, ela esqueceu todas as suas novas resoluções, tentou voltar para o lugar de piloto e começou a usar seu antigo estilo de controle. Ela encurralou Brad em seu quarto e lhe deu um sermão sobre seu comportamento irresponsável.

Brad reagiu dizendo à sua mãe para parar de pegar no pé dele, o que levou Connie a transformar seu sermão em uma bela bronca sobre o desrespeito de Brad pelos mais velhos.

Brad replicou: "Não acho que você está sendo respeitosa comigo".

Connie agora estava com tanta raiva que sentiu vontade de bater no filho por falar com ela daquele jeito. Em vez disso, lembrando-se do grupo de pais e sobre *garantir que a mensagem de amor fosse compreendida*, ela percebeu o que estava acontecendo e mudou sua abordagem: "Filho, você sabe que eu estou do seu lado?".

Brad respondeu: "Como eu poderia saber disso?". Então, com lágrimas nos olhos, ele disse: "Como posso achar que você está do meu lado se você sempre acaba comigo?".

Connie ficou chocada. Ela honestamente não achava que o estava humilhando. Ela achava que estava apontando os erros dele e tentando motivá-lo a fazer melhor.

Connie abraçou o filho e, lutando contra as próprias lágrimas, disse: "Não fazia ideia de que estava magoando você em vez de ajudá-lo. Eu sinto muito".

Como Brad poderia saber que a mãe estava do seu lado se era bombardeado com sermões e repreendido por suas deficiências? Felizmente, Connie tinha aprendido o suficiente para perceber que estava se comportando de forma ineficaz e foi capaz de mudar sua abordagem. Ao deixar o quarto do filho, ela disse: "Por que não falamos sobre isso mais tarde, quando estivermos de bom humor?".

Velhos hábitos são difíceis de mudar

É claro que, como mãe ou pai, você está do lado de seus filhos, mas muitas vezes eles não percebem que você está do lado deles. De fato, muitas vezes seu comportamento poderia enganar qualquer observador astuto. Em nome dos melhores interesses de seus filhos, muitos pais perdem de vista o significado de estar do lado deles e o que realmente ajudará seus filhos a desenvolver o caráter e as habilidades de vida de que precisam para ter sucesso na vida.

Quanto mais ansioso você estiver, menos seus filhos perceberão que você está do lado deles. Alguns adolescentes se perguntam por que você é tão duro com eles, aparentemente de um minuto para o outro. Talvez por ser bombardeado com notícias assustadoras sobre a economia e o mercado de trabalho, e por ouvir repetidas vezes que cada vez mais jovens de 20 e poucos anos continuam morando em casa enquanto lutam para encontrar algum emprego, você ache melhor ser duro com seu filho agora mesmo. Esse "ser duro" vai desde brigar por uma vaga nas melhores pré-escolas no caso de uma criança pequena até níveis esmagadores de excelência em provas e exames preparatórios para a faculdade. Quando a mensagem da mídia diz que "o mundo mudou desde quando você era jovem, as coisas estão muito mais difíceis", torna-se *muito* fácil desconsiderar suas próprias experiências (ou seja, "cometi erros e ainda assim fiquei bem") e acreditar na ilusão de que "se meus filhos cometerem erros, eles *não* ficarão bem".

Disciplina Positiva *não* é fingir que o mundo é um lugar fácil, nem é uma rejeição do seu desejo natural de garantir que seu filho esteja preparado para levar uma vida feliz e bem-sucedida. Os métodos parentais de Disciplina Positiva são especificamente projetados para ajudar os adolescentes a se tornarem adultos capazes de lidar efetivamente com esses tipos de desafios e ainda assim serem felizes.

Pode ser tentador para os pais, quando ouvem terríveis advertências econômicas, pensar que será melhor para seus filhos adolescentes tirar notas altas (mesmo que os pais tenham que puni-los e persuadi-los a estudar ou fazer seus trabalhos por eles) ou ter um boletim impecável (mesmo que isso signifique mantê-los trancados ou mentir para lhes dar um álibi) do que serem autorizados a crescer em seu próprio ritmo e cometer seus próprios erros. Mas esse é um ponto de vista míope. As oportunidades oferecidas aos alunos com notas altas não significarão nada se eles não aprenderem por si mesmos a buscar o que os satisfaz e é significativo para eles de maneira responsável – aprendendo com seus erros.

É fácil esquecer de que lado você está quando permite que seus medos, julgamentos e expectativas assumam o controle. É natural, nesses momentos, retornar a qualquer estilo parental que seja o mais familiar. (Ver o Capítulo 3 sobre estilos parentais para obter informações detalhadas sobre os estilos parentais que são mencionados brevemente neste capítulo.)

Quando pais controladores criticam, repreendem, fazem sermões, corrigem, demandam, humilham e expressam seu descontentamento, os jovens não se sentem amparados ou amados. Os adolescentes experimentam o amor de seus pais controladores como condicional. Eles acreditam que a única maneira de seus pais estarem "do lado deles" é fazerem exatamente o que seus pais querem. Isso cria uma crise existencial. Como eles podem fazer o que seus pais querem *e* descobrir quem querem ser? (A rebeldia normal não é contra os pais, mas a favor deles mesmos – a menos que os pais se tornem muito controladores.)

Pais permissivos e que mimam, por outro lado, podem permitir aos adolescentes liberdade demais sem exigir responsabilidade. Eles podem ser muito indulgentes com os filhos adolescentes, comprando carros, eletrônicos e roupas demais sem a contribuição dos filhos. Pais permissivos intervêm constantemente para salvar seus filhos das consequências de seus comportamentos e tirá-los de situações que poderiam ser oportunidades úteis de aprendizado. Esta não é uma maneira saudável de estar do lado de um adolescente, e não ajuda os filhos a aprenderem as habilidades de vida necessárias para desenvolver um senso de capacidade pessoal.

Tampouco as crianças sentem que os pais estão do seu lado se forem negligenciadas. A negligência assume muitas formas, desde o vício em drogas ou a compulsão pelo trabalho até a desistência porque criar filhos é muito difícil ou inconveniente.

Oferecemos sete dicas fáceis para convencer seus filhos de que você está a favor deles e não contra eles "conectando-se antes de corrigir". Se você sentir que seu relacionamento está regredindo a padrões antigos, releia estas sete dicas e tente novamente.

Sete dicas para criar uma conexão com seu filho adolescente

1. Coloque-se no lugar do seu filho e seja empático.
2. Ouça e seja curioso.
3. Pare de se preocupar com o que os outros pensam – faça o que é melhor para seu filho adolescente.
4. Substitua humilhação por encorajamento.

5. Certifique-se de que a mensagem do amor seja compreendida.
6. Encoraje seu filho adolescente a se concentrar em soluções.
7. Faça acordos respeitosos.

Coloque-se no lugar do seu filho e seja empático

Você recebe um telefonema da escola dizendo que seu filho faltou em duas aulas hoje e recebeu uma detenção. Seu sangue começa a ferver. Você mal pode esperar seu filho chegar em casa para que ele saiba como você está com raiva e quão inaceitável é o comportamento dele. Seu filho adolescente, completamente impassível pelos eventos na escola, decide ficar depois da aula para curtir com os amigos e chega em casa atrasado para o jantar. Quando ele entra pela porta, você começa a gritar da cozinha: "Você está encrencado. Venha até aqui agora. Onde você estava? O que deu em você?".

Imagine-se no lugar do seu filho adolescente. Como você se sentiria se você fosse tratado da maneira como acaba de tratá-lo? Você se sentiria inspirado e encorajado a fazer melhor? Você se sentiria confiante sobre suas capacidades para explorar o mundo e decidir por si mesmo (às vezes por meio dos erros) o que faz sentido para você? Você acreditaria que seu pai está lhe dando a orientação e o treinamento de caráter de que você precisa de uma maneira encorajadora em vez de desencorajadora? Você acreditaria que seu pai está "com você" ou "contra você"?

Esperamos que quando você estiver em uma situação como essa, deixe de lado seu discurso e primeiro estabeleça uma conexão com seu filho adolescente. Respire fundo e lembre-se do que importa: quanto você ama esse filho. Usando um tom gentil de voz, descubra o que está acontecendo com ele.

Você se lembra da Connie e do Brad? Connie foi pega na armadilha familiar de dar sermões antes de ouvir. Quando ela percebeu que estava agindo como se estivesse contra o filho em vez de conectar-se com ele, o primeiro passo dela foi encontrar uma maneira de colocar-se no lugar dele por meio de perguntas e empatia. Ela se aproximou do Brad com um espírito de apoio em vez de agressão. Ela perguntou se Brad gostaria de sair da escola, pois, pela lei, aos 17 anos, ele não era mais obrigado a frequentá-la. Desconfiado dessa nova abordagem, Brad perguntou: "E fazer o quê?".

Connie foi honesta. "Essa é uma boa pergunta. Eu não sei. Talvez fazer o que você está fazendo – dormir, trabalhar à tarde, passar tempo com seus amigos à noite. É claro que você teria que conseguir um emprego e pagar aluguel."

Pela primeira vez em muito tempo, Brad abandonou a atitude defensiva e pareceu disposto a compartilhar seus pensamentos com sua mãe. "Eu realmente não quero desistir, mas gostaria de ir para um supletivo."

Connie perguntou em voz alta: "Por quê?".

Brad podia sentir que sua mãe realmente queria saber, então explicou que ele não queria abandonar o ensino médio. Em um curso supletivo, ele poderia cursar as matérias em que fora reprovado em sua escola regular. Se ele permanecesse onde estava, teria que fazer as recuperações durante o verão, e ele não queria estragar seu verão. Além disso, uma vez que esse tipo de escola permite que os alunos progridam em seu próprio ritmo, Brad achava que poderia ir muito melhor do que simplesmente recuperar o atraso.

Ouça e seja curioso

Perguntas curiosas e escuta ativa mostram que você está do lado do seu filho, o que permite que você tenha uma influência positiva em seus filhos adolescentes. (Conexão antes da correção.) Pense em um momento em que você não ouviu ou mostrou qualquer curiosidade. Que tipo de resultados você obteve? Agora, imagine essa situação e imagine-se ouvindo e sendo curioso sem tentar consertar o problema.

Ser curioso é diferente das vinte perguntas típicas que a maioria dos pais faz. O objetivo das perguntas curiosas é ajudar os adolescentes a processar seus pensamentos e as consequências das suas escolhas, em vez de querer levá-los a pensar da sua maneira. Não faça perguntas a menos que você esteja realmente curioso sobre o ponto de vista do adolescente. Se seu filho adolescente for punido depois de dar informações honestas, a curiosidade não funcionará.

Ajudar adolescentes a explorar as consequências de suas escolhas é muito diferente de impor consequências a eles. A imposição de uma consequência (uma punição mal disfarçada) tem como objetivo fazer as crianças *pagarem pelo que fizeram* e geralmente convida à rebeldia. Perguntas curiosas convidam as crianças a explorarem o que aconteceu, o que causou isso, como elas se sentem a respeito e o que elas podem *aprender com sua experiência*.

Pare de se preocupar com o que os outros pensam – faça o que é melhor para o seu filho adolescente

Uma vez comprometida a estar do lado de Brad e apoiar sua ideia, Connie decidiu suspender seus medos sobre o que outras pessoas poderiam pensar. Ela também deixou de lado seu estereótipo de adolescentes que frequentam cursos supletivos como perdedores que não conseguem frequentar as escolas regulares. Em vez disso, ela olhou para os benefícios. Ela disse a Brad que acreditava que ele se sairia muito bem se tivesse a possibilidade de progredir em seu próprio ritmo em uma atmosfera de respeito mútuo. (Muitos funcionários de cursos supletivos tratam os adolescentes com mais respeito do que as equipes das escolas regulares.) Connie concordou em ligar para as duas escolas para descobrir o que poderia ser feito em relação à transferência. Na aula seguinte do grupo de estudo, Connie aprendeu que teria sido ainda mais eficaz ter feito as ligações com Brad do que por ele, mas ela estava fazendo um grande progresso em seus esforços para se tornar uma mãe gentil e firme.

Mais tarde, Connie contou ao seu grupo de estudo de pais:

> *Eu não tenho ideia de como isso vai acabar. Eu sei que me senti mais perto do meu filho, porque entrei no mundo dele e o apoiei a viver a vida como ele a vê. Eu saí da disputa pelo poder que estava fazendo com que nós dois nos sentíssemos perdedores, para que pudéssemos buscar soluções que nos fizessem sentir como vencedores.*
>
> *Eu dei uma olhada nas minhas próprias questões sobre ser uma mãe "boa". Sempre que tento fazer com que ele faça o que acho melhor, eu me torno uma mãe controladora, moralizadora e que dá sermões, e ele se rebela. Mas quando eu tento apoiar o Brad em sua tentativa de ser quem ele é por meio de uma criação gentil e firme, ele se dispõe a falar comigo e buscar soluções. Sempre que me preocupo com o que os outros pensam (geralmente pessoas cuja opinião eu na verdade não respeito), eu me distancio do meu filho. É muito gratificante lembrar de que lado estou e agir de acordo.*

Um ano depois, Connie contou que Brad estava se saindo muito bem na nova escola. Ele se recuperou e voltou para o curso regular no ano seguinte. Connie acredita que a razão pela qual ele se saiu bem é que a solução foi ideia dele, e não uma punição. Ele também foi capaz de parar de se rebelar *contra* o controle da Connie e se concentrar em ações *a favor* de si mesmo.

Quanto mais você muda a si mesmo em vez de tentar mudar seu filho adolescente, mais você o convida a ser responsável, capaz e carinhoso. Claramente, Brad se importava com sua educação, mas sua solução era diferente do que sua mãe poderia ter recomendado.

Lembre-se do que é melhor para o seu filho em longo prazo. Determine como você pode mudar seu foco para o que é melhor para o seu filho adolescente, em vez de se preocupar com o julgamento dos outros.

Substitua humilhação por encorajamento

Connie aprendera a diferença entre apoiar o filho e frustrá-lo. Ela aprendeu que humilhar Brad não o encorajava ou motivava a fazer melhor.

Um grupo de meninas do ensino médio deu as seguintes sugestões a adultos que queriam substituir a humilhação pelo encorajamento, a fim de promover a conexão e a cooperação dos seus filhos adolescentes. Revise a lista e compartilhe-a com seu filho adolescente. Pergunte o que ele ou ela acrescentaria ou tiraria da lista:

"Às vezes eu odeio conversar com meus pais porque eles transformam tudo em um grande problema. Algumas coisas são pequenas, e não precisamos falar sobre elas para sempre."

"Seja amigável. Não há problema em nos ensinar coisas, mas seja mais como uma irmã ou irmão mais velha(o) ou um amigo."

"Nunca nos acuse de fazer alguma coisa; pergunte em vez de acusar."

"Se fizermos algo errado, não grite, porque nossa primeira reação é nos rebelar quando gritam conosco. Gritar ou tentar nos assustar não funciona. Você parece um idiota e nós ficamos muito bravos. Em vez disso, fale conosco e seja sincero."

Certifique-se de que a mensagem do amor seja compreendida

Lorna, uma mãe do grupo de estudos de pais de Connie, compartilhou o sucesso que obteve ao se certificar de que a mensagem do amor tinha sido compreendida. A filha de Lorna, Mara, não voltou para casa uma noite. Embora Lorna estivesse com raiva e com medo de que Mara pudesse estar envolvida com drogas, ela lembrou-se, de seu grupo de mães e pais, que os pais se distanciam dos filhos quando dão broncas e sermões. Em vez de focar no seu medo e raiva, ela decidiu se concentrar em estabelecer uma conexão.

Quando Mara chegou em casa na manhã seguinte, Lorna disse: "Estou feliz que você esteja bem. Eu estava preocupada com você. Antes que você diga qualquer coisa, eu quero que você saiba que eu a amo e estou do seu lado". Mara parecia genuinamente arrependida e disse: "Sinto muito, mãe. Eu estava assistindo televisão na Stephanie e adormeci".

Lorna disse: "Eu sei que isso pode acontecer, mas teria sido bom se você tivesse ligado assim que acordou – mesmo que fosse no meio da noite –, para me dizer que estava bem". Mara deu um abraço nela e repetiu: "Eu sinto muito, mãe".

Apreciando a proximidade que sentia com a filha e sentindo-se mais à vontade com suas novas habilidades, ela continuou: "Eu entendo que você pode não querer ligar depois de ter cometido um erro se achar que vou repreendê-la como costumo fazer. Eu quero que você saiba que vou tentar não fazer mais isso. Não importa quantas vezes você cometa um erro, pode me ligar e eu ficarei do seu lado, e não contra você".

Alguns dos outros membros da turma desconfiaram da história de Lorna e começaram a dizer "sim, mas...": "Mas você deixou ela escapar sem punição por ter ficado fora a noite toda"; "Mas você acredita que ela realmente só pegou no sono?". Lorna não ficou incomodada porque compreendeu profundamente o conceito de certificar-se de que a mensagem de amor era compreendida para mudar seu relacionamento com a filha. Ela disse aos seus colegas de classe: "A Mara já tinha 'escapado'. Ela ficou fora a noite toda. Puni-la não mudaria isso. Eu costumava pensar que a punição poderia assustá-la e impedi-la de fazer a mesma coisa de novo. Em vez disso, ela só ficou melhor em tentar esconder o que fazia de errado. Eu também suspeitei de que ter adormecido pode não ter sido a verdade – ou pelo menos não toda a verdade. Interrogá-la não ajudaria nem mudaria nada. Eu realmente acredito que as coisas vão mudar quando ela souber que eu a amo, que tenho fé nela e quando eu criar um ambiente onde é seguro para ela pensar por si mesma em vez de a favor ou contra mim. Acho que vai levar tempo para mudar os padrões que eu ajudei a criar e que nasceram do meu medo e não do meu amor, mas é isso que vou fazer. Além disso, depois que estabeleci a base do amor, pude conversar com Mara, compartilhar meus sentimentos e trabalhar em um acordo que fosse respeitoso para nós duas".

Encoraje seu filho adolescente a se concentrar em soluções

Lorna percebeu que agora criara proximidade suficiente para trabalhar com Mara em uma solução. No passado, ela teria dito à filha o que fazer e a ameaçaria com algum castigo ou perda de privilégio se ela não obedecesse. Em vez disso, substituindo exigências por soluções, ela perguntou: "Podemos trabalhar em um acordo sobre você me ligar se for chegar atrasada?".

Mara disse: "E se for muito tarde e você estiver dormindo?".

Lorna disse: "Mesmo que eu esteja dormindo, não estarei dormindo bem se não souber se você está bem. Você pode me ligar a qualquer hora".

Mara respondeu: "Eu não pensei que você se preocupasse comigo. Eu sempre pensei que você estava só com raiva de mim. Você não precisa se preocupar comigo, mamãe, mas eu ligarei para você sempre que for me atrasar".

Naquela noite, quando chegou em casa, Mara foi ao quarto de seus pais e os abraçou e disse boa noite, algo que ela não fazia havia meses.

Mais tarde, Lorna disse a seu grupo de pais: "Que diferença! Antes, eu nunca pensava como Mara se sentiria com a minha raiva sempre que ela agia de modo insensível. Eu apenas gritava e a acusava. Dessa vez, deixei-a ver quanto eu a amo e conseguimos encontrar uma solução que funcionasse para nós duas. Eu ainda não sei se ela estava dizendo a verdade sobre adormecer no sofá da amiga – mas o jeito como eu costumava agir não incentivava a verdade. Isso criou um grande abismo em nosso relacionamento. Isso agora parece muito melhor para mim. A independência da Mara ainda me assusta, mas pelo menos temos uma conexão que é mais propícia a encorajar a comunicação que eu quero".

Os outros membros do grupo ficaram muito tocados pela sabedoria e convicção de Lorna. Isso forçou-os a olhar para o seu próprio comportamento baseado no medo – e os resultados insatisfatórios que estavam obtendo.

Pense em um momento em que você ficou realmente preocupado ou com medo em relação a seus filhos. Você deu um sermão e repreendeu seus filhos adolescentes em vez de dizer a eles quanto você os ama e como você ficou preocupado? Você criou uma conexão antes da correção?

A maioria dos adolescentes não gosta de incomodar os pais. Se você diz calmamente como se sente, eles vão ouvi-lo, mesmo que pareça que eles não se importam nem um pouco no momento. Fique atento às mudanças no comportamento do seu adolescente nas próximas 24 horas. Normalmente, você não precisa esperar tanto para ver um ato de gentileza ou amizade por parte dele. A conexão geralmente leva à autocorreção.

Muitos pais compartilham as preocupações "sim, mas" do grupo de pais de Lorna e acreditam que o que Lorna fez foi muito permissivo, que sua abordagem deixou Mara "se safar" com comportamento desrespeitoso, e que Lorna deveria ter descoberto se Mara estava mentindo ou usando drogas. Quando examinamos essas preocupações com mais cuidado, podemos ver que qualquer outra abordagem não resolveria nada; só pioraria as coisas. Se a mãe de Mara se tornasse uma mãe controladora, Mara só se tornaria mais rebelde e reservada. Lorna não podia forçar Mara a dizer a verdade, mas podia criar um ambiente no qual Mara se sentisse segura para dizer a verdade. Ao ser gentil e firme, a mãe de Mara modelou o respeito. Lorna foi sensata o suficiente para criar uma conexão antes de envolver Mara no processo de trabalhar em conjunto em uma solução – uma que Mara se sentisse mais compelida a seguir por ter sido envolvida de maneira respeitosa.

Faça acordos respeitosos

Alguns pais dizem aos seus filhos adolescentes em tom de voz ameaçador: "É isso que vamos fazer. Você concorda?". Os adolescentes respondem ressentidos: "Claro", enquanto pensam: "*Dê o fora!*". Podem até prometer, mas não têm intenção de manter o acordo. Eles podem simplesmente estar contando os dias, horas e minutos até poderem fugir e fazer o que quiserem.

Os acordos que encorajamos são aqueles em que você põe em prática um envolvimento respeitoso, dizendo a seu filho adolescente: "Eu não posso concordar com isso, mas estou disposto a continuar levantando opções até chegarmos a um acordo que pareça respeitoso para nós dois". Muitas vezes é necessário dizer a um adolescente: "Eu prefiro continuar essa discussão até descobrirmos algo que nós dois gostamos. Mas se isso não for possível, por enquanto, vamos ficar com as coisas do jeito que estão até que possamos fazer um acordo respeitoso".

Se você fizer um acordo, experimente por um curto período para ver se a situação melhora. Se não melhorar, marque um horário com seu filho adolescente e continuem a listar alternativas.

Mudança requer prática

Mudar velhos hábitos leva tempo. Mesmo quando você decide que quer ser o copiloto em vez do piloto, e mesmo quando quer estar do lado do seu filho adolescente, você provavelmente se encontrará caindo nos velhos hábitos baseados nos velhos medos. Fazer mudanças pode parecer tão estranho quanto a experiência vacilante que você teve quando aprendeu a andar de bicicleta. Continue praticando. Você vai conseguir.

E lembre-se de que você também é uma pessoa importante. Percebemos que os pais acham que devem desistir de suas necessidades e de suas vidas até os filhos saírem de casa. Se você for uma mãe ou pai desses, seus filhos adolescentes provavelmente pensarão que o mundo gira em torno deles, ainda mais do que já pensam. Quando você respeitar a si mesmo e mostrar ao seu filho adolescente que você tem necessidades e desejos e uma vida para viver, seu filho adolescente vai prosperar.

REVISÃO DAS FERRAMENTAS PARENTAIS GENTIS E FIRMES

1. Assuma o lugar de copiloto para que você possa ter uma influência positiva em seus adolescentes sem tentar controlar suas vidas.
2. Lembre-se de que fazer mudanças leva tempo e você provavelmente voltará ao seu estilo parental antigo quando estiver com medo. Continue praticando.
3. Use as "Sete dicas para criar uma conexão com seu filho adolescente" (p. 20) para criar uma base de amor e respeito.
4. Pergunte ao seu filho adolescente que conselhos ele ou ela daria sobre de que maneiras você pode estar inadvertidamente usando a humilhação em vez de habilidades de comunicação respeitosas.
5. Lembre-se de primeiro conversar com seus filhos antes de tomar decisões sobre suas vidas ou tomar atitudes que os afetem.
6. Quando você se encontrar fazendo a "ciranda maluca" (ver informações sobre isso no Capítulo 14), decida se você gostaria de tentar uma nova dança que o ajudaria a estar mais do seu próprio lado.
7. Sempre que você pratica, você melhora, então pratique, pratique, pratique.

ATIVIDADE PRÁTICA

Quando seu filho adolescente pensa que você está do lado dele, o impulso de agir de maneiras extremas fica bastante reduzido. Esta atividade pode ajudá-lo a perceber quando você não está do lado do seu filho e como remediar isso.

1. Lembre-se de uma situação em que você tratou seu filho de maneira desrespeitosa. Em seu diário, descreva a situação.
2. Imagine que você é um adolescente. Como seria ter uma mãe ou um pai que age como você agiu na situação? Como você se sentiria? O que você decidiria? Você acharia que sua mãe ou seu pai estava do seu lado?
3. O que você pode aprender com essa atividade? Como pai, o que você poderia fazer de diferente nessa situação? Imagine como a situação ocorreria e descreva-a em seu diário.
4. Pergunte ao seu filho adolescente de que lado ele acha que você está. Usando as sete dicas para mudar seu relacionamento, escolha o que você poderia fazer de forma diferente para que seu filho saiba que você está do lado dele.

3

QUAL É O SEU ESTILO PARENTAL?

Um durão, um capacho, um fantasma ou uma mãe ou um pai que utiliza Disciplina Positiva

Os estilos parentais podem ser encorajadores ou desencorajadores. Neste capítulo, discutimos quatro estilos parentais, três desencorajadores (parentalidade em curto prazo) e um que é encorajador tanto para os adolescentes como para os pais (parentalidade em longo prazo). Qualquer estilo parental que não capacite os adolescentes a se tornarem adultos capazes consiste em parentalidade em curto prazo. A parentalidade em longo prazo bem-sucedida, no entanto, capacita os adolescentes com as habilidades necessárias para o sucesso – para se tornarem membros da sociedade felizes e colaboradores.

No capítulo "Sobre os filhos" do livro *O profeta*, Kahlil Gibran ilustra lindamente a base para o estilo parental que defendemos:

> Seus filhos não são seus filhos.
> Eles são os filhos e filhas do desejo da Vida por si mesma.
> Eles vêm através de você, mas não de você.
> E embora estejam com você, eles não pertencem a você.
> Você pode dar a eles seu amor, mas não seus pensamentos,
> Pois eles têm seus próprios pensamentos.
> Você pode abrigar seus corpos, mas não suas almas,
> Pois suas almas habitam na casa do amanhã, a qual você não pode visitar,
> nem mesmo em seus sonhos.

> Você pode se esforçar para ser como eles, mas não tente torná-los como você. Pois a vida não anda para trás e não se demora com o ontem.

Embora a beleza e a simplicidade do poema de Gibran sejam inspiradoras, a maioria dos pais não sabe como aplicar esse poema às suas próprias vidas. Ao ler este livro, você terá muitas ideias sobre como mudar seu estilo parental e ser uma mãe ou um pai muito ativo e apoiador sem ser permissivo, nem controlador. Incluímos muitas habilidades parentais em longo prazo para lidar com os desafios que preocupam a maioria dos pais de adolescentes, todos baseados no respeito: no respeito aos adolescentes e aos pais.

Os estilos comuns da educação de adolescentes

O primeiro estilo parental chama-se "controle". Pense em um tijolo. É rígido, pesado, tem um espaço limitado, bordas ásperas e pode ser afiado e cortante. O tijolo simboliza o estilo controlador na educação de filhos. Muitos pais acham que é sua responsabilidade – parte de sua tarefa como pais – controlar seus filhos adolescentes. Os pais parecem acreditar que, se não fizerem seus filhos adolescentes fazerem coisas *para seu próprio bem*, então eles estão sendo pais permissivos. Esses pais usam alguma forma de punição ou recompensa como seu principal método de controle. Com os adolescentes, as punições mais comuns são proibir que saiam de casa com os amigos, retirar privilégios, cortar a mesada, cometer abuso físico e emocional e privar de amor e de aprovação.

Tentar conseguir o controle faz com que os pais sintam que cumpriram sua tarefa. No entanto, os pais controladores não consideram os resultados em longo prazo dos seus métodos. Esse tipo de parentalidade convida os filhos a:

1. Pensar que tudo se resolve pela força.
2. Acreditar: "Eu tenho que desistir de mim mesmo para ser amado por você".
3. Evitar colaborar a menos que haja recompensas externas.
4. Manipular para obter recompensas maiores.
5. Rebelar-se ou obedecer.

A parentalidade em curto prazo pode ser cansativa. Nesse estilo de parentalidade, a responsabilidade dos pais é *flagrar* seus filhos fazendo algo *erra-*

do para que eles possam puni-los e dar sermões. É também responsabilidade dos pais *flagrar* seus filhos quando se comportam *bem* para distribuir recompensas.

Quais responsabilidades os adolescentes estão aprendendo? Talvez a única responsabilidade de um adolescente seja não ser pego, manipular para conseguir recompensas maiores ou recusar-se a obedecer quando a recompensa deixa de ser interessante.

Se todo o poder for tirado dos adolescentes, eles nunca terão a oportunidade de aprender responsabilidade – ou de cometer seus próprios erros e aprender com eles. Além disso, esses adolescentes nunca terão a oportunidade de descobrir e estabelecer seus próprios limites.

Como os adolescentes podem aprender a ser responsáveis se os pais continuam a assumir esse papel? Uma das melhores maneiras de ensinar os filhos a serem irresponsáveis é ser uma mãe ou pai controlador.

Exemplo: um pai ou uma mãe que participou de um de nossos *workshops* nos desafiou sobre a questão de desistir do controle. Ele explicou que sua filha de 15 anos costumava voltar para casa depois do horário que ele havia estabelecido para ela. Na última vez que ela chegara em casa uma hora atrasada, ele a proibira de sair de casa por uma semana. Quando lhe perguntaram o que ele achava que ela tinha aprendido com isso, ele disse: "Ela aprendeu que não pode se dar bem com esse comportamento". Quando questionado sobre como ele se sentia sobre isso, ele disse: "Eu me sinto bem. Não é meu trabalho ser amigo dela. Meu trabalho é ser pai dela".

Uma exploração mais aprofundada revelou que, embora odiasse ser castigado por seus pais quando adolescente, ele agora acreditava, como mãe ou pai, que sua tarefa era estabelecer regras e restrições e punir os filhos quando desobedecessem. Ele sentia-se realizado ao perceber que tinha cumprido seu papel, embora tenha admitido que castigar não resolvera o problema. Sua filha continuou chegando tarde, e ele continuou a puni-la. Ele disse: "Pensando bem, eu agia como minha filha e continuei a desafiar meu pai enquanto morei na casa dele. Eu desrespeitei o horário até sair da casa dele e sentir vontade de chegar cedo em casa para poder ter uma boa noite de sono. E eu ainda não quero ter nada a ver com o meu pai. Eu não quero esse tipo de relacionamento com minha filha. OK. Estou pronto para aprender alternativas".

Sabemos que muitos pais não querem ouvir isso, mas qualquer forma de controle ou punição é muito desrespeitosa para com os adolescentes e extremamente ineficaz para os objetivos da parentalidade em longo prazo. Às vezes é apropriado retirar privilégios de crianças menores de 12 ou 13 anos quando a retirada se relaciona com o mau comportamento, é respeitosamente aplicada e parece razoável, por acordo antecipado, tanto para os pais como para os filhos. No entanto, quando os filhos chegam à adolescência e se consideram adultos, eles não veem mais essas medidas como respeitáveis e razoáveis.

Outro perigo do estilo parental controlador é uma relação permanente de dependência. Os filhos que nunca escapam ao controle de seus pais podem decidir que toda a sua vida gira em torno de fazer o que acham que seu pai ou sua mãe iriam querer. Frequentemente crescem e se tornam *viciados em aprovação* que encontram outras pessoas para dar continuidade à tarefa de controlá-los. Isso pode ser devastador para sua vida conjugal, para a educação dos filhos, amizades e trabalho.

Alguns filhos que foram criados em um ambiente de controle demoram para amadurecer. Podem acabar por fazer terapia, na qual encontram apoio para aprender a crescer – o apoio que seus pais não ofereceram. Eles não aprenderam as habilidades necessárias para fazer suas próprias escolhas e tomar decisões. Demora um tempo para convencê-los de que não há problema em se separar de seus pais e desistir das percepções equivocadas destes sobre o que precisam fazer para obter aprovação na vida.

Estilo parental permissivo/superprotetor/salvador

Se você não é um durão, será que você é mais como um capacho, que deixa todo mundo pisar em você, encobrindo os problemas em vez de lidar com eles? Pais permissivos podem se assemelhar a capachos, o segundo estilo parental de curto prazo, ao superproteger, mimar e salvar seus filhos adolescentes.

Esse tipo de mãe e pai convida os filhos a:

1. Esperar tratamento especial dos outros.
2. Equacionar amor com conseguir que os outros cuidem de mim.
3. Preocupar-se mais com as coisas do que com as pessoas.
4. Aprender que "eu não sei lidar com contrariedades ou com o desapontamento".
5. Acreditar na ideia de que "eu não sou capaz".

O estilo parental permissivo parece fazer com que os pais sintam que fizeram seu papel porque protegem ou resgatam seus filhos da dor ou do sofrimento. No entanto, a parentalidade de curto prazo rouba aos adolescentes o aprendizado das habilidades de autoconfiança e resiliência. Em vez de aprender que podem sobreviver à dor e ao desapontamento, e até aprender com eles, os filhos crescem extremamente egocêntricos, convencidos de que o mundo e seus pais lhes devem algo e que têm direito a tudo o que quiserem. Assim, a permissividade não é um bom estilo parental para ajudar os adolescentes a se tornarem adultos com bom caráter e habilidades para a vida.

Exemplo: Coretta era uma mãe permissiva que cedia sempre que sua filha, Jesse, queria um brinquedo ou um doce em uma loja. Afinal, Coretta queria proteger Jesse de qualquer sofrimento. Quando Jesse estava atrasada com uma tarefa da escola, Coretta era rápida no resgate, abandonando todos os seus planos e correndo para a biblioteca ou uma loja para conseguir o que fosse necessário para poder ajudar Jesse a completar a tarefa.

Quando Jesse chegou à oitava série, Coretta e Jesse tinham um processo bem estabelecido. Jesse decidiu que sua popularidade dependia de ser a garota mais bem-vestida de sua escola. Ela exigia muitas roupas. Quando a mãe dizia não, Jesse implorava com lágrimas nos olhos e ameaçava abandonar a escola se não conseguisse o que queria. Coretta cedia. Imagine que tipo de caráter e habilidades Jesse estava desenvolvendo.

Quando Jesse foi para a faculdade, deu continuidade a seu estilo de vida materialista usando cartões de crédito. Não demorou muito para se endividar. Em desespero, ela encontrou maneiras de fraudar o chefe em seu emprego de meio período para conseguir dinheiro extra. Jesse foi pega, demitida e ficou à beira da insolvência financeira. Então, ela foi chorar para sua mãe, que a resgatou novamente. Como Coretta não enxergava sua própria contribuição para o problema em primeiro lugar, por ser uma mãe permissiva/superprotetora/salvadora, ela continuou a piorar as coisas.

Jessica teria se fortalecido se sua mãe tivesse permitido que ela experimentasse as consequências de suas escolhas. (Nota: nós não dissemos que Coretta deveria impor consequências. Permitir que os adolescentes experimentem as consequências de suas escolhas é muito diferente de impor consequências a eles.) Permitir que experimentem as consequências pode ser feito com muito respeito. A coisa mais encorajadora que Coretta poderia ter feito seria mostrar empatia, claramente estabelecer limites de quanto ela estava disposta a gastar e ajudar Jesse a pensar em maneiras de assumir responsabilidade financeira. Isso não teria sido fácil para nenhuma delas, mas teria sido empoderador para ambas.

Permissividade, superproteção e resgate podem fazer você parecer um santo – seus filhos adolescentes podem até amar essa sua característica. Mas esses estilos parentais não ajudam seus filhos a aprender a voar sozinhos. Quando você evita superproteger e resgatar, seus filhos adolescentes podem momentaneamente pensar que você não se importa; eles podem até acusá-lo de não os amar. Mas isso não dura: eles compreendem em longo prazo.

Pense em algumas áreas nas quais você pode estar superprotegendo e resgatando e, assim, roubando de seus filhos a oportunidade de desenvolver a autoconfiança e a crença de que eles são capazes. Escolha algumas áreas específicas nas quais você pode usar gentileza e firmeza para quebrar esse padrão. A parte da firmeza simplesmente exige que você pare de ser tão permissivo. A parte da gentileza pode exigir empatia e depois tempo para treinamento ou para resolver problemas, ou para expressar sua fé de que eles são capazes de lidar com as situações.

Estilos parentais inconstantes

Talvez, como muitos pais, você vá de um estilo de curto prazo para outro. Você pode se ver controlando demais e depois mudando para a permissividade por culpa. À medida que você ler este livro e experimentar as sugestões, você reduzirá o uso de alternativas de curto prazo e aumentará o uso de alternativas de parentalidade de longo prazo. Você entenderá por que faz o que faz. Você aprenderá o que funciona e o que não funciona para empoderar os adolescentes. Isso vai ajudá-lo a perceber qual dos estilos é o seu modo atual de agir na maioria das vezes.

Pais negligentes/que desistem de ser pais

Esse estilo parental age como um fantasma ou um ser ausente. Seus filhos adolescentes mal sabem que você está por perto ou podem sentir que precisam ser seus pais. Negligenciar e desistir da parentalidade é outra forma de parentalidade de curto prazo. A mãe ou o pai negligente convida os filhos a aprender:

1. "Não sou importante e provavelmente não sou digno de amor."
2. "Minhas únicas escolhas são desistir ou encontrar uma maneira de pertencer a outro lugar" (de maneiras construtivas ou destrutivas).
3. "É minha culpa que meus pais não prestam atenção em mim, então tenho que ser de uma certa maneira e me aperfeiçoar para ser digno do amor de meus pais. Eu tenho que provar que sou digno de receber amor."
4. "Eu não posso ser criança porque alguém nesta casa tem que ser responsável, então acho que essa pessoa sou eu. Eu tenho que cuidar dos meus irmãos e dos meus pais."

Embora existam diversas formas de negliência – algumas bastante severas (por exemplo, abuso de substâncias, problemas emocionais e psicológicos, vício em trabalho, ou completa indiferença ao bem-estar físico, emocional ou mental de um filho) – muitas delas, como distanciamento, indisponibilidade emocional e falta de comunicação ocorrem por ignorância ou em razão de crenças equivocadas. Às vezes a negligência é o resultado do desespero – a crença de que, não importa o que você faça, nunca será bem-sucedido, então é melhor não fazer nada.

Exemplo 1: uma mãe reclamou que o marido se recusava a ser pai de seu filho e de sua filha de um casamento anterior. Ele esperava que ela lidasse com todas as questões de disciplina, mas criticava seus métodos de educação. Embora se queixasse veementemente do comportamento de seus enteados, ele se recusava a lidar diretamente com eles. Como resultado, as crianças sentiam-se desamparadas e sem importância e não tinham respeito por esse adulto que vivia com elas desde pequenas. O padrasto era incapaz de ver seu comportamento como negligente: ele proporcionava o bem-estar econômico da família, aconselhava a esposa na criação dos filhos dela e educava junto com ela seu filho biológico mais novo.

Felizmente, o padrasto participou de um grupo de estudos de pais. Quando percebeu que vinha negligenciando seus enteados, disse isso a eles, e disse que cometera um erro. Ele lhes contou que os amava e que eles eram importantes para ele. E encontrou maneiras de passar tempo de qualidade com cada um deles. Em vez de dar as costas ao que acontecera com essas crianças (e depois reclamar para a mãe delas), ele se envolveu em suas vidas ao compartilhar seus sentimentos e ideias diretamente com eles e os ouvir.

Desistir é outra forma comum de negligência. Em vez de controlar, os pais simplesmente tentam ignorar o comportamento de seus filhos, esperando fervorosamente que ele desapareça sozinho. Normalmente isso não acontece. Não importa quantas vezes os adolescentes digam que querem ficar sozinhos, na realidade eles precisam e querem orientação. Eles ainda precisam de um copiloto. Mesmo que ajam como se quisessem expulsá-lo do avião, eles se sentirão abandonados se você for embora. O que eles querem é um copiloto que os trate com respeito por meio de uma educação gentil e firme.

Além disso, mesmo que pareça que eles não ouvem uma palavra do que você diz, eles o ouvem, embora possa levar dias, semanas ou anos para que eles demonstrem isso de maneiras que você notará.

Para muitos pais, ter fé em seus filhos e controlar seu próprio comportamento, em vez do comportamento de seus filhos adolescentes, lhes dá a impressão de que não estão fazendo *nada*. Na verdade, significa *parar de fazer as coisas que não funcionam*. Às vezes, tudo que um copiloto pode fazer é oferecer amor e fé. E mesmo que isso não alcance os objetivos desejados em curto prazo, a recompensa em longo prazo é tremenda, tanto para os pais quanto para os adolescentes. Por exemplo, quando uma mãe deixou de ser controladora ou negligente, ela descobriu que seu filho começou a ser mais respeitoso. Ela aprendeu que o exemplo é realmente o melhor professor.

Estilo parental gentil e firme

Parentalidade gentil e firme – um estilo parental encorajador e de longo prazo – é a essência deste livro. Nós chamamos esse estilo parental de *parentalidade baseada na Disciplina Positiva*. Todos os capítulos deste livro apresentam habilidades para ser uma mãe ou um pai gentil e firme que vai além da visão geral discutida neste capítulo. Pais gentis e firmes convidam os filhos a aprenderem que:

1. Liberdade vem com responsabilidade.
2. O respeito mútuo é praticado aqui.
3. "Eu posso aprender habilidades valiosas para a vida, como resolução de problemas, comunicação e respeito pelos outros."
4. Os erros são oportunidades para aprender.
5. Os membros da família têm suas próprias vidas para viver e "eu sou parte do universo, não o centro".

6. "Meus pais vão me manter ciente de que é minha responsabilidade explorar as consequências das minhas escolhas em uma atmosfera livre de culpa, vergonha e dor."

Educar de maneira gentil e firme significa estar mais interessado em resultados e metas de longo prazo do que em soluções imediatas de curto prazo. Um dos primeiros problemas que os pais precisam superar se quiserem ter bons resultados na educação de filhos em longo prazo é a aversão aos erros. Embora seja humano cometer muitos erros durante o processo de crescimento (e, de fato, continuamos a cometer erros ao longo da vida), geralmente equacionamos erros com fracasso, em vez de oportunidades de aprendizado (ver Capítulo 4). A história a seguir fornece um exemplo de como Rhonda evitou a tentação de resgatar sua filha e, em vez disso, usou alternativas gentis e firmes para apoiar sua filha na aprendizagem de habilidades para a vida.

A filha de Rhonda, Betsy, tinha marcado uma conversa com o professor porque estava chateada com a maneira como ele lidara com uma situação na sala de aula. Betsy pediu à sua mãe que a acompanhasse. Como Rhonda estava mais preocupada com os objetivos em longo prazo de sua filha do que com a situação em questão, ela concordou, mas disse: "Eu estarei lá com você para apoiá-la, mas sei que você conseguirá expressar seus sentimentos para o seu professor".

Rhonda ficou ao lado de Betsy enquanto a menina se atrapalhava com as palavras, apesar de Betsy não ter tido problemas em declarar suas opiniões quando as duas ensaiaram no carro a caminho da escola. Rhonda então agradeceu ao professor por seu tempo e depois contou a Betsy como sentiu-se orgulhosa quando Betsy falou sobre seus pensamentos e sentimentos com o professor. Rhonda não disse uma palavra sobre o nervosismo de Betsy.

O objetivo de Rhonda em longo prazo é ajudar a filha a criar coragem. Ela sabe que, com o passar dos anos, Betsy precisará defender-se e expor suas opiniões em situações que podem ser problemáticas ou abusivas. Se Betsy praticar falando por si mesma enquanto a mãe fica quieta ao lado dela, chegará o dia em que Betsy terá a confiança necessária para assumir situações sozinha.

Mudar o estilo parental pode ser difícil

Mudar seu estilo parental é quase como aprender um idioma completamente novo. Você vive em uma cultura na qual a linguagem falada é o que chamamos de "sabedoria convencional". A sabedoria convencional atualmente é microgerenciar as crianças. Às vezes, o termo "parentalidade com helicóptero" é usado para descrever esse popular estilo parental de microgerenciamento. Quase todos ao seu redor seguem a sabedoria convencional – incluindo a maioria dos programas de disciplina escolar, que são baseados em um sistema de punições e recompensas. Pouquíssimas pessoas compreendem o que é a parentalidade firme e gentil com Disciplina Positiva. Quando você pratica uma nova forma de cuidar dos filhos, você se destaca como um polegar machucado, e muitas pessoas julgam você e pensam que você é "esquisito". Mesmo seus filhos podem pedir que você pare de tentar ajudá-los a ser responsáveis e os castigue como um pai normal, para que possam continuar com suas vidas e fazer o que querem. Alterar seu estilo parental requer três etapas para superar toda essa resistência.

O primeiro passo é entender por que essa é uma boa ideia. Você aprendeu o "porquê" neste e nos capítulos anteriores. Mesmo com esse entendimento, pode ser muito difícil mudar padrões antigos. Uma mudança de paradigma é necessária: você realmente tem de ver a si mesmo e a seus filhos adolescentes sob uma nova e diferente luz.

O segundo passo é aprender habilidades parentais eficazes para substituir os padrões antigos. Este passo não é tão fácil quanto pode parecer. Você pode se ver "reagindo" a desafios de comportamento com métodos que são familiares, mesmo que não sejam eficazes. Você precisará se perdoar, aprender com seus erros e então escolher "agir", colocando em prática suas novas habilidades. Porque perdoar a si mesmo (e a seus filhos) por cometer erros é tão importante, você aprenderá mais sobre este princípio básico da Disciplina Positiva no Capítulo 4.

O terceiro passo é reconhecer que abrir mão do controle pode ser assustador. Isso ficou evidente para nós durante nossas palestras e sessões de aconselhamento com pais de adolescentes. Gastávamos horas ajudando os pais a entender por que os métodos antigos não funcionam, ensinando novas habilidades parentais e falando sobre como o controle é uma ilusão. Eles balançavam a cabeça e concordavam, e ainda assim alguém finalmente perguntava: "Mas o que eu faço a respeito de _____?". Internamente, nós resmungávamos e pensávamos: *Eles não conseguem ver que nós analisamos pelo menos seis ferramentas parentais que seriam muito eficazes para essa situação?*. Claro, nós não dizíamos isso em voz alta, mas a pergunta sempre nos levava a refletir: *Por que eles não entendem?"*. É claro que às vezes esquecemos que mudar não é fácil. É preciso tempo para absorver novas ideias, muita prática e muita aprendizagem com os erros. Também percebemos que muitos pais estão fazendo as perguntas erradas. Enquanto continuarem a fazer essas perguntas, o estilo parental gentil e firme não funcionará para eles.

As perguntas erradas (de curto prazo)

1. Como faço com que meu filho adolescente se "importe" comigo?
2. Como faço para que meu filho adolescente entenda um "não"?
3. Como faço para que meu filho adolescente me escute?
4. Como faço para que meu filho adolescente coopere e faça o que eu digo?
5. Como eu "motivo" meu filho adolescente (outra maneira de dizer "para que ele faça o que eu acho que é melhor")?
6. Como faço esse problema desaparecer?
7. Qual é a punição/consequência para essa situação?
8. O que há de errado comigo que não me lembro das novas ferramentas?
9. Quanto tempo isso vai levar?

Essas perguntas podem parecer perfeitamente legítimas para você. Se assim for, você ainda está na mentalidade parental em curto prazo. Você mudará para a mentalidade parental em longo prazo quando as perguntas a seguir se tornarem o seu ponto de referência.

As perguntas certas (de longo prazo)

1. Como posso ajudar meu filho adolescente a se tornar capaz?
2. Como entro no mundo do meu filho adolescente e apoio seu processo de desenvolvimento?
3. Como posso ajudar meu filho adolescente a se sentir pertencente e importante?
4. Como posso ajudar meu filho a aprender habilidades sociais e de vida (cooperação), como habilidades para resolver problemas e capacidade de identificar sentimentos e expressá-los em palavras (também conhecido como desenvolver um vocabulário de palavras que descrevem sentimentos)?

5. Como começo a reconhecer e respeitar que meu filho adolescente tem ideias diferentes sobre o que é melhor para ele?
6. De que maneira meu filho adolescente e eu podemos usar esse problema como uma oportunidade para aprender com nossos erros? Como podemos aprender a tentar de novo em vez de desistir quando cometemos erros?
7. Como aprendo a me lembrar de que mudanças levam tempo?
8. Como me encorajo para aceitar que um passo de cada vez é o bastante?
9. Como faço para ter fé em mim e no meu filho adolescente?

As perguntas "certas" representam o que você realmente quer? O interessante nessas perguntas é que, quando forem respondidas, não haverá necessidade de se fazer as perguntas "erradas". Quando os adolescentes são respeitosamente envolvidos no processo de resolução de problemas, eles podem não se importar com você (o que de fato não seria saudável de qualquer forma), mas eles estarão mais propensos a cooperar. Eles ficam mais propensos a encontrar motivação interna a partir do seu encorajamento que a se rebelar contra o seu controle. E, lembre-se, os adolescentes ficam mais propensos a ouvir quando se sentem ouvidos e quando você usa as habilidades que os convidam a ouvir.

Em vez de lutar contra os problemas como se fossem pedras no caminho, que presente incrível seria se você e seu filho pudessem vê-los como oportunidades para aprender. Depois de perceber isso, você economizará tempo e energia que muitos pais desperdiçam tentando evitar que seus filhos cometam erros.

Quanto maior for seu desconforto, melhor será seu desempenho. Você pode se sentir confortável em punir, resgatar ou superproteger porque está acostumado a isso e acredita que é o certo. Mas o que você e seu filho estão aprendendo com essa experiência? Por outro lado, você provavelmente se sentirá muito desconfortável dizendo: "Não, não vou dar a você dinheiro para esquiar", ou "Estou incomodado pelo fato de você ter voltado para casa tão tarde ontem à noite e quero conversar com você sobre isso". A mãe de Betsy sentiu-se muito desconfortável assistindo à luta de sua filha com as palavras e muitas vezes ficou tentada a interromper e resgatar sua filha de uma situação embaraçosa. Mas ela não o fez, porque seu desejo de fortalecer a coragem de Betsy era mais forte do que sua necessidade de aliviar os sentimentos da filha no momento.

O estilo parental gentil e firme pode lhe parecer desconfortável porque você não consegue ter os resultados imediatos que ocorrem com frequência no estilo parental em curto prazo. Às vezes, pode parecer que você está deixando seu filho adolescente se safar de alguma situação. Quando suas ações se relacionam com seus objetivos em longo prazo, é preciso ter um pouco de fé e uma compreensão profunda dos resultados em longo prazo para se sentir confiante de que você está fazendo um bom trabalho como pai ou mãe. Trabalhamos com inúmeros pais que só tiveram a chance de ver os resultados de seus esforços depois de um ou dois anos na estrada. Tenha fé.

Os filhos educados por meio da Disciplina Positiva ainda se rebelarão?

Muitos pais desenvolveram a crença equivocada de que, se usarem os princípios da Disciplina Positiva com seus filhos pequenos, estes não cometerão erros quando se tornarem adolescentes. Na verdade, filhos educados de forma democrática e respeitosa muitas vezes sentem-se mais confiantes para correr riscos, se rebelar e aprender.

Vamos supor que você esteja usando o estilo parental gentil e firme desde que seus filhos eram pequenos. Você usou habilidades de resolução de problemas em reuniões de família, e seus filhos se tornaram muito responsáveis e cooperativos. Você tem um ótimo relacionamento com eles e está convencido de que eles podem passar pela adolescência sem problemas. Não é verdade. Um adolescente tem que ser adolescente.

Não há técnica no mundo que possa domar hormônios ou alterar o desenvolvimento do cérebro. E quando esses hormônios começarem a pular, seus filhos começarão suas tarefas de desenvolvimento adolescente.

Não entre em pânico. Os anos de adolescência do seu filho não são o momento de questionar tudo o que você está aprendendo e de se perguntar: "E se essa coisa de Disciplina Positiva não funcionar?". Você pode dizer a si mesmo que deveria dar mais sermões sobre moralidade, gastar mais tempo definindo metas para seus filhos e assumir mais o controle para que seus filhos não sejam tão desatenciosos e desrespeitosos agora. Você pode se perguntar se deveria apertar as rédeas antes que seja tarde demais. Esse não é um momento fácil para nenhum pai ou mãe, mas podemos garantir que as coisas não melhorarão ao apertar as rédeas ou usar punição e controle para "motivar" seu filho adolescente. Na verdade, usar esses métodos torna as coisas piores.

Pode ser útil saber que os filhos educados por meio da Disciplina Positiva muitas vezes se sentem mais livres para se rebelar de forma mais explícita, em vez de ficarem se escondendo ou esperar até entrar na faculdade. Eles podem até mesmo usar muitas das mensagens que você lhes deu para alimentar sua rebeldia, como: "Mas você não tinha dito que queria que eu pensasse por mim mesmo e ouvisse minha voz interior?", e "Por que você está tão chateado? Você sempre me ensinou que os erros são oportunidades de aprender. Podemos consertar o para-choque amassado".

Avise seu filho adolescente quando mudar seu estilo parental

Quando você decidir usar o estilo parental gentil e firme e mudar a maneira como se relaciona com seu filho adolescente, avise-o. Você mudará drasticamente de papel, e seu filho adolescente precisará saber o que esperar. Abandonar a punição ou o resgate é uma grande mudança, por isso certifique-se de explicar isso ao seu filho adolescente. Reconheça que cometeu um erro, que a punição e o resgate não funcionam, e que você pretende mudar. Como você provavelmente fez muitas declarações no passado que acabou não cumprindo, é quase certo que seu filho adolescente pagará para ver se você realmente mudou.

Nosso objetivo é ajudar os pais a desenvolver a coragem e as habilidades necessárias para que seus filhos desenvolvam a coragem necessária para serem adultos responsáveis. O processo de crescimento pode ser uma experiência enriquecedora para pais e adolescentes.

REVISÃO DAS FERRAMENTAS PARENTAIS GENTIS E FIRMES

1. Use o estilo parental de longo prazo, em vez de controle ou permissividade, para ajudar seus filhos a se tornarem mais responsáveis, autoconfiantes e capazes.
2. Quando se sentir tentado a controlar, pergunte a si mesmo: "Isso funcionará em longo prazo?". Se concluir que não funcionará, use o estilo parental gentil e firme.
3. Embora possa ser mais confortável para você microgerenciar a vida de seu filho, isso não cumpre a tarefa de *formar adultos*. Permita que seu filho adolescente administre a si mesmo.

4. Quando você entende por que é uma boa ideia mudar seu estilo parental, quando você substitui habilidades ultrapassadas por outras mais eficazes e quando aceita que é assustador abrir mão do controle, você está no caminho certo para realizar mais daquilo que você quer com seu filho adolescente.
5. Ajude seus filhos a equilibrar liberdade com responsabilidade dando-lhes mais espaço para aprender com seus erros.
6. Concentre-se no quadro geral e lembre-se de que educar filhos usando o medo impede o crescimento. Você não precisa ser um pai perfeito.
7. Tire um tempo para esfriar a cabeça e para ter a chance de ajudar seus filhos a crescer e aprender.

ATIVIDADE PRÁTICA

1. Pense em uma época recente em que você estava mais interessado no objetivo, de curto prazo, de controlar seu filho adolescente (uma época em que você provavelmente estava agindo a partir de seu cérebro reptiliano). Descreva a situação em seu diário.
2. Pense em como você poderia lidar com a mesma situação de uma forma mais racional, uma forma que ajudaria seu filho adolescente a aprender algumas habilidades que o preparassem para a vida adulta. Anote. Isso ajudará você a se preparar para o próximo encontro.
3. Você acha que em alguns aspectos está sendo muito permissivo com seu filho adolescente? Se sim, explique em seu diário.
4. Faça uma lista das habilidades que iniciariam o processo de "desmame" para ajudar seu filho a se tornar autossuficiente. Anote-as.
5. Pense em um momento em que você salvou seu filho adolescente para que ele não tivesse que experimentar as consequências de suas escolhas. Descreva em detalhes.
6. O que você fará da próxima vez que se sentir tentado a resgatar seu filho adolescente? Como você pode, gentil e firmemente, ensinar ao seu filho adolescente algumas habilidades importantes para a vida?
7. Tente pensar em uma situação em que você pode estar negligenciando seu filho adolescente por frustração ou inadequação (ou em virtude de trabalho compulsivo, abuso de substâncias, problemas emocionais ou qualquer outro motivo). Descreva em seu diário o efeito que isso está tendo em seu filho adolescente.

8. O que você está disposto a fazer de forma diferente para melhorar seu relacionamento com seu filho adolescente e consigo mesmo? Anote as ações específicas que você tomará.

4

COMO OS ERROS PODEM SER OPORTUNIDADES MARAVILHOSAS PARA APRENDER?

Animar-se com os erros

Quando foi que os erros ganharam uma reputação tão ruim? Os erros são uma parte natural do crescimento e do aprendizado. Quando começamos a sentir vergonha de nossos erros? Quando começamos a ouvir que os erros significam que somos inadequados, em vez de descobrir que os erros fazem parte do processo de aprendizagem? Nossas percepções sobre erros são moldadas em grande parte pelas mensagens que as crianças recebem dos adultos.

Às vezes, mensagens negativas sobre erros são explícitas: "Garota má. Você não deve mexer no vaso. Você não pode conversar na escola". Temos certeza de que você pode pensar em muitas outras advertências sobre a possibilidade de cometer erros. A verdade é que ela não é "má" por tocar o vaso; ela não seria uma criança normal se não quisesse mexer nele. Achamos chocante que as crianças pequenas recebam bronca por conversarem em algumas escolas. É normal no processo de desenvolvimento que as crianças queiram falar quando estão empolgadas com a aprendizagem tanto social como acadêmica.

Às vezes as mensagens são sutis. Quanto dano é causado à autoconfiança e à alegria de aprender quando você manda seu filho para a escola ou para brincar dizendo: "Tome cuidado" ou "Seja bonzinho". Ao dizer essas coisas, a conotação negativa sobre os erros está implícita. Imagine que mensagem diferente seria transmitida se disséssemos: "Aproveite suas aventuras hoje e veja o quanto você pode aprender com seus erros". Isso cria um clima de liberdade para aprender e crescer sem qualquer perda de autoestima pelos inúmeros erros que irão sempre fazer parte da vida.

Seja um animador de torcida nas horas difíceis

De onde os pais tiraram a ideia maluca de que, para fazer as crianças agirem melhor, primeiro precisam fazê-las se sentir pior? As pessoas não podem se sentir mal e aprender algo positivo ao mesmo tempo. O melhor aprendizado ocorre quando as pessoas se sentem bem. Se você repreender seus filhos por seus erros, eles simplesmente se sentirão mal e serão incapazes de aprender com eles. Mas se você mudar sua atitude e vir os erros como maravilhosas oportunidades para aprender e tentar novamente, seus filhos poderão abordar as coisas de maneira diferente no futuro e ter mais fé em si mesmos.

O problema dos erros é que eles acontecem sem aviso, então você não pode planejar-se para eles, mas, ainda assim, pode aprender com eles. Sugerimos que você dê início a um ritual regular no qual todos na mesa de jantar compartilham um erro e o que aprenderam com ele – todos os dias.

Vai ser difícil assistir seus filhos cometendo erros, especialmente os grandes, a menos que você tenha muita fé em seus filhos e em si mesmo. Você pode confiar em si mesmo para ser o tipo de mãe ou pai capaz de oferecer apoio quando o seu filho apronta, em vez de despejar uma carga de culpa, vergonha, recriminações e punição?

Nem sempre é fácil descobrir como manter uma atitude do tipo "Vamos, você consegue fazer isso! Eba! Isto está incrível!" quando seu filho adolescente está cometendo um erro após o outro. Você não corre para escrever no livro do bebê na primeira noite em que seu filho ou filha chega em casa bêbado. Você não se sente encorajado a motivar quando acaba de gastar uma fortuna no aparelho de dentes que seu filho adolescente não usa. Quando sua filha fica de recuperação na escola porque passou todo o tempo no Facebook ou com seu Xbox em vez de fazer a lição de casa, você provavelmente não vai querer ligar para os avós para se gabar – mesmo que ligasse correndo quando ela era pequena e deixava a comida cair do cadeirão para o cachorro comer. Naquela época, em vez de repreendê-la por um comportamento adequado à idade, você provavelmente colocava um grande pedaço de plástico embaixo do cadeirão. Não parece tão fofo agora que seu filho quer passar todos os momentos em que está acordado enviando mensagens para os amigos, embora esse também seja um comportamento adequado à idade.

Seu trabalho nessa fase da vida de seu filho adolescente é ajudá-lo a aprender com os erros com encorajamento e apoio, em vez de punir e bater.

Os adolescentes podem topar compartilhar alguns de seus erros com você se tiverem certeza de que não serão criticados ou punidos. Eles podem até evitar alguns erros se sentirem-se seguros para explorar as possibilidades com seus pais. No entanto, a maioria dos adolescentes aprende a esconder seus erros para evitar o julgamento e a ira dos pais. Ou então aprendem a esconder os comportamentos que não veem como erros a fim de escapar dos sermões e do controle dos pais.

Perguntas curiosas

Um dos erros mais comuns cometidos pelos pais é que eles falam, falam, falam, mandam, mandam, mandam. Quando os filhos cometem um erro, a maioria dos pais diz às crianças o que aconteceu, quais foram as causas, como elas deveriam se sentir a respeito e o que elas deveriam fazer a respeito. Então eles acrescentam algum tipo de punição, "para ensinar-lhes uma lição". Os pais seriam mais eficazes se parassem de falar e começassem a perguntar.

Um dos meus (Jane Nelsen) exemplos favoritos de perguntas curiosas aconteceu quando minha filha mais nova, Mary, anunciou que estava planejando se embebedar em sua festa de formatura do nono ano. Embora tenha sido tentador, eu não disse: "Ah não, você não vai se embebedar! Você não sabe quanto isso é perigoso? Você quer arruinar sua vida? Se fizer isso, você ficará de castigo por um mês e perderá todos os seus privilégios".

Em vez disso, respirei fundo e disse: "Fale mais sobre isso. Por que você está pensando em fazer isso?".

> MARY: Muitos amigos estão fazendo isso, e parece que eles estão se divertindo.
> EU: E o que os seus amigos dizem sobre você agora porque você não bebe?

Mary pensou. (Você sabe que fez uma pergunta curiosa quando seu filho *percebe* que você está realmente curioso e você pode observar que eles estão pensando.)

MARY: Eles estão sempre me dizendo que me admiram e estão orgulhosos de mim.

EU: Eles não tentam pressionar você para beber?

MARY: Na verdade não. Eles às vezes tentam me fazer beber, mas não me pressionam quando digo não. Acabei de decidir que acho que quero tentar.

EU: O que você acha que seus amigos dirão sobre você depois que ficar bêbada?

MARY: Hmmmm. Eles provavelmente ficarão desapontados comigo.

EU: Como você acha que vai se sentir em relação a si mesma?

MARY [depois de uma pausa longa e pensativa]: Acho que vou me sentir uma idiota. [Outra pausa.] Acho que não vou mais fazer isso.

EU: Parece uma boa decisão. Eu acredito na sua capacidade de pensar sobre o que você realmente quer para sua vida em vez de seguir os outros. (Ok, eu dei um sermãozinho aí, mas não acho que ela o ouviu como um sermão.)

As perguntas curiosas ajudam as crianças a *explorar* as consequências de suas escolhas, em vez de terem consequências (punições) *impostas* a elas. Muitos anos depois, Mary me disse que tentou beber algumas vezes, mas não gostou e decidiu que não queria que a bebida fizesse parte da sua vida. Seus amigos disseram que ela se acostumaria a beber, mas ela pensou: *"Por que eu deveria?"*.

Ajudar seus filhos a pensar por si mesmos é muito melhor do que convidá-los a se esconder e rebelar. Nem todos os adolescentes decidirão eliminar a bebida para sempre de suas vidas. Afinal, a maioria dos pais bebe socialmente (ou talvez sejam até alcoólatras). Não seria melhor ajudar os adolescentes a pensar na diferença entre beber de forma responsável e irresponsável?

As perguntas curiosas são eficazes apenas quando você está realmente curioso sobre o que seus filhos estão pensando, sentindo e aprendendo. Isso pode ser difícil quando você está chateado. Espere até você se acalmar antes de fazer perguntas curiosas. Pode ser eficaz dizer: "Estou muito chateado com isso agora, mas eu amo você e quero me sentar com você quando me acalmar". Às vezes é melhor colocar o problema na pauta da reunião de família, deixar toda a família participar da conversa e, em seguida, listar as soluções.

Modele como aprender com os erros

À medida que você cresce e aumenta sua consciência como mãe ou pai, descobre que muitas coisas que fez no passado foram ineficazes e possivelmente até mesmo desencorajadoras para seus filhos. Seus filhos não são os únicos que podem aprender com os erros. Você também pode. Seus filhos fazem o melhor que podem, considerando sua experiência, conhecimento, rede de apoio e fase de desenvolvimento. E você também. Uma das melhores maneiras de ensinar os filhos que erros são uma oportunidade maravilhosa de aprender é praticar esse princípio você mesmo. Quando você comete erros, pode se sentir inadequado e humilhado e achar que é um fracasso, ou pode buscar oportunidades para aprender. Os "Quatro 'R' da Reparação dos Erros" podem ajudá-lo quando seus erros envolvem outras pessoas.

Os Quatro "R" da Reparação dos Erros

1. Reconhecimento
2. Responsabilidade
3. Reconciliação
4. Resolução

Reconhecimento: significa consciência de que você cometeu um erro. Não é útil se ver como um fracasso e mergulhar na culpa e na vergonha, mas sim simplesmente perceber que o que você fez foi ineficaz.

Responsabilidade: significa ver que papel você desempenhou no erro (talvez você tenha convidado a rebeldia ou tenha desencorajado seu filho de alguma forma) e estar disposto a fazer algo a respeito.

Reconciliação: significa dizer ao seu filho que você sente muito se o tratou com desrespeito ou o magoou de alguma forma. Você já notou como as crianças são rápidas em dizer "Tudo bem" assim que você pede desculpas? Elas são muito indulgentes.

Resolução: significa trabalhar com seu filho adolescente para chegar a uma solução satisfatória para ambos. Depois de reconhecer seu erro, assumir a responsabilidade por ele e pedir desculpas, você em geral terá criado uma atmosfera propícia para resolver o problema.

Os Quatro "R" da Reparação dos Erros em ação

Um dia, minha filha, Mary, estava me incomodando enquanto eu estava em um salão de beleza arrumando o cabelo. Ela ficava pedindo dinheiro, perguntando quanto tempo eu ia demorar e interrompendo minha conversa com o cabeleireiro a cada cinco minutos.

Quando finalmente chegamos em casa, fiquei com tanta raiva que a chamei de pirralha mimada. Ela me respondeu: "Ah é, não venha me dizer depois que você sente muito!". (Ela estava familiarizada com os "Quatro 'R' da Reparação dos Erros".)

Eu estava usando meu cérebro primitivo e disse: "Você não precisa se preocupar, porque eu não vou!".

Ela saiu correndo para seu quarto e bateu a porta. Eu percebi (reconhecimento) que tinha cometido um erro ao chamá-la de pirralha mimada. (Eu cometi muitos erros durante esse episódio, mas esse foi o suficiente para começar.) Fui até o quarto dela para pedir desculpas, mas ela não estava pronta para me ouvir. Ela estava ocupada sublinhando passagens do livro *Disciplina Positiva*.

Ela disse: "Você é uma farsa! Você ensina outros pais a serem respeitosos com seus filhos e aí você me xinga".

Ela estava certa. Eu me senti muito culpada e silenciosamente deixei o quarto. No começo, não vi meu erro como uma oportunidade para aprender. Em vez disso, eu estava pensando que deveria desistir da minha carreira porque eu era incapaz de praticar o que eu pregava.

Em cinco minutos, minha filha veio até mim, deu-me um abraço e disse: "Sinto muito".

Eu disse: "Querida, eu também sinto muito. Quando a chamei de pirralha mimada, eu estava sendo uma pirralha mimada (responsabilidade e reconciliação). Eu estava com tanta raiva de você por não controlar seu comportamento, mas eu mesma não controlei meu próprio comportamento".

Ela disse: "Tudo bem. Eu realmente estava agindo como uma criança mimada".

"Sim", eu disse, "mas posso ver como provoquei seu comportamento por não ter sido respeitosa com você."

Ela disse: "Sim, mas eu realmente a interrompi e incomodei".

E é assim que muitas vezes acontece quando estamos dispostos a assumir nossa responsabilidade na criação de um problema: nossos filhos aprendem com nosso exemplo e assumem a sua responsabilidade. Minha filha e eu resolvemos o problema (resolução) decidindo que da próxima vez faríamos um plano antes de entrar no salão. Eu diria a ela quanto tempo demoraria, ela decidiria o que queria fazer durante esse tempo e nos encontraríamos quando nós duas terminássemos.

Eu poderia ter mergulhado em culpa por não praticar o que eu pregava. Em vez disso, minha filha e eu aprendemos uma lição valiosa.

Usar os erros para compreender consequências e responsabilidade

Em vez de perpetuar sentimentos de julgamento e culpa concentrando-se no erro em si, você ensinará seus filhos infinitamente mais se ajudá-los a avaliar seus pensamentos e sentimentos sobre sua decisão e o que eles podem fazer de diferente para alcançar um outro resultado da próxima vez. Você pode usar esse mesmo processo para avaliar seus próprios erros.

Becky, uma mãe de um dos *workshops* de adolescentes, perguntou:

O que eu poderia ter feito? Eu sei que cometi um erro. Minha filha de 16 anos não se concentra em seus trabalhos escolares. Ela disse que está satisfeita com suas notas na média, mas se ela não melhorar essas notas, nunca conseguirá ir para uma boa faculdade, especialmente a faculdade que ela quer. Eu disse que ela não poderia fazer mais nada até que fizesse todo o dever de casa e eu verificasse para ter certeza de que tudo foi feito corretamente. Ela concordou, mas quando chegou a hora de checar, ela explicou que teve dificuldade em se concentrar e não conseguiu realizar o trabalho. Ela poderia estar com um problema de concentração, mas acho que disse isso para se livrar de mim.

Eu disse a ela: "Não pense que você pode vai se safar com isso, mocinha. Você vai se sentar à mesa e fazer o seu trabalho ou você não vai para a casa da sua amiga". Ela sentou-se à mesa rabiscando na lição por quase uma hora, emburrada e infeliz. Todos nós estávamos infelizes. Mais tarde, ela me deixou um bilhete dizendo: "Eu não sinto nenhum amor por você". Eu sei que fiz tudo errado. Eu posso ver que não fui uma mãe gentil e firme quando a ameacei, mas não sei o que mais poderia ter feito.

A facilitadora respondeu:

Lembre-se, erros são oportunidades maravilhosas de aprender, então não pensemos nessa situação como "errada". Em vez disso, veja como uma oportunidade para descobrir o que você realmente queria que acontecesse, o que aconteceu, o que causou isso e o que você poderia fazer diferente da próxima vez.

Becky e a facilitadora então passaram pelas seguintes perguntas para revisar a situação e buscar uma solução melhor.

FACILITADORA: Por que você queria que sua filha tirasse notas melhores?

BECKY: É importante para mim que ela tenha a oportunidade de cursar uma faculdade porque eu nunca cursei e acho que perdi uma oportunidade. Eu não quero que ela perca essa oportunidade.

FACILITADORA: Você acha que ela recebeu essa mensagem, especialmente que você não quer que ela perca essa oportunidade?

BECKY: Bem, acho que não.

FACILITADORA: Vamos guardar essa informação por enquanto. Voltaremos a ela quando chegarmos às sugestões. Por que você acha que ela fica satisfeita com a média se ela pode fazer melhor?

BECKY: Eu acho que ela acredita que a faculdade que ela quer frequentar valoriza mais os serviços voluntários do que as notas, e ela está envolvida em vários projetos sociais.

FACILITADORA: Você já se sentiu assim, querendo colocar seu foco onde você achava que era mais importante?

BECKY: Sim. Eu posso entender isso.

FACILITADORA: Você consegue perceber que ignorou as questões que eram importantes para você e sua filha e entrou em uma disputa por poder que se transformou em um ciclo de vingança?

BECKY: Sim. Eu me senti mal depois de ameaçar não deixá-la encontrar suas amigas, especialmente porque sei que as meninas iriam fazer uma lista de lugares onde poderiam arrecadar doações para os fundos sociais da escola, mas eu não podia deixá-la escapar depois de falar comigo assim. Então eu ganhei a briga, mas ela com certeza se voltou contra mim. Fiquei muito magoada e frustrada quando recebi o bilhete dela.

FACILITADORA: Com base nos problemas que trouxemos à tona, você consegue pensar em princípios e estratégias que tenhamos discutido no *workshop* que podem se aplicar a essa situação?

BECKY: Não. Eu me sinto realmente sem saída. Eu não posso imaginar que consequência lógica eu poderia ter usado.

FACILITADORA: Ótimo! Se você não consegue pensar em nenhuma, provavelmente isso significa que uma consequência lógica não seria apropriada nesse caso. Como mencionei antes, a maioria de nós está tão encantada com a ideia de consequências que muitas vezes tentamos aplicá-las quando elas não são adequadas, ou tentamos disfarçar uma punição chamando-a de consequência lógica. Que tal garantir que a mensagem do amor seja transmitida, compartilhando o que você quer, entrando em seu mundo para descobrir o que ela quer e, então, elaborando um plano que permita que ambas ganhem? Você gostaria de dramatizar tudo isso para ver como é?

BECKY: Claro.

FACILITADORA: Ok. Você gostaria de interpretar sua filha e eu represento a mãe?

BECKY: Sim. Isso parece mais fácil para mim agora.

FACILITADORA: Comece com o que sua filha disse no começo.

BECKY/FILHA: Mãe, não é importante para mim tirar mais do que a média nessas matérias.

FACILITADORA/MÃE: É muito importante para mim que suas notas sejam boas o suficiente para você entrar na faculdade que deseja.

BECKY/FILHA: Para mim também, mas eu pesquisei os pré-requisitos para entrar na faculdade que eu quero e o serviço voluntário conta mais do que as notas, e tenho uma tonelada de projetos sociais no meu histórico escolar.[1]

FACILITADORA/MÃE: Bem, fico feliz em saber que você estudou os pré-requisitos para admissão. Isso me mostra que entrar nessa faculdade é importante para você. Eu odiaria que você deixasse de entrar por causa de algumas notas que poderiam ter sido mais altas. Tudo bem com você se eu marcar uma reunião com a orientadora responsável pela admissão em faculdades para ver se ela concorda com sua pesquisa? Ela ajudou muitos alunos a entrarem

---

[1] N.T.: Nos EUA, a admissão às faculdades avalia o histórico escolar do aluno, que inclui trabalhos voluntários. No Brasil, a admissão em curso superior depende de um exame específico (vestibular ou Enem).

em faculdades e tenho certeza de que ela já lidou antes com essa faculdade que você escolheu e saberia em primeira mão se o que eles dizem é o que eles realmente fazem. Então poderíamos discutir isso em nossa próxima reunião de família para que possamos elaborar um plano para atingir nossos objetivos.

BECKY/FILHA: Claro. Obrigada, mãe.

FACILITADORA: Como você está se sentindo agora como filha?

BECKY: Eu me sinto amada, respeitada e disposta a trabalhar em um plano com você na reunião de família.

FACILITADORA: Parece-me que agora você está em um caminho que evita as disputas por poder e os ciclos de vingança. Esse caminho tem mais chances de satisfazer a todos, ao mesmo tempo que ensina percepções e habilidades que serão úteis para sua filha.

A seguir, uma lista das percepções e habilidades que ajudam os pais a melhorar a compreensão e a comunicação depois de cometerem os tipos de erros que levam a disputas por poder, rebeldia e vingança:

Seis passos para corrigir os erros

1. Volte para a essência da regra em vez de tomar a regra ao pé da letra. (A essência era ajudá-la a entrar na faculdade de sua escolha. A regra ao pé da letra era que ela fizesse sua lição de casa ou seria punida.)
2. Trate seus filhos da maneira como gostaria de ser tratado – com compreensão, dignidade e respeito. (Como você se sentiria se alguém ameaçasse puni-lo simplesmente porque você queria fazer o que achava melhor?)
3. Compartilhe o que é importante para você e por quê. (Certifique-se de que a mensagem de amor e respeito seja transmitida.)
4. Descubra o que é importante para o seu filho e por quê.
5. Esteja disposto a fazer exceções às regras. (Isso não é o mesmo que ser permissivo.)
6. Marque uma reunião (reunião de família ou outra) para trabalhar em um plano que atenda às necessidades e desejos de todos os envolvidos, sem formar um padrão de exceções.

Quando você se encontrar envolvido em um conflito que cria distância entre você e seu filho, pergunte a si mesmo: "Estou agindo a partir de um lugar de medo e raiva ou do meu amor e fé?". Então, use esses seis passos para corrigir seus erros e ajudar você a se lembrar das habilidades parentais gentis e firmes que serão encorajadoras para ambos.

REVISÃO DAS FERRAMENTAS PARENTAIS GENTIS E FIRMES

1. Diga ao seu filho muitas vezes que os erros são oportunidades maravilhosas para aprender.
2. Tenha fé em seu filho adolescente para tomar decisões e aprender com os erros.
3. Ajude seus filhos a explorar as consequências de suas escolhas por meio de perguntas amigáveis sobre *o que* e *como*.
4. Os adolescentes são jovens com sentimentos e devem ser tratados com compreensão, dignidade e respeito.
5. Compartilhe o que é importante para você e por quê. (Certifique-se de que a mensagem de amor e respeito seja transmitida.)
6. Descubra o que é importante para o seu filho e por quê.
7. Esteja disposto a fazer exceções às regras. (Isso não é o mesmo que ser permissivo.)
8. Em vez de tentar resolver na hora, marque uma data ou espere a reunião de família para elaborar um plano com que todos possam concordar.

ATIVIDADE PRÁTICA

Respire fundo. Peça ajuda ao seu filho. Faça perguntas curiosas e ouça as respostas com atenção. Agora, peça ao seu adolescente que lhe dê um exemplo de um erro que ele acha que você cometeu como mãe ou pai. Use os "Quatro 'R' da Reparação dos Erros" e escreva suas respostas para cada um dos 'R' ou discuta suas respostas com seu filho adolescente. Os quatro 'R' são: Reconhecimento, Responsabilidade, Reconciliação e Resolução.

5

COMO MOTIVAR OS ADOLESCENTES?

Sim, é possível!

Quando os pais perguntam: "Como motivar meu filho adolescente?", eles geralmente querem dizer: "Como faço meus filhos adolescentes fazerem o que eu quero? Como faço para que eles tenham algum equilíbrio em suas vidas? Como faço para tirá-los do computador, sair ao ar livre ou fazer qualquer outra coisa exceto ficar sentado sem fazer nada?". Encorajamento é a chave para a motivação. Todas as ferramentas para pais que estamos compartilhando neste livro foram criadas para encorajar e motivar os adolescentes. Neste capítulo, abordaremos seis motivadores certeiros para adolescentes: apreciação, humor, acordos e garantias, motivação por meio de envolvimento, resolução conjunta de problemas e acompanhamento eficaz.

Apreciação

As pessoas se saem melhor quando se sentem bem. Não há nada melhor do que ser apreciado por algo que você se orgulha ou ser reconhecido por quem você é para melhorar a motivação. Isso é verdade para todos, mas em especial para os adolescentes, que frequentemente ouvem críticas intermináveis, objeções e reclamações sobre seu comportamento insatisfatório. Se você está acostumado a usar elogios como motivador, pode ser difícil encontrar algo que seja digno de ser elogiado no comportamento de seu filho adolescente. É por isso que sugerimos usar o encorajamento, porque funciona mesmo quando seus filhos estão em dificuldades e cometem erros.

Um momento no qual se deve garantir que todos recebam um encorajamento ou sejam reconhecidos é a reunião da família (discutida em detalhes no Capítulo 7). Se você tiver reuniões semanais e começar cada reunião com algo positivo, talvez esse seja motivo suficiente para que seus filhos queiram participar das reuniões. Um garoto de 15 anos disse que seu horário favorito da semana era na reunião de família, quando recebia reconhecimento e apreciações.

Durante a semana, procure maneiras de deixar seus filhos saberem que eles são únicos e especiais, fale sobre o que você aprecia neles, como eles eram adoráveis quando eram pequenos. Conte-lhes histórias sobre o que costumavam fazer quando eram mais novos. Pergunte a eles se há algo que eles gostariam que as pessoas dissessem sobre eles ou que gostassem ou percebessem neles e, em seguida, certifique-se de dizer exatamente o que eles querem ouvir. Eles vão gostar de ouvir isso, apesar de eles mesmos terem dito a você o que gostariam de ouvir.

Humor

Os adolescentes gostam de senso de humor e respondem a ele muito melhor do que a sermões e reclamações. As situações a seguir ilustram como os pais usam o humor para incentivar a cooperação e aliviar o clima pesado.

Quando uma adolescente se esqueceu de arrumar a mesa, sua mãe serviu o jantar sobre a mesa sem toalha. Todos riram do absurdo da situação. A partir desse dia, a mesa passou a ser arrumada em tempo de se servir as refeições todos os dias.

Peter era pai de três adolescentes e usava jogos de adivinhações e apostas para motivar os filhos e dar uma pitada de humor a uma situação. Quando Peter notou que as tarefas não estavam sendo feitas como combinado, ele disse: "Alguém se esqueceu de fazer algo que foi combinado. Eu darei 1 dólar para a primeira pessoa que adivinhar o que é". Os adolescentes correram pela casa tentando descobrir quem era o culpado para ganhar 1 dólar.

Em outra ocasião, Peter disse: "Aposto 2 dólares que vocês não conseguem terminar seu trabalho no quintal antes do início do jogo de futebol". As apostas e jogos eram eficientes porque ele usava esses jogos com pouca frequência e de maneira inesperada. Se Peter tivesse tentado usar apostas como recompensas e subornos, seus filhos teriam se sentido menos respeitados, porque ele teria insinuado que a única razão pela qual seus filhos adolescentes ajudariam a família seria pelo dinheiro.

Um dia, no mercado, usando do mesmo senso de humor, Peter rasgou a lista de compras na metade e deu uma parte para o filho e a outra para seu amigo. Peter disse: "Vou levar vocês dois para comer pizza se vocês conseguirem encontrar tudo na sua metade de lista em quinze minutos. Começou!". Os clientes assistiram surpresos os dois adolescentes correrem pelo mercado enchendo seus carrinhos.

Às vezes, um certo senso de humor é a única maneira de fazer as coisas acontecerem. Quando o enteado de 15 anos de Sharon, Cole, foi morar com a família, não demorou muito para que todos notassem sua presença. Primeiro, a escova de cabelo de Sharon desapareceu, depois metade dos panos de prato sumiu e, finalmente, vários cobertores. Quando falava ao telefone, Cole andava de um lado para o outro, torcia-se, rodopiava e dançava, até emaranhar todo o fio do aparelho. Cole deixava pratos sujos, revistas e latas de refrigerante no quarto de Sharon, onde se deitava na cama todos os dias depois da escola para assistir televisão, porque seu quarto estava muito bagunçado. A última gota veio um dia quando Sharon começou a arrumar a mesa e não encontrou nenhum talher na gaveta, nem sua tesoura de cozinha para cortar ervas.

"Cole Peter Anderson", gritou Sharon, "venha aqui neste minuto!". Cole entrou e perguntou: "Por que você está tão nervosa? Você teve um dia ruim no trabalho?". Sharon cerrou os punhos e estava pronta para dar um sermão em Cole, mas decidiu tentar outra abordagem. Ela sabia que Cole era muito desafiador e mestre em derrotar adultos que lhe diziam o que fazer ou ficavam zangados quando ele não fazia o que eles queriam.

Sharon parou por um momento e então perguntou: "Cole, você leu seu horóscopo hoje?".

"Sharon, o que você está dizendo? Eu não leio horóscopo. Você sabe disso."

"Bem, escute isto", disse Sharon, ao abrir o jornal da manhã e começar a ler com uma cara séria. "Áries. Hoje é o dia em que você sentirá uma necessidade irresistível de devolver a tesoura da Sharon na gaveta da cozinha, trazer todos os pratos e talheres sujos de volta para serem lavados, desembaraçar o fio do telefone para que ele alcance a mesa e colocar a escova da Sharon de volta no banheiro dela."

"Deixe-me ver isso. Acho que você está brincando comigo, Sharon", disse Cole, tentando pegar o jornal.

"Você corre para resolver essas coisas e eu deixarei você ler mais tarde", brincou Sharon. Cole sorriu de orelha a orelha e disse: "Sharon, você é esquisita". Poucos minutos depois, ele trouxe uma cesta cheia de louça suja para a cozinha, devolveu a tesoura na gaveta e começou a desenrolar o fio do telefone. Sharon se aproximou, deu um grande abraço em Cole e disse: "Obrigada, cara!".

Em outra ocasião, Sharon perguntou a Cole se ele gostaria de ajuda com seu hábito de procrastinação. "Sharon, é um traço familiar. Todos os caras da nossa família fazem isso. Está no nosso sangue."

"Bem, eu tenho uma ideia sobre como você pode mudar isso se você quiser, mas não vou contar a menos que você me implore."

"Ok, Sharon, estou implorando. Por favor, por favor, por favor, qual é a sua ideia?", Cole brincou.

"Você sabe que a maioria das ações tem começo, meio e fim? Percebo que você é bom no começo, é razoável com os meios e péssimo com os fins. Ou você pode colocar no seu cartão de visita 'Cole Anderson, Procrastinador, Nenhuma Tarefa é Pequena o Bastante para Não Ser Adiada', ou você pode tentar o meu Plano da Felicidade ABC."

Cole perguntou: "O que é um Plano da Felicidade ABC?".

"Eu não posso contar, mas posso mostrar. Você está pronto?", perguntou Sharon. Cole sabia que ele estava sendo enganado mais uma vez, mas Sharon tinha um jeito legal e divertido de ajudar sem humilhá-lo, então ele decidiu seguir com ela. "Ok, Sharon, estou pronto."

"Vamos começar com 'A'. Vá até seu carro e traga todas as toalhas e cobertores que pertencem à casa." Cole correu até seu carro e voltou com os braços carregados. "O que vem depois, Sharon?"

"Lá vem o 'B'. Pegue todas as toalhas e cobertores em seus braços e coloque-os na máquina de lavar, adicione sabão e ligue a máquina. Em seguida, fique na frente da máquina e veja se você consegue adivinhar o que o 'C' será."

"Eu acho que 'C' é que eu devo dobrar as coisas e guardá-las", arriscou Cole.

"Garoto esperto. Eu sabia que você pegaria o Plano da Felicidade ABC. Você não está feliz? Eu sei que eu estou", disse Sharon, rindo. Cole apenas balançou a cabeça e deu a Sharon aquele olhar especial que quer dizer que os adultos podem ser bem estranhos.

Sharon poderia ter transformado qualquer dessas situações em um confronto, insistindo que Cole estava sendo preguiçoso e desafiador. Ela tomou uma decisão sobre se queria viver em harmonia ou em uma zona de guerra. Quanto mais ela lançava mão de seu humor, mais Cole cooperava sem resistir.

Vamos fazer um acordo com garantia

Assim como gostam de humor, os adolescentes também gostam de fazer acordos. É outra versão de dar e receber, um conceito que agrada ao senso de justiça e lógica do adolescente. Como os adolescentes podem ser muito egoístas e achar que o mundo gira em torno deles, fazer acordos pode motivá-los quando nada está funcionando.

Existem bons acordos e acordos ruins. Acordos ruins são aqueles que você não consegue implementar ou que são irrealistas ou inadequados para a idade/habilidade/experiência de vida do adolescente. O velho acordo "Teremos um cachorro se você prometer cuidar dele" é um exemplo de acordo ruim. A maioria das crianças se cansa de cuidar de um animal de estimação após algumas semanas, quando você já está apegado demais para levá-lo a um abrigo.

Um bom acordo seria: "Se você passear com o cachorro para mim durante a semana, eu farei um favor especial para você no fim de semana". Esse acordo pode ser um acordo ruim se você não estiver por perto para ver se seu filho levou mesmo o cachorro para passear. Aqui está outro exemplo de acordo ruim/bom: "Você pode pegar o carro hoje à noite se você prometer colocar combustível/encher o tanque". Isso é um acordo ruim porque seu filho adolescente já pegou o carro com combustível. Um bom acordo seria: "Se você lavar o carro antes de sair, pode usá-lo hoje à noite".

Aqui estão alguns outros bons acordos: "Eu não vou incomodá-lo durante a semana sobre como fazer as tarefas, contanto que você termine todas elas até o jantar de quarta-feira. Se não forem feitas até a hora do jantar, vou esperar para servir o jantar até que você as termine". Esse acordo pode funcionar se você puder viver com esse tipo de prazo e se estiver em casa para o jantar de quarta-feira para implementar o combinado. Outro bom acordo é: "Eu vou fazer um acordo. Eu buscarei você e seus amigos no cinema se você conseguir outro pai ou responsável para levá-los até lá". Que tal: "Eu vou fazer um acordo com você. Eu vou contribuir com o mesmo valor que você conseguir economizar para comprar um moletom novo (guitarra, *videogame* etc.)"?.

Um acordo com garantia funciona muito bem com os adolescentes. Se eles quiserem pegar emprestado alguma coisa sua, eles precisam dar a você uma garantia de que devolverão o item emprestado. Uma boa garantia pode ser uma peça favorita de roupa, um iPod, um iPad, um telefone celular e assim por diante. Precisa ser um item que tenha valor para o adolescente.

Motivação por meio do envolvimento

Dana compartilhou o seguinte em uma aula para pais: "Minha filha, Sage, está indo excepcionalmente bem na escola. Ela está obtendo a maior pontuação na maioria das provas, e não está se sentindo desafiada. Na última reunião de pais e mestres, ela pediu trabalhos mais desafiadores para o professor". Outros membros do grupo quiseram saber o que Dana tinha feito para motivar Sage a se sair tão bem nos estudos.

Dana então compartilhou o seguinte:

> *Eu aprendi que o que funciona bem com Sage é explicar a ela os benefícios de se sair bem. Eu uso todas as oportunidades que tenho para mostrar isso a ela. Quando ela aprende algo novo, eu levo o assunto para o próximo nível oferecendo mais informações e, em seguida, mostro a ela que isso é o que há de tão legal em aprender, que quando você aprende uma coisa nova, isso abre a você um mundo totalmente novo.*
>
> *Por exemplo, quando ela aprendeu sobre os planetas, eu disse: 'Algumas pessoas acreditam que há outros planetas que nós nem conhecemos ainda'. Isso a fez fazer mais perguntas, e logo estávamos procurando respostas na internet porque eu não sabia as respostas.*
>
> *E, como diz o ditado, 'Nossos filhos aprendem mais com nossas ações do que com nossas palavras', então eu tentei mostrar a ela meu amor por aprender lendo e fa-*

zendo cursos sobre coisas que eu quero aprender, e tornando a tarefa de casa dela uma prioridade.

Temos um lema: 'Trabalho antes da diversão', e tivemos que trabalhar nisso. Ela aprendeu que é melhor fazer o trabalho primeiro para que não precise se estressar no último minuto. Com as resenhas sobre livros, por exemplo, pegamos o livro no primeiro dia do mês, contamos o número de páginas do livro e determinamos quantas páginas ela deve ler por noite para que ela tenha o final de semana antes de entregar o relatório para fazê-lo. Meu objetivo é mostrar a ela que não é difícil se você fizer um pouco a cada dia. Acho que qualquer um fica desanimado quando tem que fazer as coisas de última hora e está estressado; isso tira a diversão da tarefa. Mostrar a ela que não é tão difícil ajudou-a a amar esse tipo de tarefa.

Talvez o mais importante tenha sido descobrir que preciso estar envolvida com ela enquanto faz a tarefa de casa porque ela fica muito distraída. Quando me afasto e depois volto, eu a encontro brincando com a borracha, ou se olhando no espelho – coisas assim! Então eu me sento ao lado dela na mesa ou cozinho enquanto ela está na mesa da cozinha, dessa forma eu a ajudo a ficar focada e posso ajudá-la a responder perguntas. É preciso muito trabalho, mas é gratificante para mim, então eu gosto de poder ser essa forte influência em sua vida para ajudá-la a ter sucesso na vida escolar.

Agora ela não precisa tanto da minha supervisão. Por exemplo, há algumas semanas ela ficou em uma festa de Halloween até as 22h e estava tentando obter o título de 'Superleitor' na escola (um concurso em que você lê todos os dias durante um mês). Então, ela chegou tarde em casa e mesmo assim leu para não perder aquele dia (eu não tive que lhe dizer nada e fiquei ali caindo de sono ao lado dela). Outro dia, ela ficou acordada até tarde para concluir todas as suas tarefas, porque agora é importante para ela sair-se bem na escola. Ela se apropriou disso, não tem mais a ver comigo!

Em resumo, como pai/mãe, acho que é preciso nos dedicarmos/envolvermos e ensiná-los a amar aprender. Acredito firmemente na teoria de que o envolvimento dos pais é a chave para o sucesso dos filhos!

Dana compartilhou o tipo de motivação que apoia sem importunar, subornar, exigir ou punir. O envolvimento de Dana incluía trabalhar *com* Sage, não *para* ou *no lugar* dela. A prova de seu sucesso é que, ao passar tempo de qualidade e acompanhar Sage no começo, Sage adotou esses hábitos e agora consegue mantê-los por conta própria.

Envolver os adolescentes na resolução de problemas

Willie guardou todo o dinheiro que ganhou de aniversário e Natal desde os 5 anos, dizendo a todos que um dia compraria um carro muito legal. Quando Willie conseguiu sua habilitação, ele disse a seus pais que estava indo comprar seu carro. Seus pais ficaram paralisados e disseram: "De jeito nenhum. Você acabou de tirar a habilitação e não está preparado para ter um carro". "Mas eu economizei toda a minha vida, e vocês nunca me disseram isso antes", Willie reclamou: "Isso não é justo, e vocês não podem me impedir. É meu dinheiro."

Que oportunidade perfeita para Willie e seus pais se sentarem e usarem os "Quatro passos para resolução de problemas".

Quatro passos para resolução de problemas

1. O adolescente compartilha seus problemas e objetivos.
2. A mãe ou o pai compartilha seus problemas e objetivos.
3. Se os objetivos do adolescente e dos pais estiverem distantes, eles pensam em como encontrar opções.
4. Adolescente e pai/mãe escolhem uma opção com a qual ambos consigam viver e a experimentam por um curto período.

Quando Willie e sua família usaram esse processo, os problemas de Willie eram que ele havia esperado toda a vida e queria seu próprio carro para poder usufruir os resultados de seus anos de esforço. Ele tinha uma ideia formada sobre como seria a aparência do carro, sobre como ele o dirigiria, e queria que essa ideia se mantivesse perfeita. Ele não queria compartilhar. Seus pais estavam preocupados que, se ele tivesse seu próprio carro, ele pensaria que não havia problema em ir a qualquer lugar que quisesse sem pedir permissão para eles. Eles também estavam preocupados que ele deixaria de fazer as tarefas escolares porque passaria muito tempo entretido com seu carro e trabalhando para manter seu carro. Depois de muita discussão, eles decidiram que Willie poderia comprar o carro desde que concordasse em continuar a informar os pais aonde ia e com que frequência usaria o carro. Se falhasse nas tarefas de casa, ele concordou que entregaria as chaves do carro a seus pais até recuperar-se.

É provável que Willie entregasse as chaves sem muito barulho por causa do acordo. No entanto, apesar de Willie ter sido respeitosamente envolvido na solução conjunta de problemas, ele provavelmente não entregaria as chaves de forma espontânea. Isso possivelmente exigiria um acompanhamento eficaz por parte dos pais.

Acompanhamento eficaz

Os motivadores para adolescentes que discutimos até agora são bastante rápidos e fáceis. O acompanhamento eficaz é mais complicado e requer mais orientação por parte dos pais, mas vale o esforço, porque é um método infalível que realmente ajuda os adolescentes a manter seus acordos. O acompanhamento eficaz é uma excelente alternativa aos métodos autoritários ou à permissividade. Com acompanhamento eficaz, você pode atender às necessidades da situação mantendo a dignidade e o respeito por todos os envolvidos. O acompanhamento eficaz também é uma forma de ajudar os adolescentes a aprender as habilidades de vida de que precisam para se sentirem bem enquanto aprendem a ser cidadãos que contribuem com a sociedade.

Antes de mostrar como fazer esse acompanhamento de forma eficaz, no entanto, vamos tentar convencê-lo a parar de usar o que não funciona: as consequências lógicas.

Muitos pais acham que os adolescentes devem sofrer uma consequência lógica quando não cumprem seus acordos. Não é bem assim. A maioria das consequências lógicas consiste em punições mal disfarçadas que não enganam os adolescentes. Se parece uma punição, soa como uma punição e será percebida como uma punição, é uma punição, mesmo que seja chamada de "consequência lógica". Dizemos que em sua "maioria" as consequências lógicas são punições mal disfarçadas porque consequências lógicas podem ser verdadeiramente lógicas e úteis.

Como o uso de consequências lógicas se tornou um dos métodos parentais mais populares atualmente, pode ser difícil aceitar o que temos a dizer sobre usá-las com adolescentes. Você provavelmente não vai gostar de ouvir que a maioria das consequências lógicas geralmente é ineficiente com os adolescentes. Como as principais tarefas da vida dos adolescentes envolvem testar seu poder, eles veem o uso de consequências lógicas como um método para controlá-los. Depois de perceber como os adolescentes veem as consequências lógicas, você verá que o conceito de acompanhamento é mais motivador.

O que é acompanhamento eficaz?

Acompanhamento eficaz é uma abordagem respeitosa, em quatro etapas, para cuidar de adolescentes que ensina cooperação, habilidades para a vida e responsabilidade apesar da resistência deles. Funciona para afastar o adolescente do computador/celular, fazê-lo juntar-se à família ou assumir responsabilidades consigo mesmo e com a família. A chave é que o acompanhamento eficaz envolva você, porque você é o único que faz esse acompanhamento. O resultado é que o adolescente também faz o acompanhamento, mas raramente sem a sua participação. Pense nisso como um dos seus principais deveres de copiloto.

Quatro passos para o acompanhamento eficaz

1. Tenha uma conversa amigável com seu filho adolescente para reunir informações sobre o que está acontecendo em relação ao problema. (Ouça primeiro e depois compartilhe seus pensamentos.)
2. Busque soluções com seu filho adolescente. (Use seu senso de humor e dê uma exagerada.) Escolha uma solução com a qual você e seu filho adolescente concordem. Encontrar uma que vocês dois gostem pode exigir algumas negociações, porque sua solução preferida pode ser diferente da do seu filho adolescente.
3. Entrem em acordo sobre um prazo (data e hora). (Você descobrirá mais tarde por que isso é fundamental.)
4. Entenda os adolescentes bem o bastante para saber que o prazo provavelmente não será cumprido, e então simplesmente cumpra o acordo de forma gentil e firme, mostrando que seu filho tem que assumir a responsabilidade dele (exemplo na p. 71, "Acompanhamento eficaz na vida real").

Antes de darmos exemplos de acompanhamento eficaz, é importante entender as armadilhas que o destroem.

Quatro armadilhas que destroem o acompanhamento eficaz

1. Acreditar que os adolescentes pensam da maneira como você pensa e têm as mesmas prioridades que você tem.
2. Julgar e criticar, em vez de focar no problema.
3. Não realizar acordos prévios que incluam um prazo.
4. Não manter a dignidade e respeito por si mesmo e por seu filho adolescente.

Em nossos *workshops*, para ajudar os pais a aprender a arte do acompanhamento eficaz e mostrar a eles que isso realmente funciona, muitas vezes pedimos a um voluntário que represente um adolescente que não manteve um acordo para realizar uma tarefa, como cortar a grama. Em seguida, apontamos para os "Quatro passos para o acompanhamento eficaz" e pedimos ao voluntário que finja os passos como pai e filho. Para configurar a dramatização, pedimos ao adolescente que se sente em uma cadeira e finja que está jogando *videogame*. O prazo terminou, mas a tarefa não foi concluída. Em seguida, representamos o adulto que faz o acompanhamento pondo em prática as "Quatro dicas para o acompanhamento eficaz".

Quatro dicas para o acompanhamento eficaz

1. Faça comentários simples, concisos e amigáveis. ("Eu percebi que você não fez sua tarefa. Você pode, por favor, fazê-la agora?")
2. Em resposta a objeções, pergunte: "Qual foi o nosso acordo?".
3. Em resposta a outras objeções, fique em silêncio e use comunicação não verbal. (Aponte para o relógio após cada discussão. Sorria discretamente. Dê um abraço e aponte novamente para o relógio.) Nesse momento, "menos é mais". Quanto menos você disser, mais eficaz você será. Quanto mais você falar, mais munição dará aos seus filhos para uma discussão – que eles ganharão todas as vezes.
4. Quando seu filho adolescente admitir (às vezes, com muito desprazer), diga: "Obrigado por manter nosso acordo".

Uma coisa que pedimos ao voluntário que faz o papel do adolescente é estar no momento presente. Com isso, queremos dizer que o voluntário deve responder ao que está sendo feito no momento, em vez de responder da forma como um adolescente reagiria a métodos desrespeitosos. Quando o voluntário faz isso, é incrível a rapidez com que o "adolescente" chega a um acordo (depois de um pouco de resistência).

Muitos pais se opõem e dizem: "Meu filho adolescente não cederia tão rapidamente". Discordamos e mostramos a eles a razão referindo-nos às "Quatro armadilhas que destroem o acompanhamento eficaz" e fazemos as seguintes perguntas ao adolescente voluntário:

1. Em algum momento, você se sentiu criticado ou julgado?
2. Em algum momento, você sentiu que eu não mantive dignidade e respeito por você e por nós mesmos?
3. Eu mantive o foco no assunto em questão?
4. Quanta diferença fez saber que você tinha concordado com um prazo específico para cumprir o acordo?

O voluntário sempre diz não às duas primeiras perguntas, sim à terceira pergunta, e responde que o prazo específico dificultava a argumentação sobre atrasos. O voluntário também compartilha que é muito eficaz quando paramos de falar e damos "aquele olhar" (Dica 3 para o acompanhamento eficaz) com um sorriso que diz: "Boa tentativa, mas você e eu sabemos que não foi o que combinamos".

Outros pais fazem objeções ao acompanhamento eficaz porque não acham que devem lembrar os filhos sobre manter seus acordos. Eles querem que seus filhos sejam "responsáveis" sem lembretes. Temos cinco perguntas para esses pais:

1. Quando você não investe tempo em relembrar seus filhos com dignidade e respeito, você gasta tempo repreendendo, dando sermões e punindo ou fazendo o trabalho por eles?
2. Isso muda o comportamento deles?
3. Você já percebeu como os seus filhos são responsáveis no cumprimento de acordos que são importantes para eles?
4. Você realmente acha que cortar a grama e fazer outras tarefas é importante para os seus filhos?
5. Você se lembra, sem lembretes, de fazer tudo o que prometeu fazer – especialmente quando se trata de algo que você não quer fazer?

Embora o acompanhamento demande tempo e energia, é muito mais divertido e produtivo do que repreender, dar sermões e punir. Mesmo que as tarefas não tenham alta prioridade para os adolescentes, é importante que eles as façam. O acompanhamento permite que se alcance esse objetivo.

Acompanhamento eficaz na vida real

Quando você mudar seu comportamento, seus filhos adolescentes mudarão o deles. Quando os filhos fazem um acordo que inclui um prazo determinado, eles se sentem imbuídos de um senso de justiça e responsabilidade quando são chamados a cumpri-lo.

Cory, de 13 anos, não lavava as roupas nem trocava os lençóis de sua cama como havia prometido em um acordo. A mãe de Cory, Jamie, disse: "Eu gostaria de falar com você sobre sua roupa. Vamos conversar depois do jantar". Quando se sentaram, Jamie perguntou a Cory qual era a dificuldade que ele encontrava para lavar a roupa. Ela descobriu que ele não sabia como usar a máquina de lavar roupas e temia quebrá-la. Jamie compartilhou sua dificuldade – ela não gostava de vê-lo vestindo roupas sujas para ir à escola e dormindo em lençóis sujos.

Cory disse que estava disposto a lavar a roupa, mas precisava de ajuda com a máquina. Jamie concordou: "Eu gostaria que você escolhesse um dia desta semana para me encontrar na lavanderia às 18h para uma aula sobre como usar a máquina. Eu também gostaria que você escolhesse o dia da semana que você vai reservar para lavar suas roupas e trocar seus lençóis. Com uma família tão grande quanto a nossa, seria melhor se cada um de nós tivesse seu próprio dia de lavar as roupas. Em uma hora, nós voltamos a conversar e você me diz que dia escolheu".

Uma hora depois, Cory disse que achava que terça-feira seria um bom dia para a aula sobre usar a máquina de lavar e também para lavar as roupas. Jamie disse: "Tudo bem. Vejo você na terça-feira às 18h na lavanderia".

Mas na terça-feira, quando Jamie foi à lavanderia no horário acordado, Cory não estava lá. Jamie encontrou Cory grudado na TV e disse: "Você se lembra da sua decisão sobre o melhor dia para uma aula sobre como usar a máquina de lavar?".

Cory disse: "Ah, mãe, eu não quero fazer isso agora, estou vendo TV". Jamie era muito amigável, mas muito persistente: "Qual foi o nosso acordo?". Cory respondeu: "Nós combinamos às 18h, mas vou fazer isso mais tarde, mãe".

Jamie simplesmente ficou na frente dele com um olhar amistoso, mas cheio de expectativa. Cory finalmente disse: "Tudo bem! Isso é tão ridículo!".

Em vez de responder à provocação, Jamie simplesmente disse: "Obrigada por cumprir o acordo."

Toda terça-feira, Cory e sua mãe passavam por uma rotina semelhante. Jamie dizia: "Lembra-se do dia que você escolheu para lavar suas roupas e trocar seus lençóis?". Não importava que tipo de argumentos ou impropérios Cory criasse ou dissesse, Jamie simplesmente fazia o acompanhamento de maneira amigável, evitando sermões e insultos. Ela sabia que seria absolutamente anormal para Cory ficar empolgado em lavar as roupas e trocar os lençóis. Mas era importante para ela que ele ajudasse em casa e também que ele treinasse sua habilidade de manter compromissos. Ela livrou ambos de muitos problemas simplesmente fazendo um acordo e depois fazendo o acompanhamento.

Jamie desistiu da expectativa de que Cory se recordaria de fazer sua tarefa sem ser lembrado. Aos 13 anos, ela percebeu que Cory estava mais preocupado em como comprar um novo *skate* ou como dizer ao pai que tinha recebido uma nota baixa do que em lavar a roupa. Ela decidiu que o acompanhamento uma vez por semana, desde que não se transformasse em uma disputa por poder, valia a pena. Ela ficou agradavelmente surpresa quando Cory finalmente começou a lembrar-se de cuidar de sua roupa sem ter que ser lembrado.

Lições que os adolescentes aprendem quando você não faz o acompanhamento eficaz

1. Eles não precisam cumprir acordos. Se você não os cumpre, por que eles deveriam?
2. Sua palavra não significa nada. É tudo fogo de palha. Eles podem seguir o seu exemplo.
3. A manipulação funciona bem para fugir da responsabilidade.
4. Eles podem se safar de todos os tipos de comportamento porque você não permite que eles sejam responsabilizados ao não fazer o acompanhamento eficaz.
5. Amar significa fazer o outro "dar o braço a torcer".

Os métodos que apresentamos neste capítulo têm muito mais chances de sucesso do que fazer acordos escritos com seus filhos adolescentes. A maioria dos pais que usa acordos descobre que eles raramente são seguidos e são geralmente complicados demais para serem acompanhados de maneira simples. Os adolescentes estão dispostos a assinar qualquer coisa para que os pais saiam do pé deles. Se um acordo for feito por escrito, deve ser feito na forma de um registro, não de um contrato. Um contrato geralmente inclui algum tipo de penalidade (ou punição) se não for cumprido. Um acordo não inclui penalidades ou punições, apenas acompanhamento.

Até adultos esquecem os detalhes dos acordos. Quando eles são escritos, sempre é possível checar: "Qual foi exatamente o nosso acordo?". Então o acompanhamento não se torna arbitrário.

Algumas famílias tomam decisões em reuniões familiares e registram seus acordos em um caderno. Outros colocam uma nota em um calendário ou na geladeira, até que o novo acordo se torne parte da rotina. Alguns acordos escritos assumem a forma de um quadro de tarefas. O acompanhamento é a maneira mais eficaz de ajudar pais e filhos a manterem seus compromissos.

Algumas dicas finais sobre o acompanhamento eficaz

É mais fácil fazer o acompanhamento se você e seus filhos treinarem previamente. Ao passar o tempo trabalhando com seus filhos adolescentes nos passos necessários para atingir as metas acordadas, você pode tornar o acompanhamento muito mais tranquilo. Não negocie um novo contrato em vez de implementar o original. Você precisa começar e terminar com o mesmo plano. (Não há problema em negociar um acordo diferente durante uma reunião de família ou em uma sessão agendada de resolução de problemas, mas é importante seguir adiante até que o acordo possa ser alterado formalmente.)

O acompanhamento eficaz nunca envolve ameaças. Ele permite que você e seus filhos se mantenham empoderados. É bom para todos. Quando você criar o hábito de usar o acompanhamento, será capaz de manter o senso de humor quando as coisas não acontecerem de acordo com o planejado. O acompanhamento eficaz pode ser uma ótima maneira de enriquecer seu relacionamento com seus filhos adolescentes.

O acompanhamento eficaz ajuda os pais a serem proativos e cuidadosos, em vez de reativos e insensíveis. Uma vez que você entende que os adolescentes têm suas próprias prioridades, mesmo que eles precisem seguir algumas das suas prioridades, você pode até considerar a resistência deles como fofa, adorável e normal em vez de atribuí-la à preguiça, insensibilidade e irresponsabilidade. O acompanhamento pode tornar a parentalidade agradável, mágica e divertida.

REVISÃO DAS FERRAMENTAS PARENTAIS GENTIS E FIRMES

1. Você pode motivar seus filhos por meio do encorajamento, o que é muito diferente de tentar fazer com que os adolescentes façam o que você quer.
2. Humor, acordo com garantia, fazer acordos e envolver os adolescentes na resolução de problemas são ferramentas positivas de motivação.
3. Há uma maneira infalível de fazer seus filhos manterem seus acordos: usar o acompanhamento eficaz. Pode ser muito trabalhoso para você no começo, mas valerá cada minuto do tempo que você investir no desenvolvimento de hábitos saudáveis para si mesmo e para seu filho adolescente.
4. Leia os quatro passos, as quatro armadilhas e as quatro dicas para o acompanhamento eficaz várias vezes, porque elas são muito diferentes de como você normalmente responderia como mãe ou pai, e como ser humano.
5. Você deve ser o primeiro a garantir o cumprimento do prazo. Seu acompanhamento só funcionará se você estiver monitorando desde o início.
6. Se você se ressentir ou reclamar que o uso do acompanhamento é muito trabalhoso, observe quanto tempo você gasta lembrando e importunando seu filho adolescente. Observe o efeito que a irritação tem em você e nele. Mantenha uma lista e verifique quantas vezes a tarefa que você está acompanhando é realmente feita. Nós chamamos isso de checagem da realidade.
7. O acompanhamento ajudará você a falar menos, e seus filhos o ouvirão mais e melhor.
8. Não hesite em se preparar previamente e talvez até treinar com um amigo. Uma demonstração ao vivo em mp3 ("Empowering Teenagers e Yourself in the Process") está disponível em inglês. Ela pode ajudá-lo. (Visite o *website* em www.positivediscipline.com).
9. Não recomendamos contratos escritos com seus filhos. Se você precisar anotar as informações como um lembrete para ambos, isso é respeitoso e eficaz. Estabelecer um contrato significa que você está tratando seu filho

adolescente como um cliente ou um adversário. Se você assinar um contrato, não se surpreenda com as atitudes do seu filho adolescente.

ATIVIDADE PRÁTICA

1. Pense em uma situação em que você implicou com seu filho adolescente (louça suja nos quartos; roupas, sapatos, livros espalhados pela casa; gaiolas de animais de estimação sujas etc.).
2. Consulte os quatro passos, as quatro armadilhas e as quatro dicas para um acompanhamento eficaz e defina com seu filho adolescente um desafio para praticar por uma semana.

Releia este capítulo toda vez que sentir vontade de reclamar. (O valor que você pagou por este livro será provavelmente bem recompensado.)

6

SEU FILHO ADOLESCENTE ESCUTA ALGUMA COISA DO QUE VOCÊ DIZ?

Habilidades de comunicação

Você e seu filho adolescente realmente escutam um ao outro? O que acontece com todas as palavras que você usa? Por que seu filho não usa mais palavras e fala com você? Será que seu filho falaria mais com você se ele se sentisse escutado, compreendido e levado a sério? Neste capítulo, nós mostraremos a você como se comunicar de maneira que você e ele se sintam escutados e compreendidos. No Capítulo 11, vamos nos concentrar em um tipo diferente de comunicação adolescente: a internet, as mensagens de texto, as redes sociais e os celulares.

Quando você lê a palavra "comunicação", seja honesto, qual é a primeira coisa em que você pensa? Apostamos que é em falar. Se você é como a maioria dos pais de adolescentes, você provavelmente faz muito disso. Vamos fazer um teste. Da próxima vez que você começar a "falar" (dar sermão, lembrar, irritar, persuadir etc.), olhe para seu filho e veja se ele está revirando os olhos, escrevendo para um amigo, ou assistindo TV. Ele pode até estar olhando para você, mas você está tão ocupado falando que não percebe que ele "se foi". Se você está se sentindo ignorado, provavelmente seus filhos *estão* ignorando você. Eles podem até ser "surdos de pais" a essa altura de suas vidas. Você se pega dizendo: "Quantas vezes eu tenho que repetir isso? Você escuta alguma coisa do que eu tenho a dizer? Eu já disse um milhão de vezes". Essa é uma grande dica de que o que você está fazendo não está funcionando.

Considere também o que você realmente quer dizer. Muitos pais que reclamam que seus adolescentes não os ouvem na verdade querem dizer que seus filhos não os obedecem. Você está em boa companhia, já que a maioria dos pais de adolescentes fala muito e a maioria dos adolescentes se desconecta e não escuta nada.

Pois temos novidades: ouvir é o principal ingrediente da comunicação, não falar, e é a habilidade parental menos desenvolvida. Quando os pais nos perguntam: "Por que meu filho não me escuta?", nós perguntamos de volta: "Você serve de modelo para o seu filho de como escutar? Em outras palavras: você o escuta primeiro?".

Tanto tem sido escrito e dito sobre escuta que você deve pensar que a maioria das pessoas sabe escutar, mas isso não é verdade. Em resumo, ouvir é difícil porque muitas questões interferem no processo. As pessoas geralmente levam tudo o que ouvem para o lado pessoal; querem defender suas posições, explicar, corrigir, vingar-se, ou contar uma história melhor. Os pais, em especial, levam as coisas para um nível muito pessoal. Ou continuam achando que falar é a melhor maneira de ensinar, mesmo quando obtêm provas de que isso não funciona. Talvez você queira afixar uma cópia da seguinte lista de barreiras à escuta no espelho do seu banheiro e lê-la todos os dias até superar as maneiras por meio das quais você interrompe o processo de escuta.

Barreiras à escuta

1. Antecipar-se para consertar ou resgatar a fim de sentir-se um "bom" pai ou mãe em vez de escutar enquanto seus filhos tentam aprender a resolver as coisas sozinhos.
2. Tentar falar aos adolescentes de seus sentimentos ou percepções para que eles tenham os sentimentos e as percepções "certos".
3. Dar explicações defensivas sobre o seu ponto de vista.
4. Interromper para ensinar lições de moral ou valores.
5. Levar o que os adolescentes dizem para o lado pessoal e deixar que suas próprias questões não resolvidas atrapalhem.
6. Usar o que seus adolescentes dizem contra eles mesmos para punir, criticar, insultar e dar sermões.

Ao reorganizar as letras na palavra "ouvir" em inglês (LISTEN), você encontrará uma das chaves para ouvir bem: "silêncio" (SILENT). Fique em silêncio quando ouvir, porque você não pode falar e ouvir ao mesmo tempo.

Convidamos um grupo de adolescentes para criar uma lista das dez melhores dicas para ajudar os pais a se comunicarem melhor. Eles elaboraram mais de dez. Aqui estão algumas das nossas favoritas. (Ao ler a lista, você notará que na maioria elas também seriam boas dicas para seus adolescentes melhorarem suas próprias habilidades de escuta, mas os pais, sendo os adultos da família, precisam mudar primeiro.)

Conselhos dos adolescentes aos pais sobre como melhorar a comunicação

1. Não dê sermões.
2. Fale objetivamente e com gentileza.
3. Não fale com tom de superioridade.
4. Escute-nos em vez de falar sobre o que fazemos.
5. Não se repita.
6. Se tivermos a coragem de lhe dizer o que fizemos de errado, não fique bravo e não reaja de forma exagerada.
7. Não se intrometa ou nos interrogue.
8. Não grite de outro cômodo e espere que venhamos correndo atendê-lo.
9. Não tente fazer-nos sentir culpados dizendo coisas como: "Eu fiz isso porque você não conseguiu arranjar tempo".
10. Não faça promessas que não pode cumprir.
11. Não nos compare com irmãos ou amigos.
12. Não fale com nossos amigos sobre nós.

As seguintes habilidades são eficazes apenas quando os pais estão sinceramente interessados em compreender o mundo de seus adolescentes e estão dispostos a respeitar a sua realidade.

Habilidades para ajudá-lo a escutar

1. Perceba que o sentimento por trás do que você faz é mais importante do que o que você realmente faz. Ficar em silêncio enquanto você está lendo o jornal ou pensando em outra coisa não conta. A escuta ativa exige uma linguagem corporal aberta para demonstrar seu interesse.
2. Respeite as diferentes realidades. Esteja aberto para o fato de que há mais

de uma maneira de ver as coisas. (Você não ama quando alguém está assim interessado em você? Bem, seus adolescentes também.)

3. Mostre empatia. Diga: "Eu entendo porque você se sente assim ou vê as coisas dessa maneira". Isso não significa que você vê as coisas da mesma forma, apenas que você entende como seu adolescente pode ter chegado às conclusões que chegou.

4. Seja curioso. Faça perguntas que irão trazer mais informações do seu adolescente. Por exemplo: "Como você se sentiu? O que nessa situação era importante para você? Você poderia me dar um exemplo de quando eu fiz você ficar muito irritado? Com que frequência faço isso? Há mais alguma coisa que o esteja incomodando?".

A última pergunta ("Há mais alguma coisa?") merece mais exploração. Muitos pais compartilharam conosco que o fato de se lembrarem de fazer essa pergunta específica várias vezes fez mais para ajudá-los a compreender o mundo dos seus filhos e outras questões centrais do que qualquer outra coisa que fizeram.

"Mais alguma coisa?" Trabalhar na sua atitude de curiosidade

Frequentemente, os pais reagem à primeira informação que é compartilhada pelos filhos, embora geralmente ela não chegue nem perto da questão principal. Evite a tentação de reagir à informação superficial e, em vez disso, continue a fazer esta pergunta: "Há mais alguma coisa que o incomodou? Há mais alguma coisa que queira dizer sobre isso?". Continue a ser curioso o suficiente para obter mais e mais informações. Pode parecer estranho e falso no início, mas continue praticando. Assim que você superar a sensação de estranhamento, a pergunta se tornará mais espontânea. Você vai se pegar sendo verdadeiramente curioso e interessado.

Adele compartilhou a seguinte história sobre sua filha de 13 anos. Quando ela e sua filha estavam visitando um amigo, Adele ofereceu sua filha como *babysitter*. No entanto, ela se esqueceu de primeiro perguntar à sua filha se podia fazer isso, um ponto que a garota já tinha levantado várias vezes. Adele queria ser mais sensível às necessidades de sua filha, mas às vezes ela se esquecia. No caminho para casa, ela notou que sua filha estava mal-humorada, então

Adele perguntou: "O que aconteceu?". A garota respondeu com raiva: "Nada. Você só está sendo como sempre é. Você me ofereceu como babá sem me perguntar".

Embora Adele percebesse que tinha cometido um erro, ela sabia que sua filha precisava de um tempo antes de ouvir qualquer desculpa. Então, Adele decidiu esperar e continuar a conversa mais tarde. Naquela noite, ela perguntou à sua filha se ela poderia sentar-se em sua cama por um tempo. Ela disse: "Eu não ligo", então Adele sentou-se e começou a acariciar o cabelo de sua filha. Lágrimas correram pelo rosto de sua filha quando Adele disse: "Às vezes a vida pode ser muito difícil, principalmente quando não nos sentimos compreendidas". Depois de alguns minutos, ela acrescentou: "Eu sinto muito por ter sido desrespeitosa indicando você para um trabalho sem perguntar-lhe primeiro. Eu cometi um erro".

"Não é só isso, mãe", ela disse.

"O que foi, então?", Adele perguntou.

"Eu fiquei envergonhada demais para recusar."

"Mais alguma coisa?"

"Eu não sei como farei a lição de casa se for trabalhar de babá depois da escola."

"Mais alguma coisa?"

"Eu não gosto de cuidar dos filhos deles porque eles são muito difíceis e nunca escutam."

Adele acenou com a cabeça e disse: "Obrigada por me contar seus sentimentos. Estou disposta a ligar e dizer que cometi um erro, se você quiser. Vamos pensar sobre isso?"

A filha dela disse: "Ok, mas talvez fique tudo bem. Eu a avisarei de manhã. Eu amo você, mãe".

Adele demonstrou muitas ideias importantes sobre comunicação. Em lugar de transformar o mau humor da filha em um grande problema dizendo: "Precisamos falar sobre o que aconteceu", ela esperou até que a situação tivesse se acalmado. Então ela "apareceu" e sentou na cama da filha. Se Adele tivesse exigido que conversassem, sua filha teria entendido isso como um sinal de que um sermão ou castigo estava a caminho.

Adele percebeu que é mais eficaz viver o que ela acreditava do que pregar o que ela acreditava. Ela queria uma boa comunicação com a filha, então teve que trabalhar para primeiro se tornar uma comunicadora melhor. Em longo prazo, usar essa abordagem significa que os adolescentes estarão muito mais propensos a "escutar" as ações de seus pais do que estão a "escutar" seus sermões. Embora possam parecer se rebelar contra o seu exemplo por um curto período, quando você vive de maneira silenciosa e respeitosa o que acredita, irá se alegrar ao ver quantos de seus valores seus filhos vão adotar quando crescerem. Adele modelou a espera pelo momento certo de falar e a capacidade de desculpar-se por seu erro e ouvir os sentimentos de sua filha sem julgamentos e sem tentar consertar ou mudar sua filha.

Desenvolver um vocabulário de palavras-sentimento

Aprenda a se comunicar com seu coração e alma usando um vocabulário de palavras-sentimento. Em vez de esconder os sentimentos, ajude seus filhos a identificar e compartilhar seus próprios sentimentos. Você pode ser como muitos adultos que não sabem o que são sentimentos e não conseguem ajudar seus adolescentes, que são um "pacote de sentimentos" à espera de expressão. Aprender a identificar e expressar seus sentimentos será um grande presente para seus filhos.

Tristeza, solidão, amor, compaixão, empatia e compreensão são sentimentos que vêm de seu coração. Honestidade, medo, raiva e coragem são sentimentos mais profundos. Quando se trata de comunicação, nenhum deles é a solução para todas as ocasiões. Há momentos em que o julgamento e a análise usando a cabeça funcionam melhor. Em outras circunstâncias, será melhor ouvir o amor, a compaixão ou a tristeza do seu coração. E outras vezes exigem que você seja profundamente honesto ao ouvir seus medos, raiva ou coragem. A solução para muitos problemas de comunicação é encontrar o equilíbrio adequado.

Após seu divórcio, Joyce percebeu que um grande abismo havia se aberto entre ela e sua filha, Julia. Quando Joyce aprendeu as habilidades de se comunicar com a sua cabeça, coração, ou alma, ela conseguiu diminuir esse abismo. Ela compartilhou o seguinte trecho de seu diário:

> *Cerca de seis meses atrás, Julia me levou ao cinema. Antes do filme, estávamos conversando, e eu comecei a escutar o que ela estava dizendo em vez de discutir.*
>
> *Não sabia que não a estava escutando até começar a escutá-la. Eu pude ver como, no passado, eu sempre apelava para minha cabeça e tentava explicar o meu ponto de vista em vez de ouvi-la com meu coração.*

Foi preciso autodisciplina para segurar minha língua. Quando a conversa terminou, eu tive essa sensação desconfortável de que nada tinha sido resolvido. Eu não tinha lançado mão de nenhum dos meus comportamentos habituais, como dar conselhos ou dizer o "jeito certo" (meu jeito) de ver as coisas. No entanto, ao longo das semanas eu notei que o nosso relacionamento ficou melhor, mesmo que ainda houvesse algum mal-estar.

Cerca de um mês depois dessa primeira experiência de "escuta", eu a levei para casa depois de um jantar em família. Ela fez questão de deixar claro que queria que eu a levasse para casa. Eu podia ver que ela queria me dizer algo, mas estava nervosa. Então decidi compartilhar com ela algo do meu coração. Eu disse: "Eu me sinto tão mal com essa lacuna em nosso relacionamento. Temos esse tipo de relação superficial. Eu amo você, e acho que você me ama, e quando passamos tempo juntas é muito gostoso e cordial, mas parece tão superficial. Eu só queria que houvesse algo que pudéssemos fazer para fechar essa lacuna".

Julia disse: "Eu não vou mais falar sobre isso. Passei por muita coisa. Não vou entrar nesse assunto de novo".

Eu continuei dizendo: "Acho que sou melhor ouvinte agora. Aprendi muito. Eu achava que sabia como ouvir, mas não sabia. Por favor, me dê uma outra chance. Eu quero saber pelo que você passou".

Então Julia começou a falar comigo. Foi muito doloroso ouvir o que ela tinha a dizer. Foi de partir meu coração realmente ouvi-la, porque ela me disse que sentiu que a pessoa que sempre a ajudara a lidar com sua dor a tinha abandonado (durante o divórcio), quando ela estava sentindo a maior dor de sua vida. Ela se perguntava como eu poderia realmente amá-la e ter feito isso. Ela percebeu que muitas das coisas nas quais costumava acreditar eram apenas mitos – que sua mãe era apenas uma pessoa, mas não a pessoa que Julia acreditava que ela fosse.

Julia disse: "De certa forma, eu tenho que agradecê-la, porque sou uma pessoa melhor por ter passado por isso, porque eu estava apenas curtindo a vida e me divertindo. Só pensava em onde seria a próxima festa. Eu realmente não levava nada a sério. Achava que a vida fosse só um jogo. Quando isso aconteceu, eu descobri algo diferente. A vida é muito séria, e eu sou a única pessoa no controle da minha vida. Por causa disso, tomei muitas decisões sobre não abusar de drogas, sobre como vou usar meu tempo, sobre o que é importante para mim, quão importante a escola é para mim. Eu não acho que a nossa relação seja muito ruim, mas nunca poderá ser a mesma agora porque você é diferente do que eu pensava que era. Você era minha mãe, e agora você é essa pessoa".

Eu estava lá sentada chorando muito porque eu realmente ouvi Julia com o meu coração. Meu coração estava partido, e eu ficava dizendo: "Eu sinto muito que você tenha tido que passar por isso. Desculpe não tê-la ouvido. Eu ouvia tudo o que você dizia como uma crítica — eu não conseguia ouvir o que estava por trás do discurso. Eu estava defensiva demais. Eu posso imaginar como isso deve ter feito você se sentir invalidada. Deve ter sido um insulto para você! Sabe, eu a amo tanto, e é tão difícil para mim ver você passar pela dor. E pensar que você passou por tudo isso! Só queria ter sabido. Quem me dera ter compreendido. Quem me dera! Você achou que eu estava sendo feliz, mas eu estava passando por uma dor enorme. Você não viu a dor; você viu outra coisa. E um dia, quando você estiver pronta, eu gostaria de lhe contar o que estava acontecendo comigo. Eu não acho que agora seria uma boa hora, mas há muita coisa que você não sabe e muita coisa que você não entende. Espero que um dia você queira saber".

Isso tudo aconteceu dentro do carro, na garagem. Nós duas soluçávamos, e eu a abraçava, dizendo: "Eu a amo tanto, e me sinto tão mal".

Ela disse: "E eu amo você".

Aquela grande barreira entre nós foi quebrada. Foi doloroso ouvir com o meu coração, mas valeu a pena. Sinto como se tivesse a minha filha de volta.

Comunicar os sentimentos mais profundos

O costume de nossa sociedade é diminuir ou ignorar sentimentos, ou, pior ainda, medicá-los, especialmente aqueles mais profundos. Você foi ensinado a não sentir raiva e a não ser honesto se dizer a verdade puder ferir os sentimentos de outra pessoa. (Isso não é um paradoxo interessante? Tudo bem as outras pessoas terem sentimentos, porque você não pode feri-los, mas você deve suprimir seus próprios sentimentos.) Embora muito se fale sobre desenvolver-se como um indivíduo, você é julgado quando não segue as regras. Quantas vezes você já tentou dizer a alguém como realmente se sente e eles respondem com um conselho ou desconsideram seus sentimentos ou sugerem que você deve ir ao médico que tem a pílula perfeita para se livrar deles?

Se você não aprender a reconhecer seus sentimentos, a ouvir o que eles têm para ensiná-lo e a expressá-los de maneiras que são respeitosas para si e para os outros, sua vida será superficial, sem conteúdo. Se você for capaz de fazer essas coisas para si mesmo, então você será capaz de ensiná-las a seus filhos.

Parte de seu trabalho como um pai ou mãe gentil e firme é ajudar seus filhos a reconhecer e compreender seus sentimentos, ficar confortável para expressar sentimentos de uma maneira respeitosa, expressar sentimentos como uma informação, e não como verdade absoluta, e ajudá-los a defender-se.

Os adolescentes precisam saber que é bom ter sentimentos, não importa quais sejam eles, e que eles não têm que fazer nada sobre eles. Sentir não é o mesmo que fazer. Ter o que muitas pessoas consideram ser sentimentos "ruins" (raiva, ciúme, desesperança) não torna ninguém uma má pessoa; todo mundo tem esses sentimentos. Na verdade, não há sentimentos bons ou ruins, há apenas sentimentos. Não importa quão intensos esses sentimentos sejam, eles não vão matá-lo, especialmente se você expressá-los respeitosamente. Quanto mais você fizer isso, mais vai notar que esses sentimentos vêm e então se vão, em vez de apodrecer dentro de você.

Você ensina seus filhos a comunicar sentimentos mais profundos quando ouve seus sentimentos e os valida e quando compartilha seus próprios sentimentos usando as habilidades de escuta ensinadas neste capítulo. Quando você não ajuda seus filhos a expressar seus sentimentos, eles são muitas vezes rotulados como "deprimidos".

Confusão de sentimentos

Temos certeza de que você já ouviu e usou o termo "depressão" para descrever uma miríade de sintomas e questões em sua vida e nas vidas daqueles que você conhece e ama. É uma palavra conveniente que encobre muita coisa e muitas vezes resulta em um diagnóstico de médico, acompanhado de uma receita de antidepressivos ou ansiolíticos ou ambos. Nós sugerimos que, em vez de usar esse termo, você pense no que está acontecendo como uma "confusão de sentimentos" que precisa ser compreendida para que haja progresso em direção ao encorajamento. Quando você diz que alguém está deprimido, parece que essa pessoa tem uma condição médica que é triste, perigosa e esmagadora. Se, em vez disso, você separar os sentimentos, você vai descobrir o desânimo por trás deles, e isso lhe dará informações sobre como encorajar que podem levar a uma melhora imediata.

Jules, um aluno do ensino médio, foi muitas vezes "diagnosticado" como deprimido por seus amigos, familiares e até mesmo, às vezes, por si mesmo. Seu pai estava aprendendo sobre sentimentos em um curso para pais e levou para casa um cartaz com rostos que expressavam sentimentos. Ele queria saber se o cartaz ajudaria Jules a tossir sua bola de pelos de sentimentos, então o mostrou ao garoto e disse: "Jules, eu estou aprendendo sobre sentimentos no meu curso para pais. Como as únicas palavras de sentimentos que eu sei são 'faminto', 'irritado', e 'cansado', eu tenho usado este cartaz para aprender palavras novas para descrever sentimentos. Será que você está sentindo algum dos sentimentos deste cartaz?".

O pai percebeu que Jules precisava de ajuda para identificar sentimentos assim como ele mesmo, pois nenhum dos dois tinha um vocabulário de palavras-sentimento. Quando Jules olhou para os rostos que expressavam sentimentos (p. 89), ele rapidamente escolheu alguns. Ele disse ao pai que estava sozinho porque não tinha muitos amigos; estava decepcionado porque pensou que suas notas seriam melhores e que seria aceito em qualquer faculdade que escolhesse; estava envergonhado porque não tinha um par para o baile de formatura e estava bravo porque seus pais tinham tirado seu computador e seu *videogame* por causa das notas ruins. Além disso, ele estava assustado porque achava que tinha o que os anúncios de TV chamavam de "desequilíbrio químico".

Seu pai se sentiu surpreso ao ouvir tudo isso, mas também aliviado, pois percebeu que talvez ele e Jules pudessem resolver algumas dessas questões, uma de cada vez. O pai também suspeitava que Jules vinha fumando maconha diariamente e indo a festas nos fins de semana, algo que ele também tinha feito como adolescente para se livrar de seus próprios sentimentos. Ele queria encontrar uma maneira de continuar a discussão com seu filho, então perguntou: "Jules, você estaria disposto a continuar a falar sobre sentimentos comigo de vez em quando? Acho que ajudaria nós dois".

"Isso significa que eu vou ter o meu computador de volta?", Jules perguntou, com um sorriso no rosto.

"Quem sabe, filho. Eu já estou entendendo melhor o que está acontecendo e estou aberto a aprender mais. Se nós pudermos usar nosso tempo para entender essa coisa de sentimentos, talvez nós possamos até mesmo encontrar outras maneiras de lidar com seu trabalho escolar."

Se seu filho for como Jules, quando você se preocupar com "depressão", peça para seu adolescente falar sobre seus sentimentos. Ouça sem julgar. Não rotule seu adolescente. Se você achar que as questões ultrapassam sua zona de conforto, procure a ajuda de um conselheiro/terapeuta que entenda que adicionar drogas à situação não é a resposta.

Honestidade: uma ferramenta para desenvolver um vocabulário de palavras-sentimento

Ser honesto com seu adolescente sobre como você se sente agora e sobre como você se sentia e o que fazia quando adolescente é extremamente valioso. Muitas vezes os pais têm medo de falar sobre o que faziam na adolescência porque acham que seus filhos vão entender isso como um incentivo para fazer as mesmas coisas. Mas muitos adolescentes nos disseram que o oposto é verdadeiro. Não tenha medo de ser honesto com o seu filho adolescente – é uma excelente maneira de encorajar a comunicação.

Quando sua filha de 14 anos, Erin, começou a namorar, Linda decidiu ser honesta com ela. Ela disse a Erin: "Eu quero contar a você algumas coisas que aconteceram comigo quando eu era adolescente... Mas tenho que dizer a você: isso me dá medo! Eu fiz algumas coisas que não eram boas para mim, e algumas coisas que eu sabia que meus pais não gostariam nem um pouco, e eu estou com medo de que, se você souber que eu fiz essas coisas, vá querer fazê-las também. Mas não vou prestar atenção aos meus medos, porque acho que o que eu disser a você poderá ser útil".

Linda respirou fundo:

> *Eu era sexualmente ativa desde o primeiro ano do ensino médio. Tive muita sorte por não ter engravidado. Eu fazia sexo porque estava procurando por amor... Eu não sabia que essa não era a maneira de encontrá-lo. Eu achava que meus namorados não gostariam de mim se eu não fizesse o que eles queriam. Eu não tinha amor-próprio e autoconfiança suficientes para pensar no que eu queria.*
>
> *Foi também uma questão moral muito séria para mim, porque eu aprendi que era um pecado transar antes do casamento. Então eu me sentia como uma pecadora, me sentia culpada, e mesmo assim eu continuava fazendo sexo – o que fazia com que eu me sentisse ainda pior. Nunca consegui pedir informações a ninguém ou perguntar sobre controle de natalidade. Na verdade, eu sempre prometia a mim mesma que nunca mais faria sexo. Mas aí eu fazia. E então eu me sentia culpada de novo.*
>
> *Eu me pergunto o que teria feito se me sentisse amada... se eu tivesse informação e até mesmo permissão para usar algum método de controle de natalidade... se eu soubesse que seria aceita, não importando as escolhas que eu fizesse. Eu tenho um palpite de que poderia ter sido muito mais sábia em minhas decisões. Eu não sei se teria deixado de transar, mas provavelmente sim na maioria das vezes – aquelas*

em que eu estava mais preocupada em não ser rejeitada do que em fazer o que era certo para mim. É por isso que quero dizer a você o que eu gostaria que meus pais tivessem me dito.

Eu tenho medo de que você comece a transar antes de compreender as consequências em longo prazo como gravidez, sua reputação e doenças. Eu me pergunto se você se respeita o bastante para se sentir bem em dizer não, se você quiser, em vez de achar que tem que ceder às demandas de outra pessoa. Eu gostaria de poder protegê-la de se machucar com qualquer erro que você venha a cometer, mas sei que você tem que cometer seus próprios erros e aprender o que tiver que aprender ao viver sua vida da maneira que escolher. Apenas saiba que estarei sempre aqui para amá-la e aceitá-la incondicionalmente, e terei prazer em lhe dar informações se você quiser algum dia.

Linda usou um monte de palavras – o que é bom quando você está compartilhando sentimentos com o coração e a alma. (O revirar de olhos dos seus filhos é raro quando você compartilha dessa maneira.) Ela ficou comovida com a eficácia da sua fala. Erin contou a ela tudo sobre as meninas e meninos da escola que todos sabiam que estavam "transando". Erin disse à sua mãe que não tivera nenhum problema em dizer "não" porque já tinha notado que não demorava para que todos na escola soubessem de "tudo", e ela não queria que as pessoas falassem sobre ela daquela maneira.

Linda não teria sabido o que estava acontecendo com Erin se não tivesse decidido ser honesta com ela. Ciente de que Erin poderia mudar de ideia sobre sexo quando crescesse, Linda planejou manter as linhas de comunicação abertas a fim de que Erin se sentisse livre para usar a mãe como um recurso a qualquer momento.

É preciso honestidade e coragem para entrar em contato com os seus próprios sentimentos, a fonte desses sentimentos e o que você quer fazer sobre eles. Ao se comunicar honestamente sobre sentimentos, é fácil se perder em explicações, racionalizações, ataques, defesas e outras reações. Seguir a fórmula "Eu me sinto" (Eu me sinto _____ porque _____, e eu gostaria que _____) ajuda a mantê-lo centrado em seus sentimentos, as razões por trás deles e possíveis soluções. Repare na palavra "possíveis". Pedir o que você deseja não significa que o outro tem a responsabilidade de dar a você. Tampouco você deve esperar que os outros concordem com você ou sintam o mesmo. Em vez disso, a fórmula "Eu me sinto" é um procedimento eficaz para honrar, respeitar e expressar-se de uma maneira que seja respeitosa com os outros.

A fórmula "eu me sinto"

Observe como as palavras em itálico são usadas nas variações da fórmula "eu me sinto" a seguir.

"Eu me *sinto* chateado com os pratos sujos na pia *porque* eu gosto de olhar para uma cozinha limpa e cozinhar em uma cozinha limpa, e eu *gostaria* que você os lavasse antes de eu começar a cozinhar."

"Eu me sinto mal quando você me coloca para baixo, e eu desejo que você não faça mais isso." Nesse caso, *porque fere meus sentimentos* foi omitido pois foi claramente compreendido. A fórmula é flexível; ela fornece diretrizes, não regras. Quando apropriado, é útil incluir *porque* e *eu gostaria* porque o ajudam a compreender a situação toda e dar aos outros a maior quantidade de informação possível.

"Eu me sinto feliz por você por ter tirado 10 no seu boletim porque sei como você se esforçou para conseguir isso." Esse comentário termina com o foco onde ele pertence: no esforço e não na pessoa. Dizer "Estou tão orgulhoso porque você tirou um 10" deixa seus filhos achando que você não vai se orgulhar deles se eles não tirarem 10. Seus filhos precisam sentir que você tem orgulho deles, independentemente de qualquer coisa.

"Eu me sinto chateado com essa nota baixa em seu boletim, porque tenho medo de que você perca algo que poderia beneficiá-lo. Eu desejo que você reflita mais um pouco sobre o que uma boa educação pode significar para você." No lugar de atacar o caráter deles, comentários como esse convidam seus adolescentes a examinar como seu comportamento afeta suas vidas.

"Eu me sinto muito bravo quando você bate no seu irmão porque não gosto de violência. Gostaria que considerasse outras formas de expressar seus sentimentos e outras maneiras de conseguir o que quer." Esse comentário modela para o seu filho que não há problema em sentir raiva, mas sim em ser abusivo com os outros. Ele também permite o acompanhamento da questão da violência, que poderia ser discutida em uma reunião de família ou em outro momento, quando tanto pais como filhos estivessem de bom humor. Nesse momento, uma lista poderá ser feita com possíveis maneiras não violentas para lidar com a raiva e para conseguir o que você quer.

A fórmula "você se sente"

Em raros casos, quando seus filhos se abrem com você e tentam expressar seus sentimentos (às vezes de maneiras desrespeitosas), você pode reagir negativamente (com uma resposta desrespeitosa). Se você disser a seu filho que ele não deve se sentir daquela maneira ou que ele deve ser mais respeitoso, ou se você contra-atacá-lo de qualquer maneira, não se surpreenda se ele crescer com a ideia de que não é bom ter sentimentos ou que ele deve suprimi-los.

Quando você modela a fórmula "eu me sinto", você ajuda as crianças a aprender a honrar e expressar seus sentimentos de forma respeitosa. Validar *os sentimentos deles* com a fórmula "você se sente" pode ajudar. Às vezes é fácil validar o que eles disseram porque é muito claro. Nesses casos, é importante que você não soe como um papagaio. Sua intenção – ouvir o que seu adolescente está dizendo – ficará clara se você validar os sentimentos por trás das palavras em vez de simplesmente repetir as palavras.

DJ estava assistindo televisão quando seu pai entrou no quarto e pediu que ele tirasse o lixo. DJ ignorou o pai. Cinco minutos depois, o pai voltou ao quarto do garoto e disse: "Desligue a TV agora e tire o lixo".

DJ disse: "Por que é que eu tenho de fazer tudo o que você quer imediatamente? Você gostaria que eu lhe dissesse para desligar a TV e fazer algo para mim neste minuto?".

O pai podia ver que tinha criado resistência e uma atitude defensiva com sua ordem. Felizmente, ele lembrou-se da fórmula "você se sente".

PAI: Você odeia quando eu digo a você para fazer algo "agora mesmo" e você se sente com raiva porque eu não estou respeitando seu tempo e interesses. Você gostaria que eu o lembrasse antes ou lhe desse mais escolhas sobre quando seria conveniente para você?

DJ: Sim.

PAI: Você está certo. Fui desrespeitoso. Quando você estaria disposto a tirar o lixo?

DJ: No próximo comercial.

PAI: Está bem para mim.

Quando o pai compartilhou esse exemplo com seu grupo de estudos de pais, ele acrescentou: "Antes desse curso, eu teria agravado o problema, dizendo ao meu filho para 'não dar uma de esperto comigo' em vez de perceber que eu tinha sido desrespeitoso com ele".

Uma mãe no mesmo grupo compartilhou o seguinte relato:

Quando minha filha me contava sobre suas brigas com seus amigos, eu dizia: "Querida, tenho certeza de que tudo vai ficar bem amanhã. Você sabe que sempre tem essas brigas, e elas não duram muito tempo". Ela saía batendo os pés e batia a porta. Agora, eu digo algo assim: "Você se sente muito mal quando briga com sua amiga, porque você não tem certeza de que serão capazes de fazer as pazes, e então você não terá mais uma melhor amiga". Eu vejo o alívio em seu rosto por sentir-se escutada e compreendida. Então ela diz: "Sim, mas eu tenho certeza de que nós vamos fazer as pazes amanhã". Em vez de tentar corrigir os problemas ou fazê-los ir embora, é realmente muito mais fácil refletir os sentimentos com compreensão. Também é reconfortante saber que ela agora se sente validada em vez de criticada.

Nem sempre é fácil refletir os sentimentos do seu filho adolescente

Às vezes os sentimentos dos seus filhos adolescentes não são claros. Isso significa escutar com um "terceiro ouvido" o que pode estar por trás de uma explosão e refletir para eles o que você ouviu. Seu reflexo pode não ser preciso, mas se você apresentá-lo de uma maneira amigável, com a intenção real de compreender, seus adolescentes vão ajudá-lo, corrigindo sua percepção.

Depois de ler sobre a fórmula "você se sente", Nina pensou em experimentá-la com seu filho de 15 anos, Jayden. Ela se lembrou de uma conversa com ele durante o almoço. Não tinha sido boa. Jayden tinha anunciado que não iria mais às aulas de piano, e azar dela se não tivesse gostado da decisão. Se ela tentasse forçá-lo, ele iria à aula, mas se recusaria a treinar. Ele disse a ela que, de nove anos de aulas, ele tinha gostado de um deles e tinha feito os outros oito anos por ela. Agora ele iria tocar guitarra, e ela não poderia impedi-lo.

Nina deu seu sermão costumeiro e ineficaz, dessa vez dizendo a Jayden que, se ele parasse, nunca mais seria capaz de voltar ao nível que tinha alcançado no piano. Ela achava que seu sermão faria Jayden mudar de ideia, o que não aconteceu, e na verdade nunca tinha acontecido.

Nina se perguntou o que significaria ouvir com um "terceiro ouvido". Ela decidiu tentar de novo, usando a fórmula "você se sente". Ela perguntou a Jayden se eles poderiam falar sobre as aulas de piano mais uma vez, e Jayden disse: "Eu não mudei de ideia, então não vejo o porquê".

Nina disse: "Sinto-me mal por não ter ouvido você e por ter dado um dos meus sermões. Eu gostaria de tentar novamente para poder entender mais sobre o que você está pensando. Você disse que tem feito piano por mim há oito anos. Você deve sentir raiva por causa disso".

Jayden disse: "Mãe, não estou com raiva, mas estou pronto para seguir em frente. Eu gosto de guitarra e acho que vai ser fácil para mim tocá-la, considerando a minha experiência musical. Eu vou formar uma banda, e se eu conseguir aprender a tocar guitarra, talvez eu possa tocá-la na banda".

Nina respirou fundo, resistiu ao desejo de dar um sermão, e disse: "Você se sente animado em seguir em frente e não vê a hora de formar uma banda. Eu posso entender isso. Concordo que deve ser muito mais fácil aprender mais um instrumento com o seu conhecimento musical".

Jayden parecia chocado. Ele não estava acostumado com a mãe concordando com ele. Ele continuava esperando o sermão, mas como ele não veio, acrescentou: "Mãe, eu pensei muito nisso. Eu não sou mais um garotinho e eu sei do que gosto".

"Querido", a mãe disse, "eu sei que você é muito pensativo e se conhece bem. Se você quiser a minha ajuda para encontrar um professor de guitarra, eu ficaria feliz em fazer isso."

"Obrigado, mãe, mas acho que sou capaz de aprender o que preciso sozinho, e se não conseguir, eu aviso. Estou assistindo alguns vídeos no YouTube que são realmente úteis. Você pode economizar o dinheiro das aulas. Mas eu adoraria se você me ajudasse a comprar uma guitarra."

"Deixe-me pensar sobre isso. Você já pensou em alugar uma durante algum tempo até decidir se realmente gosta o suficiente para comprar uma?"

A mãe de Jayden percebeu que era capaz de se comunicar melhor quando escutava com um "terceiro ouvido", mas que ia levar algum tempo para se acostumar a abrir mão de sua influência sobre o que o filho fazia. Quem disse que é fácil ser pai de um adolescente? Os métodos que nós ensinamos irão ajudá-lo a diminuir a distância entre a dependência do seu filho em relação a você e seu desejo crescente de independência em relação a você. Você nem sempre conseguirá o que quer, mas poderá ter a alegria de saber que está ajudando seu filho a progredir de uma maneira saudável.

Aprender a linguagem da comunicação poderosa

Lembre-se sempre de que os adolescentes estão lutando por maneiras de se sentir poderosos. Ser poderoso é uma boa qualidade, desde que seja acompanhada por respeito e responsabilidade. Aprendendo a se comunicar com a linguagem da comunicação poderosa, você será capaz de ajudar seu adolescente a se sentir poderoso sem acabar em disputas por poder. Já que os pais nos perguntam: "Mas o que eu digo? Ensine-me as palavras", nós fornecemos as seguintes frases para ajudá-lo a dizer aos seus adolescentes que eles são poderosos. Dizê-las não implica que os adolescentes têm poder sobre você; significa simplesmente que eles são poderosos e podem impactar seu próprio mundo.

Comunicações poderosas: palavras para os pais

Vamos fazer um acordo! Que tal ajudar o seu irmão a varrer o quintal e eu levo você ao cinema?

Vamos negociar. Por que você não me diz o que tem em mente para sexta-feira à noite e então eu digo a você o que eu tenho em mente, e vamos ver se podemos encontrar algo que nós dois concordamos?

É assim que funciona: primeiro vamos conferir seu armário e depois seu orçamento com roupas e, em seguida, vamos às compras.

Você estaria disposto a trabalhar comigo em um jeito de descobrir se você quer melhorar a sua nota de matemática e, se quiser, o que você poderia fazer sobre isso?

Por que não fazemos um intervalo, esfriamos a cabeça, e depois voltamos e tentamos de novo?

Em nossa casa, concordamos em resolver problemas na nossa reunião familiar. Em vez de discutir, um de nós pode colocar o problema na pauta do nosso próximo encontro.

Terça-feira é o dia do seu irmão usar a máquina de lavar e secar. Você se lembra que dia é o seu?

Tempo para a nossa pausa de mídias.

Assim que você recolher o cocô do cachorro, eu vou adorar assistir seu vídeo de skate *no YouTube.*

Essa é uma maneira. Eu tenho um jeito diferente de olhar para isso. Quer ouvir o que eu acho?

Podemos ouvir um ao outro sem concordar.

Vamos fazer dessa forma até termos tempo de elaborar um plano do qual todos nós gostemos.

Vamos começar com um horário definido e mudá-lo se precisarmos. Podemos colocar isso na pauta da reunião de família.

Vamos tentar isso por um dia/semana/mês e depois reavaliar.

Você pode dirigir o nosso carro, pegar minhas roupas emprestadas etc., contanto que você os devolva limpos; caso contrário, vou ter que dizer não até que eu sinta vontade de tentar novamente.

Compare as declarações anteriores com a sua comunicação costumeira, que geralmente soa mais como: "Porque eu estou mandando", ou, "Quando você tiver uma casa só sua, você poderá fazer o que quiser, mas não até então", ou, "Faça isso e aquilo!". Que diferença!

Dicas rápidas para a comunicação

A comunicação eficaz tem muitas facetas. As seguintes dicas servirão como diretrizes adicionais para ajudá-lo a manter um relacionamento respeitoso com seu filho adolescente. Uma vez que essas dicas são tão importantes, daremos tanto amostras curtas como explicações mais longas de cada uma.

1. **Evite o jogo da culpa:** "Eu não estou interessado em saber quem começou isso. Eu gostaria de saber como vocês podem resolver isso sem violência física".
2. **Mantenha a fala simples:** "Qual foi seu entendimento do nosso acordo sobre o reabastecimento do carro?".
3. **Use apenas uma palavra:** "Pratos!".
4. **Use dez palavras ou menos:** "Traga os pratos sujos do seu quarto, por favor".
5. **Evite falar:** o pai aponta a vassoura e o assoalho e sorri até que o filho se levanta e começa a varrer como prometido.
6. **Obtenha permissão antes de dar conselhos:** "Posso compartilhar algo com você que eu acho que pode ajudar?".
7. **Deixe seus filhos adolescentes darem a última palavra:** "_____!".
8. **Fique com eles:** apenas sente-se no mesmo cômodo que seu filho lendo um jornal ou uma revista. É surpreendente como isso abre oportunidades de comunicação que de outra maneira você não teria conseguido.

Agir em vez de reagir

Devíamos lembrar que agir funciona melhor que reagir. As respostas grosseiras são um desafio que muitas vezes nos convida a reagir. Comunicação é mais do que o que você diz. É sobre como a mensagem é recebida. Conforme você for lendo a diferença entre reagir e agir depois de respostas grosseiras, imagine o que os adolescentes poderiam estar pensando, sentindo e decidindo se estivessem ouvindo estes comentários.

Pais reativos

1. "Não fale comigo dessa maneira, mocinha!"
2. "Vá para o seu quarto e não saia até aprender a me respeitar!"
3. "Você está de castigo por uma semana!"
4. "Como você pode falar comigo dessa maneira depois de tudo que eu fiz por você?"
5. "Você acabou de perder todos os seus privilégios."
6. "Talvez a escola militar ensine-o a ter mais respeito pela autoridade."
7. "Nenhum filho meu vai falar assim."
8. "Você será respeitoso nem que eu tenha que bater em você."

Pais ativos

1. "Hum. Eu me pergunto o que eu fiz para perturbá-lo tanto?"
2. "Puxa! Você está realmente com raiva."
3. "Eu preciso dar um tempo até que possamos tratar um ao outro respeitosamente."
4. "Preciso de um abraço. Por favor, venha me dar um abraço quando você estiver pronto."
5. "O que nos ajudaria agora: uma pausa ou colocar esse problema na pauta da reunião da família?"
6. Não diga nada. Apoie de forma energética – o que significa dar amor energeticamente: um olhar amoroso e/ou a sua mão sobre o seu coração.
7. Ouça com seus lábios fechados enquanto diz: "Hum. Umhummm".
8. "Você sabe que eu amo você de verdade?"

Neste capítulo você aprendeu muitas habilidades para garantir que seus filhos escutem o que você tem a dizer – porque você aprendeu a escutar o que eles dizem. Examine as barreiras da comunicação e encontre as que você mais usa. Treine detectá-las e pare de usá-las, mesmo que no meio. Praticar habilidades de comunicação saudáveis irá melhorar consideravelmente o seu relacionamento com seus filhos adolescentes.

REVISÃO DAS FERRAMENTAS PARENTAIS GENTIS E FIRMES

1. Reveja o que os adolescentes têm a dizer sobre como melhorar a comunicação e use tantos métodos quantos puder com o seu filho.
2. Pergunte: "Há mais alguma coisa?" até que seu adolescente pare de falar, para realmente abrir os olhos para a realidade própria do seu adolescente.
3. Os sentimentos não são bons ou maus e você não morrerá por causa deles, portanto, desenvolva um vocabulário de palavras-sentimento para ajudá-lo a expressar seus sentimentos de maneira respeitosa.
4. Embora você possa ter crescido tentando ser discreto e se preocupando em não ferir os sentimentos dos outros, você provavelmente pode se comunicar com muito mais honestidade e ainda assim não ofender ninguém. Na verdade, você pode até se sentir mais próximo dos outros.
5. De toda a ajuda com a comunicação presente neste capítulo, as fórmulas "Eu me sinto" e "Você se sente" são as que mais ajudam quando você aprende a usá-las com palavras-sentimento.
6. Adolescentes se comunicam melhor quando você realmente os ouve e quando você os inclui nas discussões sobre questões que os afetam.
7. A linguagem da comunicação poderosa pode ajudá-lo a evitar disputas por poder, então coloque a lista onde você pode facilmente acessá-la.
8. Usar menos palavras, ficar com eles e pedir permissão são alternativas de sucesso para tornar a comunicação com o seu filho adolescente mais eficaz.

ATIVIDADE PRÁTICA

O processo "eu me sinto"

1. Releia as páginas deste capítulo sobre os processos "eu me sinto" e "você se sente".

2. Consulte o quadro na página 89.
3. Pense em uma situação em que, não importa quantas vezes você tenha tentado comunicar algo a seu filho adolescente, você não chegou a lugar nenhum. Examine o quadro na página 89 e encontre o sentimento que melhor se encaixa com o modo como você se sentiu nessa ocasião.
4. Escreva uma frase usando a fórmula "Eu me sinto _____ porque _____ e eu gostaria _____", certificando-se de usar a palavra-sentimento do quadro após a palavra "sinto". Leia a frase para seu filho adolescente e veja que tipo de resultado você obtém.

7

AS REUNIÕES DE FAMÍLIA FUNCIONAM COM OS ADOLESCENTES?

Uma ferramenta parental que ensina muito para seus filhos adolescentes

As reuniões de família constituem uma das ferramentas parentais mais importantes que você pode usar durante a adolescência, mas você pode experimentar resistência de seus filhos adolescentes.

Mary e Mark fizeram reuniões de família com a mãe e o pai desde os 4 e 7 anos até se tornarem adolescentes. Então começaram a reclamar sobre quão estúpidas eram essas reuniões de família. Mamãe e papai negociaram: "Alegrem-nos por manter a nossa tradição semanal de ter reuniões de família e nós concordamos em encurtá-las para quinze minutos, em vez de trinta". A parte engraçada desta história é que Mary, uma das que se queixava mais, passou uma noite na casa de uma amiga dela. Na manhã seguinte, ela anunciou: "Aquela família está tão 'ferrada'. Eles deveriam ter reuniões de família". Não leve o discurso e a resistência de seus adolescentes para o lado pessoal e continue usando as habilidades parentais que atendem seus filhos, mesmo quando eles reclamam.

A reunião de família é uma ferramenta valiosa porque fornece uma plataforma para criar e manter a dignidade e respeito ao ensinar aos adolescentes valiosas habilidades sociais e de vida. Durante as reuniões de família, os filhos e os pais praticam:

- Habilidades de escuta.
- Habilidades de levantamento de ideias.

- Habilidades para resolver problemas.
- Respeito mútuo.
- O valor de acalmar-se antes de resolver um problema. (Problemas são colocados na pauta da reunião de família de modo a haver um período de reflexão antes que os membros se concentrem em soluções para o desafio.)
- Preocupação com os outros.
- Cooperação.
- Responsabilização em um ambiente seguro. (As pessoas não se preocupam em admitir erros quando sabem que serão apoiadas para encontrar soluções em vez de sentir culpa, vergonha ou dor.)
- Como escolher soluções que sejam respeitosas para todos os envolvidos.
- Interesse social (contribuição).
- Como evitar as disputas por poder, compartilhando respeitosamente controle e responsabilidade.
- Aprender que os erros são oportunidades maravilhosas para crescer.
- Dar a todos a chance de ter um sentimento de pertencimento e significado.
- Divertir-se como uma família.

As reuniões familiares oferecem uma oportunidade para os pais fazerem o seguinte:

- Evitar o microgerenciamento dos filhos, para que eles aprendam autodisciplina.
- Escutar de maneiras que convidem as crianças a ouvir.
- Criar boas lembranças por meio de uma tradição familiar.
- Modelar todas as habilidades que querem que seus filhos aprendam.

As reuniões de família podem ser tão importantes para as famílias quanto as reuniões regulares da equipe o são para qualquer empresa bem administrada. Durante as reuniões de família, você pode ajudar seus filhos a construírem caráter na medida em que todos exploram sentimentos, descobrem realidades separadas e trabalham juntos para encontrar soluções para problemas familiares. Seus filhos adolescentes aprenderão a "procurar o bem" fazendo e recebendo reconhecimentos.

As reuniões de família são uma ótima maneira de se comunicar com os adolescentes porque há um período de reflexão antes de você discutir a maioria dos problemas. Algumas pessoas dizem que os adolescentes não gostam de reuniões familiares, mas nossa experiência é que os adolescentes não gostam de receber sermões e críticas ou ser controlados. Se é isso que acontece nas reuniões de sua família, seus filhos não vão querer comparecer. Lembre-se de que os adolescentes geralmente vêm com uma "atitude", por isso, não se deixe desanimar por eles se não parecerem entusiasmados.

Nunca há apenas uma maneira de se fazer uma reunião de família. Algumas famílias preferem uma abordagem mais formal, e outras, uma abordagem mais casual. Você pode decidir o que funciona para você, desde que as reuniões sejam agendadas regularmente uma vez por semana.

Na reunião de sua família, faça rodízio do trabalho de coordenação e "relator" (se tiver um), use uma pauta na qual qualquer pessoa possa adicionar itens durante a semana e busque decisões consensuais ou provisórias. Inclua reconhecimentos e apreciações no início de cada reunião para enfatizar a ideia de que trabalhar juntos significa identificar os aspectos positivos da vida familiar, e não simplesmente focar nos problemas. À medida que cada assunto da pauta for abordado, verifique se ainda é um problema. Se for, converse sobre isso alternando duas vezes para cada pessoa fazer comentários ou sugestões. Se for difícil para os membros da família se revezarem, pode ser útil usar um "objeto de fala". (Quem quer que tenha o objeto de fala é aquele que está com a vez de falar.) Adie até a reunião seguinte itens que precisam de mais discussão.

Use as reuniões de família para aumentar a compreensão das realidades diferentes

Nas reuniões de família, alguns problemas podem não ser resolvidos; eles podem simplesmente ser discutidos. Tudo bem. Já que os adolescentes, e até mesmo os cônjuges, muitas vezes têm realidades completamente diferentes, é importante haver um momento em que todos na família possam falar e ser ouvidos com respeito. Lembre-se de que escutar não significa concordar; significa simplesmente aprender mais sobre os pensamentos de cada membro da família.

Na família O'Brien, o pai achava que todos deveriam se sentar juntos para as refeições. Ele viera de uma família na qual todos faziam as três refeições juntos. Ele sentia que era assim que deveria ser – que era assim que uma família demonstrava amor – e se sentia amado quando as pessoas se sentavam e comiam com ele.

Na família da mãe, seu pai trabalhava em outras cidades a maior parte do tempo. Sua própria mãe desistiu de tentar lidar com filhos exigentes e permitiu que cada um fizesse sua própria comida, exceto aos domingos, quando eles jantavam frango ou carne assada. Assim, a mãe achava que as refeições não importavam, exceto em ocasiões especiais. No entanto, ela também tinha uma vaga sensação de que não era assim que "deveria" ser.

Os dois adolescentes dessa família, David e Cindy, estavam mais interessados em fazer suas próprias coisas do que sentar-se juntos para as refeições em família. O pai, sentindo-se "fora do ninho", decidiu que queria discutir sua preocupação sobre as refeições em uma reunião de família.

PAI: Eu me sinto muito desapontado por não conseguir mais cooperação para algo tão simples como fazer com que a família tenha pelo menos duas refeições juntos por semana. (O tom de voz do pai expressava julgamento em vez de sentimentos.)

DAVID [defensivo]: Ah, nós fazemos mais do que duas refeições juntos por semana.

CINDY: É, pai.

MÃE: Eu gostaria de saber por que isso é tão importante para o papai.

DAVID: Eu sei por quê.

MÃE: Vamos ver se você consegue dar três motivos.

DAVID: Ele quer passar mais tempo com sua família.

PAI: Sim.

DAVID: Porque ele nos ama.

PAI: Sim.

CINDY: Porque ele quer que aprendamos boas maneiras!

PAI: Não. Eu quero que vocês se sentem comigo porque eu quero saber que vocês me amam.

CINDY: Ah, você sabe que amamos você.

PAI: Como eu saberia disso?

A família parou de revezar o objeto de fala, mas ainda está discutindo o assunto do pai e fazendo algum progresso no entendimento, que é mais importante do que manter o acordo de usar o objeto de fala duas vezes cada.

MÃE: O que comer juntos tem a ver com sentir-se amado?

PAI: Porque quando eu era pequeno, minha família fazia isso três vezes ao dia. É por isso que tenho a ideia de que as pessoas que se amam fazem isso. Eu pensei que seria assim com minha esposa e filhos.

MÃE: David, o que as refeições significam para você?

DAVID: É hora de comer.

CINDY: Eu odeio quando terminamos de comer e temos que continuar sentados lá!

MÃE: Não importa para mim. Minha mãe desistiu das refeições. Todos preparávamos o que queríamos, exceto aos domingos.

PAI: Existe alguma maneira de resolver isso para que todos possamos atender às nossas necessidades?

DAVID: Eu tenho um comentário. Eu acho que nós comemos muitas vezes juntos.

MÃE: Então você acha que come mais vezes conosco do que nós achamos?

DAVID: Sim.

PAI: Eu acho que uma refeição normal em nossa casa é eu comer sozinho.

DAVID: Você está exagerando.

CINDY: Eu fico com muita fome porque eu não tomo café da manhã e nem almoço, então eu chego em casa e como qualquer coisa, e você faz um escândalo!

MÃE: Se você quer que as crianças comam com você, você poderia desistir de criticar o que elas comem? Você tem tantas regras sobre como deveria ser – o que deveríamos comer, quanto tempo deveríamos ficar sentados, e assim por diante.

PAI: Eu reconheço que faço isso. Simplesmente não me ocorreu que outras pessoas pensassem de forma tão diferente sobre refeições. Eu estou disposto a parar de falar sobre o que você come, e eu não farei você ficar na mesa quando terminar. Nessas circunstâncias, quantas vezes vocês estariam dispostos a sentar e comer comigo?

DAVID: Eu não me importaria de começar o jantar a maior parte do tempo juntos, pelo menos quatro vezes por semana, se você não cobrasse tanto.

CINDY: Isso está bom para mim.

MÃE: Eu vou ficar mais atenta ao que é importante para você. Eu só não sabia que isso era importante.

PAI: Isso está bom para mim também. Então, quando faremos a nossa próxima refeição juntos?

MÃE: Que tal amanhã à noite?

DAVID: Eu topo.

CINDY: Eu também.

Essa família poderia ter continuado brigando por anos se não tivesse aprendido a ouvir os sentimentos um do outro. Eles continuaram a realizar reuniões de família nas quais ouviram os sentimentos e percepções uns dos outros e, em seguida, trabalharam em soluções que eram respeitosas para todos. Você pode criar esse tipo de abertura e respeito em sua casa concentrando-se em ouvir e demonstrando curiosidade.

Suas relações familiares serão mais harmônicas quando você realizar reuniões de família semanais. Durante essas reuniões, além de compartilhar apreciações mútuas e concentrar-se em soluções para os desafios colocados na pauta, você pode planejar cardápios, calendários, viagens, compras, passeios e outras atividades conjuntas. Se você for como a maioria das famílias, precisará discutir regras para o uso de televisões, computadores, celulares e outros dispositivos eletrônicos. As reuniões de família são um excelente momento para distribuir mesadas, especialmente se isso é algo que funcionaria melhor se agendado regularmente.

Orientações para reuniões de família eficazes

1. Defina um tempo máximo para a duração da reunião. Algumas famílias gastam dez a quinze minutos por semana, enquanto outras se encontram por meia hora ou mais. Use um cronômetro e, se necessário, combine que alguém controle o tempo. (Os adolescentes ficam mais confortáveis quando sabem quando a reunião terminará.)
2. Comece com reconhecimentos e/ou apreciações.
3. Priorize os itens na pauta perguntando se há itens que podem ser eliminados porque já foram resolvidos ou se algum deles precisa de prioridade máxima.
4. Discuta cada item e deixe que todos expressem sua opinião sem comentários ou críticas de outras pessoas. Muitas famílias acham que revezar a palavra duas vezes serve como uma maneira segura de discutir itens

sem que um membro da família monopolize ou outros não sejam ouvidos.

5. Se o problema exigir mais do que uma discussão, o que é muito frequente, faça um levantamento de ideias para soluções.

6. Escolha uma solução com a qual todos possam conviver (consenso) e experimente por uma semana.

7. Postergue questões difíceis a serem discutidas para a próxima reunião de família agendada, a fim de que haja mais tempo para todos se acalmarem.

Quanto mais você aderir às orientações acima, melhores serão as suas reuniões. Isso não significa que todas as reuniões serão um grande sucesso, mas, com o tempo, você terá mais cooperação e respeito em sua família. Se você está tendo problemas, lembre-se de que leva tempo para que todos pratiquem e aprendam as habilidades necessárias para reuniões de família eficazes. Tenha paciência e continue praticando. Quando as famílias não estão acostumadas a trabalhar dessa maneira, é preciso tempo e paciência para ser eficiente e eficaz, mas vale a pena o esforço. Você também pode ver se alguma das dicas a seguir melhoraria suas reuniões de família.

Dicas para melhorar as reuniões de família

1. Realize reuniões de família no mesmo horário todas as semanas, não apenas quando houver uma crise.

2. Embora as reuniões de família com crianças mais velhas possam ser bastante recompensadoras, elas também podem ser difíceis de organizar por causa da agenda complicada dos adolescentes. Uma família resolveu o problema definindo a data da próxima reunião no final de cada reunião. (Curiosamente, a reunião era sempre marcada para o mesmo dia da semana, mas o adolescente gosta de poder escolher.)

3. Trabalhar juntos requer tempo e prática, mas o objetivo é o progresso, não a perfeição. Todos os membros da família devem ter a oportunidade de estar presentes. Alguns membros da família podem se recusar a ir, e as crianças menores podem ficar inquietas e sair no meio.

4. Certifique-se de que as crianças sentem que são levadas a sério e tratadas como importantes e que contribuem como membros da sua família.

5. Quando alguém compartilha em uma reunião de família, todo mundo deveria ouvir respeitosamente, sem discutir ou corrigir.
6. Peça aos membros da família que se revezem na reunião ou tomem notas sobre as decisões.
7. Ao trabalhar em soluções para os itens da pauta, o consenso é um ingrediente-chave para o sucesso. Se todos não concordarem com uma decisão, os dissidentes provavelmente prejudicarão qualquer progresso que possa ser feito.
8. Falar sobre assuntos controversos sem tentar decidir sobre uma solução é geralmente útil. Para questões extremamente controversas, pode levar várias reuniões para chegar a qualquer tipo de consenso.
9. Tudo bem se sua família não conseguir chegar a um acordo. Viva com os resultados da indecisão, o que geralmente significa manter as coisas do jeito que estão ou fazer como os pais dizem até que o problema possa ser resolvido em uma reunião futura.
10. Os pais devem se certificar de não monopolizar a reunião. Sermões ou ordens anulam o propósito das reuniões de família.
11. Concentre-se em itens menos controversos, como tempo para se divertir, mesadas, e assim por diante, até que as crianças acreditem que sua opinião é desejada e respeitada.

Muitas vezes é óbvio para nós que as famílias poderiam resolver muitos dos seus problemas por meio de reuniões de famílias. Mas muitas famílias não passam tempo suficiente juntas. Em vez disso, os pais deixam listas de ordens para os filhos – que estes resistem em cumprir. E os filhos nunca conseguem encontrar um bom momento para pedir ajuda aos pais, por isso começam a fazer exigências. Alguns membros da família fazem mais do que sua parcela de trabalho, e depois, sentindo-se ressentidos, importunam e punem outros membros da família por serem preguiçosos.

Embora possa parecer mais eficiente dar ordens e planejar coisas para seus filhos adolescentes sem a participação deles, é menos eficaz do que a educação em longo prazo, que ensina as habilidades de vida para seus filhos. A história de Bryce e Barbara, na próxima seção, fornece um exemplo excelente.

Como é uma reunião de família de verdade?

Bryce e Barbara estavam casados há cinco anos. Como muitas famílias mistas, suas vidas eram extremamente ocupadas porque ambos os pais trabalhavam, então eles lidavam com tudo na correria. A filha de Bryce do primeiro casamento morava com eles nos finais de semana, feriados e férias. Portanto, qualquer horário que eles estabeleciam mudava pelo menos uma vez por semana. Eles decidiram realizar reuniões de família como forma de reduzir a confusão e o caos. Todos estavam presentes: os dois filhos de Barbara do primeiro casamento dela, Todd, de 17 anos e Laurie, de 14; e a filha de Bryce, Ann, de 14 anos. Eles conseguiram resolver um problema que pensavam ser insolúvel.

BRYCE: Eu gostaria de começar nossa reunião com agradecimentos. Eu gostaria de dizer ao Todd que apreciei que ele limpou a garagem ontem. Ann, eu quero que você saiba que aprecio você por deixar seu namorado para trás para que você possa passar o verão conosco.

ANN: Eu gostaria de agradecer ao Todd por se oferecer para me levar ao *shopping* hoje. Eu aprecio a mamãe por me levar para jogar golfe em miniatura.

TODD: Eu gostaria de agradecer à mamãe por me deixar dormir nos últimos dias.

BARBARA: Eu gostaria de agradecer ao papai por preparar o jantar ontem à noite.

LAURIE: Eu gostaria de passar.

(Imagine, só por um minuto, como as pessoas da sua família se sentiriam dando e recebendo apreciações. É tão raro que as pessoas tomem tempo para dizer algo de bom para o outro. Temos certeza de que você e sua família gostariam de fazer reuniões, nem que fosse apenas para os reconhecimentos.)

TODD: Eu gostaria de começar com a queixa de Laurie, já que isso parece ser o mais importante.

LAURIE: Eu não acho justo que só porque sou a única garota da família eu tenha que dividir meu quarto quando a Ann vem. Eu gosto da Ann, mas ninguém me pergunta se eu aceito. A Ann se levanta mais cedo do que eu, e ela faz tanto barulho que eu não consigo dormir. E eu não gosto de ouvir a música da Ann o tempo todo.

BARBARA: Me desculpe, Laurie. Eu não tinha ideia de que você se sentia assim. Você está certa, nós simplesmente assumimos que Ann vai ficar com você, e nós nunca perguntamos. Eu não posso imaginar onde Ann ficaria se ela não fosse bem-vinda em seu quarto.

BRYCE: Laurie, se você tivesse mais escolha e pudesse resolver o horário de acordar e a música com Ann, tudo bem se ela ficasse com você?

ANN: Eu poderia usar meus fones de ouvido quando escuto minha música. Eu vou tentar ficar quieta de manhã. Talvez eu possa deixar minhas roupas no banheiro e me trocar lá.

LAURIE: Agora eu me sinto uma mimada. (Ela começa a chorar.)

BARBARA: Laurie, eu estou feliz que tenhamos um lugar onde podemos dizer como realmente nos sentimos sobre as coisas, e eu estou feliz que você teve a coragem de nos dizer quão chateada você estava. Nós não estávamos sendo atenciosos com você, e não percebemos isso. Agora sim. Eu sei que podemos resolver isso.

BRYCE: Estou pensando em mudar meu escritório de casa para o escritório central. Se eu fizer isso, teremos outro quarto. Nesse meio-tempo, Ann poderia usar a cama dobrável.

LAURIE: Eu quero que Ann fique comigo! Eu só queria ser perguntada. E, Ann, você pode se arrumar em nosso quarto pela manhã; você não é tão barulhenta assim. Mas eu gostaria que você usasse seus fones de ouvido para ouvir sua música.

ANN: Obrigado, Laurie. Eu prefiro dividir um quarto com você do que ficar sozinha no escritório do papai.

O resto do tempo da reunião de família foi usado tentando encontrar um horário comum que todos pudessem estar juntos para a próxima reunião – não é uma tarefa fácil na maioria das famílias ocupadas!

Utilizar reuniões de família para conseguir cooperação (incluindo tarefas domésticas)

Relativamente falando, os adolescentes ficarão mais motivados a participar das tarefas domésticas se tiverem sido envolvidos no estabelecimento de um plano. Dizemos "relativamente falando" porque, mais uma vez, as tarefas são prioridade dos pais, não dos filhos. Como pai/mãe, sua função não é fazer com que seus filhos gostem de fazer essas tarefas, mas sim obter o máximo de cooperação possível.

Uma maneira de melhorar a situação das tarefas domésticas na sua casa é convidar a família a fazer uma lista das tarefas domésticas que precisam ser feitas. Ao lado de cada item, o relator anota o consenso da família sobre a frequência com que essa tarefa específica precisa ser feita e qual deve ser o prazo para fazê-la. Finalmente, os membros da família escolhem quais tarefas estariam dispostos a fazer naquela semana. Algumas das tarefas mais impopulares, como a limpeza de banheiros, podem ter que ser colocadas em um chapéu para que uma pessoa sortuda possa sorteá-las. É bom que uma pessoa monitore a lista de tarefas todos os dias para ver se as tarefas foram concluídas até o prazo final. Se uma tarefa não for concluída, o monitor localizará a pessoa responsável, informará o prazo estipulado e reforçará que é hora de fazer a tarefa. Os pais devem evitar o monitoramento, já que isso parece irritante. Em muitas famílias, a criança mais nova gosta dessa função e a desempenha muito bem.

Quando as famílias usam esse tipo de rotina de tarefas, elas descobrem que os prazos funcionam melhor se estiverem definidos para os horários em que as pessoas provavelmente estarão em casa, como no início da manhã, depois da escola ou do trabalho, antes do jantar ou antes da hora de dormir. O acompanhamento (conforme discutido no Capítulo 5) é eficaz para responsabilizar as pessoas por seus acordos.

Algumas famílias acham que a cooperação nas tarefas aumenta quando todos trabalham juntos, simultaneamente. Talvez seja a velha ideia de que "trabalhar juntos aproxima", mas reservar uma hora por semana para o trabalho doméstico quando todos estão presentes para trabalhar juntos geralmente é melhor do que esperar que as coisas sejam feitas em momentos diferentes durante a semana. Claro, há também as tarefas diárias que não podem esperar, mas até mesmo estas melhoram quando as famílias têm um horário comum de trabalho, quando todos estão fazendo algo para ajudar a família.

Algumas famílias estão profundamente envolvidas em disputas por poder em torno de tarefas domésticas. Quando esse for o caso, pode ser necessário dar pequenos passos em uma reunião de família para progredir em direção à cooperação, como perguntar a cada membro da família uma tarefa que ele ou ela estaria disposto a fazer diariamente até a próxima reunião de família. A ideia é tentar algo por uma semana e na próxima reunião discutir e avaliar o que todos aprenderam. Sabemos que esse é um processo lento, mas construir o envolvimento da família quando a discórdia é a norma muitas vezes começa devagar e depois se transforma em algo maravilhoso.

Kathy H compartilhou o seguinte sobre a Rede Social de Disciplina Positiva (www.positivediscipline.ning.com) no grupo "PD for Teens".

> *Nós tivemos nossa primeira reunião familiar ontem. Viva! Fiquei agradavelmente surpresa em ver como foi boa. No começo, minha filha de 15 anos e meu filho de 11 anos estavam bem resistentes a sentar e conversar. Eu acho que eles pensaram que um sermão estava na "pauta". Eu abri com reconhecimentos que nenhum deles estava pronto para dar ainda, então eu fiz meus reconhecimentos. Daí nós conversamos sobre o nosso problema daquela manhã sobre quem iria no banco da frente do carro. Eu perguntei a eles qual seria uma solução com a qual ambos poderiam conviver e, milagrosamente, eles acharam uma. Eu lhes disse que na semana que vem revisitaríamos o assunto e veríamos se essa solução está funcionando. Então falamos sobre os planos para a próxima semana e trabalhamos no que fazer no feriado do Dia do Trabalho. Eu recebi algumas sugestões de refeição deles para o cardápio da próxima semana. Quando terminamos, meus dois filhos estavam sentados lá conversando um com o outro sobre seu dia, e foi uma sensação incrível assistir isso. Sem animosidade, sem xingamentos, nada que ofendesse. Quando o alarme tocou indicando o final da reunião, estávamos todos de ótimo humor. Planejamos que nossas reuniões funcionariam melhor nas noites de quarta-feira, e acho que de fato eles estão realmente ansiosos por elas. Um pequeno passo... :-)*

Vivemos em uma sociedade muito "acelerada". É fácil desviar do que é mais importante para você: sua família. Fazer um esforço e reservar tempo para reuniões de família regulares pode ajudar a manter um equilíbrio de prioridades e todas as outras pequenas coisas que precisam ser feitas.

Uma palavra de encorajamento: não espere perfeição

Uma última dica sobre reuniões de família: não espere perfeição. Leva tempo para os membros da família acreditarem que seus pensamentos e ideias são importantes para os outros. Leva tempo para eles aprenderem as habilidades para reuniões de família bem-sucedidas. No entanto, nada é mais poderoso para criar respeito familiar, cooperação e memórias duradouras do que reuniões de família. Pode ser mais divertido ler antigos cadernos de reuniões de família (listas de reconhecimentos, problemas e soluções) do que olhar álbuns de fotos da família.

REVISÃO DAS FERRAMENTAS PARENTAIS GENTIS E FIRMES

1. Em vez de lidar com problemas no calor do momento, use reuniões de família para resolver problemas após se acalmarem. Colocar um item na pauta permite tempo de reflexão antes da reunião de família.
2. As reuniões de família valem o esforço graças ao alto grau de pertencimento e significado que seus adolescentes sentirão como resultado da participação.
3. Reuniões de família são bons momentos para discussão sem se preocupar em encontrar uma solução.
4. As reuniões de família funcionam melhor quando realizadas regularmente, e não no meio de uma crise ou ao capricho de um dos pais.
5. A menos que você consiga chegar a um consenso sobre um problema, não inicie novos procedimentos familiares. Fique com o que você está fazendo atualmente ou, como mãe ou pai, decida como será temporariamente. Em seguida, mantenha a discussão aberta até que todos os membros da família apresentem algo com o qual todos possam conviver.
6. Use reuniões de família para discutir qualquer assunto, sejam corriqueiros ou atípicos.

ATIVIDADE PRÁTICA

No início, os membros da família podem se sentir desconfortáveis com reconhecimentos ou pensar que é bobagem. Se você confia no processo e dá aos membros da sua família oportunidades para praticar no início do encontro familiar de cada semana, as habilidades crescerão, e também os bons sentimentos em sua família. Usar esta atividade em uma reunião pode ser um bom início para sua família:

1. Peça aos membros da família que pensem em uma ocasião em que alguém disse algo que os fez se sentir bem consigo mesmos. Revezem-se compartilhando os exemplos.
2. Peça aos membros da família que pensem em algo pelo qual gostariam de receber um reconhecimento. Lembre a todos que às vezes ajuda pedir o que você quer para que seja notado pelo que é realmente importante para você.
3. Peça aos membros da família que digam sobre o que gostariam de ser reconhecidos e depois convide os outros a fazer o reconhecimento. Por exemplo, seu filho adolescente pode querer um comentário sobre como ele ou ela lembrou de devolver o carro com gasolina no tanque (mesmo que tenha colocado só um pouco). O pai diz: "Obrigado por ter pensado em devolver o carro com gasolina no tanque. É bom poder trabalhar de manhã sem ter que parar no posto de gasolina". Observe que o pai não diz nada sobre o pouco combustível que há no tanque.
4. Lembre os membros da família que, ao receber um reconhecimento, é bom dizer "Obrigado", para que a pessoa que fez o reconhecimento saiba que ele foi recebido.
5. Em outra reunião de família, você pode sugerir que os membros da família se revezem fazendo agradecimentos, começando com: "Obrigado por...", ou "Eu aprecio...", ou "Você torna minha vida melhor ou mais fácil porque...".

8

COMO CONSEGUIR PASSAR TEMPO DE QUALIDADE[1] COM SEU FILHO ADOLESCENTE?

A magia do tempo que vale a pena

Na adolescência, quando seus filhos passam cada vez menos tempo com você, é mais importante do que nunca conectar-se de maneiras que realmente valem a pena. Nós chamamos isso de "tempo de qualidade". O tempo de qualidade é diferente do tempo que normalmente você passa com o adolescente, pois é um horário agendado e tão sagrado quanto qualquer reunião importante. Infelizmente, várias condições tornam o tempo de qualidade difícil de ser alcançado: agendas lotadas, preferência dos adolescentes por estarem com seus amigos e tempo gasto com sermões, julgamentos e punições.

Brian decidiu tentar passar um tempo de qualidade com seu filho, Ted. As tentativas de Brian de controlar o uso de drogas e álcool de Ted prejudicaram o relacionamento dos dois. Ele tinha colocado Ted de castigo, tirado seu carro e dado sermões infinitos ("Como você pôde fazer uma coisa dessas? Você vai estragar sua vida para sempre. O que fizemos de errado?"), tudo sem sucesso. Ted tornou-se mais desafiador e mais rebelde, e o relacionamento entre pai e filho deteriorou-se muito.

---

[1] N.T.: No baralho "Disciplina Positiva para educar os filhos – 52 estratégias para melhorar as habilidades de mães e pais" usamos o termo "momento especial com os filhos". Neste livro, optamos por usar "tempo de qualidade" por ser mais usual. Ambos os termos ressaltam a importância de se aproveitar todos os momentos com os filhos (em casa, a caminho da escola, no lazer etc.) para estar presente integralmente, conectar-se e usar as ferramentas da Disciplina Positiva.

Brian sentia-se totalmente desencorajado, mas decidiu fazer uma aula chamada "Disciplina Positiva para Adolescentes" antes de desistir completamente. Na primeira aula, ele ouviu algo que mais tarde mudaria sua vida, assim como a de seu filho. O facilitador disse: "Às vezes você obtém os melhores resultados esquecendo-se do comportamento e concentrando-se no relacionamento". O líder do grupo continuou falando sobre conexão antes da correção, explicando que criar proximidade e confiança em vez de distância e hostilidade, certificando-se de que a mensagem do amor é comunicada, é extremamente importante para os adolescentes. Brian achou isso muito simplista, mas também percebeu que tentar melhorar o relacionamento com seu filho certamente não faria mal nenhum.

No dia seguinte, Brian apareceu na escola de Ted durante o horário do almoço e conseguiu permissão de levar o filho para almoçar. Brian decidira que todo o seu propósito seria desfrutar da companhia de Ted – não importava o que acontecesse. Quando Ted viu seu pai, ele perguntou resistente: "O que você está fazendo aqui?". Brian respondeu: "Eu só queria almoçar com você".

Durante o almoço, Brian concentrou-se em seu propósito, evitando fazer acusações. Ele nem perguntou a Ted como tinha sido o dia dele. Ted ficou desconfiado durante todo o almoço, esperando para ser criticado ou levar bronca. O almoço inteiro foi gasto em silêncio. Depois disso, Brian levou Ted de volta à escola e disse: "Obrigado por almoçar comigo. Gostei muito de ficar com você". Ted entrou na escola com uma expressão de perplexidade.

Brian continuou aparecendo na escola de Ted para almoçar todas as quartas-feiras. Levou três semanas para as suspeitas de Ted desaparecerem. Ele então começou a contar ao pai pequenas coisas sobre seu dia, e seu pai fez o mesmo. Ted até começou a fazer perguntas sobre trabalho e faculdade. Brian teve o cuidado de responder às perguntas de Ted sem dar sermões.

Ao mesmo tempo, Brian parou de tentar controlar Ted por meio da punição e da retirada de privilégios em casa. Em vez disso, ele se concentrou nos pontos fortes de Ted, embora tivesse que se esforçar para superar suas preocupações sobre a rebeldia do filho. Ele disse a Ted que estava feliz por tê-lo como filho e falou da emoção que sentira no dia de seu nascimento. Brian achou fácil contar histórias sobre as coisas fofas que Ted fazia quando criança. Ted dava de ombros e dava a impressão de que achava que essas histórias eram "bobas". No entanto, durante essa época, Brian notou que Ted aparecia para jantar com mais frequência e às vezes levava seus amigos para assistir televisão com ele.

Um dia, três meses depois dessa rotina de almoço, Brian ficou preso em uma reunião que durou todo o horário do almoço. Naquela noite, Ted disse: "O que aconteceu com você hoje, pai?".

Brian se desculpou: "Sinto muito. Eu não sabia que você estava me esperando. Nós nunca dissemos que seria uma coisa regular. Mas eu adoraria tornar isso uma rotina. E você?".

Aparentando indiferença, Ted disse: "Claro".

Brian disse: "Eu enviarei uma mensagem para você se ficar preso no trabalho novamente".

Brian ficou satisfeito e orgulhoso da eficácia de passar um tempo de qualidade com seu filho. Ele não sabia se Ted tinha parado de experimentar drogas e álcool, mas sabia que sua tentativa de controle não havia funcionado. Agora, pelo menos, os vínculos de relacionamento estavam sendo reconstruídos, e Brian sentia-se grato porque a importância disso tinha entrado em sua própria cabeça dura. Sentia-se satisfeito por proporcionar boas lembranças para o filho e deixá-lo saber pela experiência que seu pai o amava incondicionalmente. O comportamento de Ted melhorou consideravelmente. Ele parou de ser desrespeitoso. Na verdade, ele começou a ser atencioso e a informar aos pais que horas ele voltaria para casa. Brian estava criando uma atmosfera em que seu filho poderia pensar mais sobre como seu comportamento afetava sua vida, em vez de gastar tanta energia em "se vingar" do pai por causa dos sermões e críticas.

Encontre um jeito de ter tempo de qualidade que funcione para você e seu filho adolescente

Os participantes de um *workshop* chamado "Empodere adolescentes e a você mesmo no processo" criaram a seguinte lista de ideias para passar um tempo especial com os adolescentes. Eles basearam esta lista no seu conhecimento dos adolescentes.

Ideias para passar tempo de qualidade juntos

- Ouça sem julgar.
- Valide seus sentimentos.
- Pare de reclamar.

- Faça viagens longas.
- Faça viagens curtas.
- Caminhem juntos.
- Faça atividades planejadas por seus filhos.
- Conte histórias sobre sua própria infância.
- Assista aos programas de televisão que eles gostam.
- Veja os álbuns de fotos de quando eles eram pequenos.
- Ouça a música que eles gostam juntos.
- Trabalhe no respeito mútuo.
- Convide-os a visitar seu trabalho.
- Faça com eles atividades que eles escolherem.
- Apoie suas atividades e interesses.
- Compartilhe sobre si mesmo se eles estiverem interessados.
- Inclua-os em suas conversas.
- Trabalhem na resolução conjunta de problemas.
- Agende reuniões familiares regulares.
- Pratiquem um esporte juntos.
- Pratiquem a inversão de papéis e dramatizações.
- Permita que errem.
- Mostre interesse pelo mundo deles.
- Acampem juntos.
- Saia com eles.
- Trabalhe menos, brinque mais, esteja disponível.
- Vá com ele a *shows* ou a jogos.
- Visitem juntos feiras de antiguidades.
- Trabalhem em projetos criativos (artes e artesanato).
- Peça as opiniões deles.
- Cozinhem juntos.
- Torne sua casa um lugar atraente para os amigos deles.
- Mantenha seu senso de humor.
- Lembre-se de que diferenças são bem-vindas.
- Cuide de si mesmo e dos seus problemas.
- Vão para um retiro juntos.
- Faça compras com eles.
- Leve-os para fazer atividades que eles gostam, mas pelas quais não podem pagar.

- Tire uma folga do trabalho para estar com seus filhos adolescentes.
- Comam juntos em casa ou em um restaurante.
- Joguem juntos.
- Peça a ajuda deles.
- Passe um tempo de qualidade sozinho com cada filho.
- Planejem um evento juntos.
- Planejem férias ("O que você quer fazer?").
- Tenha fé.
- Tenha confiança.
- Ria muito.

Sugerimos referir-se a essa lista com frequência. Ela pode inspirá-lo a passar um tempo de qualidade com seus filhos adolescentes de maneiras que você não imaginava ou que se perderam na correria do dia a dia. Encerre todas as reuniões familiares planejando pelo menos uma atividade familiar dessa lista ou de uma lista resultante do levantamento de ideias da sua própria família (consultar o Capítulo 7).

Períodos curtos (até minutos) de tempo de qualidade por dia, semana ou até mesmo mês podem fazer maravilhas para melhorar o relacionamento com seus filhos adolescentes. Concentrar-se em passar tempo de qualidade com seus filhos adolescentes ajudará você a se lembrar de entrar no mundo deles, vê-los com perspectiva e trazer de volta a alegria de ser pai ou mãe.

No processo de terapia, frequentemente recomendamos que os pais passem momentos de qualidade com os filhos, mas isso nem sempre acontece. E quando isso não acontece, surpreendentemente, os jovens costumam dizer que seus pais não fizeram o dever de casa. Um pré-adolescente animado anunciou em uma sessão: "Mamãe finalmente fez aquilo que você estava dizendo – aquele 'momento especial'. Foi tão divertido".

"O que vocês fizeram?", perguntou o terapeuta, pensando que eles tinham saído para jantar ou ido ao cinema, como haviam discutido na semana anterior.

"Acendemos cerca de cem velas, colocamos o som muito alto e dançamos na sala de estar. Nós vamos fazer isso de novo algum dia, né, mãe? Foi muito legal!"

Que mãe ou pai não quer investir em um tempo de qualidade com seu filho adolescente quando obtém resultados assim!

Fique por perto e apenas esteja disponível

Lembra-se de Brian, o pai que tirava um tempo toda semana para levar seu filho para almoçar? Ele demonstrou verdadeira dedicação por estar disposto a tirar uma folga do trabalho para tornar seu filho uma prioridade.

Descobrimos que pode ser igualmente eficaz apenas "aparecer/estar por perto", estar disponível em determinados momentos em que você sabe que seus filhos estarão por perto. A armadilha é esperar que seus adolescentes notem, ou se importem, ou que conversem com você. Mesmo que pareça que eles não percebem, a energia que você cria quando está disponível de verdade é diferente daquela de quando você está "lá", mas se preocupa com outras questões ou está ocupado demais para ser incomodado.

Os adolescentes percebem quando você espera algo deles – e as expectativas podem criar resistência. Ouvimos muitos pais reclamarem: "Eu estou disponível, mas meu filho ainda não fala comigo". Ficar por perto significa estar disponível para ouvir se seus filhos adolescentes quiserem conversar – e se não quiserem. Significa estar presente e ouvindo de maneira discreta. Significa escutar quem eles são, em vez de se concentrar nas palavras que falam. Cinco dicas úteis aumentarão suas chances de fazer com que o tempo que você passa com seu filho conte como tempo de qualidade.

Dicas úteis para o tempo de qualidade

Por pelo menos cinco minutos por dia, passe tempo com seu filho enquanto mantém

1. Sua boca fechada (ouvindo).
2. Seu senso de humor intacto (perspectiva).
3. Seus ouvidos abertos (curiosidade).
4. Seu coração emanando calor e gratidão (amor).
5. Um desejo de compreender o mundo do adolescente (com foco).

Imagine o efeito em seu filho ao receber cinco minutos ou menos por dia de tempo de qualidade.

Vovô Louie estava visitando sua filha e o enteado dela, Rico. O vovô era muito encorajador porque conseguia enxergar o lado bom dos outros, além do comportamento superficial. Rico ficava acordado até tarde, deixava seu quarto um caos, ficava sem gasolina, tirava notas ruins e estava sempre em apuros por uma coisa ou outra. Toda vez que vovô via Rico, ele dizia: "Rico, você está ótimo!". Rico olhava para ele, intrigado, esperando pela pegadinha, mesmo quando o avô dizia isso com um sorriso.

Vovô Louie deve ter dito a Rico que ele estava "ótimo" pelo menos umas cem vezes, até que Rico olhou para ele e disse: "Vovô, eu sei o que você vai dizer... Que eu estou ótimo. Certo?". Vovô apenas olhou para o neto e sorriu. Esse tempo especial que o avô passava com Rico não estava programado e levava apenas alguns segundos de cada vez. No entanto, o impulso para a autoconfiança de Rico foi imensurável, em um ambiente onde ele ouvia tantos comentários negativos.

Os abraços são outra maneira de usar apenas alguns segundos de tempo que conta. Evite abraçar seu filho adolescente em público. Você pode até ter que usar seu senso de humor e dizer: "Eu sei que você não quer me abraçar agora, mas talvez eu morra se você não me abraçar agora. Poderia, por favor, poupar sua dignidade por três segundos para salvar minha vida?".

Tempo de qualidade e rivalidade entre irmãos

Os filhos se sentem especiais quando você se importa o suficiente para passar um tempo sozinho com eles. Embora você saiba que é importante passar um tempo com cada um deles individualmente, assim como um tempo em família, nem sempre é fácil fazer isso. Um filho pode sentir-se ameaçado pelo seu desejo de passar um tempo com outro filho e fazer uma cena para que você o inclua ou dedique seu tempo a ele em vez de dedicar ao seu irmão.

Arnel e Jack eram pais de Kelsey, de 15 anos, e Cassie, de 10 anos. Kelsey estava no auge de seu comportamento adolescente, passando horas intermináveis em seu quarto longe da família. Cassie exigia muita atenção e geralmente conseguia, mesmo que fosse uma atenção negativa. Sempre que Arnel ou Jack tentavam passar um tempo com Kelsey, Cassie não gostava e Kelsey ia para seu quarto e batia a porta. Os pais não estavam felizes com essa situação e decidiram fazer algo sobre isso.

Falar sobre a questão na reunião de família não surtiu efeito. Um dia, os pais leram no jornal local que haveria um grande concurso de venda de uvas em uma feira próxima. Eles perguntaram às filhas se elas gostariam de participar e, para a surpresa deles, as duas garotas disseram sim.

Quando o dia do concurso chegou, a família vestiu as camisetas que havia mandado fazer para o evento. Arnel se ofereceu para ser a fotógrafa, e Jack se ofereceu para dar uma volta com cada filha durante as diferentes rodadas da competição. As garotas fizeram um sorteio para ver quem seria a primeira. Quando chegava a vez delas, elas subiam no barril cheio de uvas e começavam a pisar, espirrando suco de uva em Jack e nelas mesmas. Jack estava do lado de fora do barril, estendendo o braço para manter o dreno aberto para que o suco pudesse fluir livremente. Arnel estava fora de perigo, tirando fotos. No final da competição, rindo e brincando, Jack e as meninas tomaram um banho de esguicho, para limpar o suco de uva.

Arnel postou as fotos no Facebook e, mais tarde, depois que a família se recuperou de seu grande dia, ela disse: "Sei que às vezes vocês ficam com ciúmes uma da outra e imaginam que passamos mais tempo com uma ou com a outra. No futuro, se vocês sentirem ciúmes, espero que vejam as fotos de vocês cobertas de suco de uva e lembrem-se de como foi divertido fazer algo especial em família. Talvez pudéssemos pensar em algo que poderíamos fazer toda semana e que seria nosso 'momento especial'. Eu vou tirar muitas fotos e podemos postá-las onde todos possam ver".

Esse evento foi um grande avanço para essa família. Encorajamos você a criar uma conexão com seus filhos adolescentes, usando esses momentos para que você saiba como encorajar seu filho adolescente e para que ele se sinta amado incondicionalmente.

REVISÃO DAS FERRAMENTAS PARENTAIS GENTIS E FIRMES

1. Quanto mais desafiador for passar tempo com seu filho, mais importante será tornar essa ocasião um momento que valha a pena e que seja livre de sermões.
2. Não espere que seus filhos sejam abertos com você se não estabelecer um bom relacionamento primeiro. Para isso, você precisa investir tempo em conhecer seus filhos como eles são, em vez de dizer a eles como gostaria que eles fossem.
3. Apenas estar por perto, próximo, disponível e sem uma pauta predefinida parece ser a melhor maneira de começar a passar tempo de qualidade com seu filho adolescente.

4. Mantenha a lista "Ideias para passar tempo de qualidade juntos" (p. 115) acessível para que você e seu filho adolescente possam encontrar maneiras de desfrutar de seu tempo juntos regularmente.

ATIVIDADE PRÁTICA

1. Se você não fizesse nada além de lembrar-se de se divertir com seus filhos regularmente, ficaria surpreso com o quanto seu relacionamento melhoraria – e quanto mais você aproveitaria a vida em geral. Infelizmente, às vezes nos atrapalhamos com agendas lotadas e em lidar com problemas. Essa atividade serve como um lembrete da importância de se divertir e traz inspiração e motivação para fazê-lo.
2. Olhe para a lista chamada "Ideias para passar tempo de qualidade juntos". Marque algumas das atividades que lhe pareçam atraentes. Agora, dê a lista para seus filhos adolescentes e peça para marcarem, com uma cor diferente, as atividades que lhes parecem atraentes. Em seguida, peça a outras pessoas da família que façam o mesmo.
3. Agende uma reunião de "Coisas divertidas para fazer" e traga a lista. Circule os itens que mais de uma pessoa marcou.
4. Liste mais coisas divertidas que todos os membros da família gostam. Adicione esses itens à lista.
5. Cada membro da família, em seguida, apresenta uma coisa que ele ou ela gostaria de fazer por diversão em família. Se o restante da família concordar em participar, agende uma data que seja adequada a todos. Certifique-se de agendar uma atividade favorita para cada membro da família. Então, divirtam-se juntos!

9

VOCÊ ESTÁ DESENCORAJANDO OU EMPODERANDO SEU FILHO ADOLESCENTE?

Preparar os adolescentes para a vida

Vamos falar a verdade. Às vezes é ótimo ter outras pessoas que nos mimam, fazem coisas por nós que poderíamos fazer por nós mesmos e cuidam de nós. No entanto, quando os pais fazem essas coisas com seus adolescentes, chamamos isso de "desencorajamento": comportamentos que impedem os filhos de se sentirem capazes. Por mais que os adolescentes se queixem de que seus pais são muito controladores, eles podem não ficar muito empolgados se seus pais, que os "desencorajavam", de repente começarem a empoderá-los.

Qual é a diferença? Desencorajar é fazer pelos filhos o que eles podem fazer por si mesmos. É se colocar entre o seu filho e a experiência de vida. Esse desencorajar geralmente vem do medo, da preocupação, da culpa ou da vergonha. Eles demonstram sutilmente a falta de confiança nos adolescentes para lidar com as experiências da vida.

Empoderar, por outro lado, é deixar de se colocar entre a vida e seus filhos, mas estar disponível para dar apoio e encorajamento. É ajudar os filhos quando eles "caem" porque cometeram um erro, ou precisam de um incentivo quando estão se esforçando para ajudar a si mesmos. Também é fazer *com* eles em vez de fazer *por* eles. Você aprende a ser um bom copiloto, mostrando fé e confiança neles para fazerem o que precisarem, mas ficando disponível se pedirem. Comportamentos empoderadores dão aos filhos a oportunidade de aprender com os erros e fortalecer seus músculos de "empoderamento".

Se você sempre resgata ou tenta controlar seus filhos adolescentes, o que acontecerá quando você não estiver por perto? Como você está preparando-os para a vida? Se você nunca permitir que seus filhos falhem, como eles aprenderão a se recuperar do fracasso? Se você não permitir que seus filhos experimentem as consequências de suas escolhas em uma atmosfera de apoio (por meio da validação de sentimentos e perguntas curiosas), como eles experimentarão as consequências de suas escolhas quando você não estiver por perto?

Este capítulo ensina as ferramentas para empoderar os adolescentes. Ele oferece uma base sobre a qual os adolescentes podem construir seus recursos internos. (Punições e recompensas os ensinam a depender de fontes externas.) Sua maior realização como mãe ou pai é tornar seu trabalho redundante – não ser necessário, ajudar seu filho a aprender as características e habilidades de vida que ele precisa para sobreviver de forma independente. Ao usar a parentalidade em longo prazo, os pais empoderam em vez de desencorajar seus filhos adolescentes.

Comportamentos desencorajadores típicos

Acordar os adolescentes pela manhã, lavar suas roupas, preparar seus lanches, escolher suas roupas.

Emprestar dinheiro e/ou dar dinheiro extra quando os adolescentes gastam sua mesada ou esgotam recursos destinados a finalidades específicas, como uma mesada para comprar roupas, ou alguma outra coisa.

Digitar trabalhos, fazer pesquisas, levar trabalhos de casa ou lanches esquecidos para a escola.

Mentir para os professores quando os adolescentes faltam na escola.

Sentir pena dos adolescentes quando eles têm muito dever de casa ou atividades, isentando-os de ajudar a família nas tarefas domésticas.

Fingir que está tudo bem, quando claramente não está, para evitar confrontos.

Dar tudo o que eles querem – "porque todo mundo tem um".

Comportamentos de empoderamento típicos

Ouvir e dar apoio emocional e validação sem consertar ou dar desconto.
Ensinar habilidades de vida.

Criar acordos durante reuniões familiares ou buscar resolução de problemas em conjunto.

Soltar (sem abandonar).

Decidir o que você fará, com dignidade e respeito.

Compartilhar o que você pensa, como se sente e o que você quer sem dar sermões, moralizar, insistir em concordância ou exigir satisfação.

Às vezes os pais acham que essas sugestões de empoderamento equivalem a "não fazer nada" porque não incluem punição ou controle. No entanto, quando os pais seguem essas sugestões, eles estão fazendo muito para garantir resultados em longo prazo. Ao olhar para as duas listas anteriores, você pode se tornar vividamente consciente de quão habilidoso você é em desencorajar e de como você é pouco capacitado em empoderar. Desencorajar parece ser algo natural para a maioria dos pais.

Durante nossos cursos e aulas experienciais, nós pedimos dezenove voluntários – nove voluntários para formar uma linha de "pais desencorajadores", e nove voluntários para formar uma linha de "pais que empoderam". Um voluntário desempenha o papel de adolescente.

Em seguida, pedimos ao "adolescente" que siga a linha de "pais desencorajadores" que fazem as seguintes afirmações sobre o dever de casa, enquanto "o adolescente" apenas percebe o que ele está pensando, sentindo e decidindo em resposta às frases.

Frases desencorajadoras

1. "Eu não posso acreditar que você deixou a lição para depois de novo. O que vai acontecer com você? Está bem, vou fazer desta vez, mas da próxima vez você terá que sofrer as consequências."
2. "Querido, pensei que você faria sua lição de casa depois que eu lhe comprasse um carro, lhe desse um telefone celular e uma mesada maior."
3. "Você pode ganhar uma roupa nova, mais dinheiro para a mesada e celular, se fizer sua lição de casa."
4. "Querida, corra agora e faça o máximo que puder enquanto eu escolho suas roupas e esquento o carro para que você não fique com frio quando eu levá-la para a escola."
5. "Eu simplesmente não entendo. Eu o dispensei das tarefas, o acordei cedo, o levei a todos os lugares para que você tivesse mais tempo; eu fiz seus lanches e você não fez a lição de casa. Como isso pode acontecer?"

6. "Está bem, eu vou escrever um bilhete para a professora dizendo que você estava doente esta manhã, mas você vai ter que garantir que recupera o atraso."
7. "Você está de castigo e sem os seus privilégios, nada de carro, nem celular, nem amigos, até que faça a lição de casa."
8. "Bem, não me admira. Eu vi você desperdiçando seu tempo na frente da TV, ou com seus amigos, ou dormindo. Você deveria sentir vergonha. É melhor você se emendar ou vai acabar morando na rua como um mendigo."
9. "Quantas vezes eu lhe disse para fazer sua lição de casa cedo? Por que você não pode ser como seu irmão? Por que você não pode ser mais responsável? O que será de você?"

Imagine que você é um adolescente que acabou de ouvir essas frases. O que você estaria pensando, sentindo e decidindo? Você se sentiria empoderado? Você estaria pensando em como essas frases são úteis e encorajadoras? Você estaria morrendo de vontade de fazer melhor? Nós achamos que não. As pessoas que participam dessa atividade como adolescente dizem que se sentiram paralisadas, rebeldes, com raiva, diminuídas e desprezadas.

Agora, continue imaginando que você é um adolescente e observe o que você está pensando, sentindo e decidindo ao ouvir as "frases de empoderamento".

Frases de empoderamento

1. "O que você acha que está acontecendo em relação ao dever de casa? Você estaria disposto a ouvir minhas preocupações? Poderíamos discutir juntos algumas soluções possíveis?"
2. "Eu vejo que você se sente mal por tirar essa nota baixa. Eu acredito que você é capaz de aprender com isso e descobrir o que precisa fazer para obter a nota que você quer."
3. "Eu não estou disposto a salvá-lo. Quando sua professora ligar, vou entregar o telefone para que ela possa conversar com você." (Atitude respeitosa e tom de voz são essenciais.)
4. "Eu gostaria de saber o que isso significa para você."
5. "Estou disposto a ficar disponível por uma hora, duas noites por semana, quando combinarmos com antecedência um horário conveniente, mas não estou disposto a ter que me envolver nisso de última hora."

6. "Espero que você vá para a faculdade, mas não tenho certeza se isso é importante para você. Fico feliz em conversar com você sobre seus pensamentos ou planos sobre a faculdade."
7. "Estou me sentindo chateado demais para falar sobre isso agora. Vamos colocar isso na pauta da reunião da família para que possamos conversar sobre isso quando eu não estiver tão chateado."
8. "Poderíamos nos sentar e ver se podemos trabalhar em um plano sobre a lição de casa que seja bom para nós dois?"
9. "Eu amo você do jeito que você é e o respeito em suas escolhas."

Nosso palpite é que agora você está se sentindo mais fortalecido no papel de adolescente, está pensando que seu pai/sua mãe realmente o ama e acredita que você é capaz de aprender com seus erros, que não há problema em pensar por si mesmo e que você quer fazer o melhor para a sua vida. Os participantes dessa atividade nos dizem que quando fizeram o papel do adolescente sentiram-se surpresos e pararam para pensar em como assumir responsabilidade em vez de serem reativos.

Empoderamento: base da parentalidade em longo prazo

Frequentemente pedimos aos pais que nos digam quais habilidades de vida eles desejam para seus filhos. Eles respondem com palavras como "autodisciplina", "responsabilidade", "autoconfiança e coragem", "desejo de cooperar e contribuir", "habilidades de comunicação e resolução de problemas", "automotivação para aprender", "honestidade", "senso de humor", "ser feliz", "autoestima saudável", "flexível", "resiliente", "curioso", "respeito por si mesmo e pelos outros", "empatia", "compaixão" e "crença na sua capacidade pessoal". Depois de rever a lista de frases desencorajadoras e de frases empoderadoras, pergunte ao seu filho o que ele ou ela está aprendendo sobre essas qualidades da mãe ou do pai desencorajador e depois da mãe ou do pai empoderador. Nenhuma surpresa aqui. Com os pais desencorajadores, os adolescentes não estão aprendendo muito, e seguem seu caminho de maneira mais ou menos descompromissada, sem nenhum senso de responsabilidade pessoal. Com os pais que empoderam, os adolescentes estão experimentando muitas das qualidades e comportamentos da lista de habilidades de vida mencionada.

A coragem que é desenvolvida a partir do empoderamento é a resiliência, a capacidade de lidar com as situações quando ficam difíceis. Os adolescentes experimentam extremos de emoção, mudanças de lealdade dos pais para os amigos e um novo mundo de tentações. Alguns adolescentes chegam ao extremo do suicídio porque não têm coragem de lidar com problemas difíceis. Esses adolescentes não aprenderam que erros e fracassos não são o fim do mundo, e sim oportunidades de aprendizado.

Para ajudar a estabelecer coragem nos adolescentes

- Tenha fé neles e em você mesmo.
- Deixe-os saber que os erros são oportunidades de aprendizado.
- Dê a eles oportunidades de tentar novamente, em vez de puni-los ou salvá-los.
- Trabalhe em acordos, soluções e planos para superar problemas.
- Mostre a eles que o que acontece agora é apenas por enquanto e que amanhã é outro dia para aplicar o que aprenderam hoje.

A maioria das pessoas acha que um adolescente responsável é um adolescente perfeito. Isso não é verdade. Responsabilidade é a capacidade de enfrentar erros e usá-los como oportunidades de crescimento. Responsabilidade é o conhecimento de que você é responsável por seu comportamento e que suas ações e escolhas afetam sua vida.

Para ajudar a estabelecer responsabilidade nos adolescentes

- Seja conscientemente irresponsável (não faça coisas por eles e não os chateie).
- Ajude-os a explorar as consequências de suas escolhas por meio de discussões amigáveis e perguntas curiosas.
- Não os castigue por seus erros.
- Ensine habilidades de resolução de problemas para corrigir erros.
- Não os mime para ajudá-los a evitar a dor. (No processo de lidar com a dor, eles desenvolvem coragem e experimentam a sensação de serem capazes.)
- Ensine responsabilidade com gentileza e firmeza ao mesmo tempo.
- Mantenha seu senso de humor e ajude seus filhos a não levarem a si mesmos e aos outros tão a sério.

Kelly Pfeiffer, membro da Positive Discipline Association (www.thinkit-throughparenting.com), criou vinte maneiras de ajudar seu filho adolescente a ser e se sentir capaz. Aqui estão algumas das sugestões dela:

1. Peça ao seu filho para cozinhar uma noite por semana.
2. Pare de lavar a roupa de seus filhos adolescentes. Ensine-os a lavar suas próprias roupas.
3. Permita que seu filho adolescente vá ao dentista ou a outras consultas sozinho.
4. Deixe seu filho adolescente abastecer o carro e verificar o óleo.
5. Mostre aos adolescentes como agendar seus próprios compromissos e esteja por perto enquanto eles fazem isso.
6. Nunca hesite em dizer: "Isso é algo que você pode fazer sozinho". Ou: "Eu acredito que você pode fazer isso. Terei prazer em mostrar a você como começar".

As opções a seguir ajudarão você a entender a diferença entre desencorajar e empoderar em situações específicas entre pai e adolescente. Você pode preferir pequenos passos para empoderar, ou você pode estar pronto para dar um grande salto. (Há mais de uma escolha sob cada título.) Depois de entender o espírito do que estamos dizendo, você poderá usar sua própria criatividade. Seu sucesso dependerá do grau em que você for capaz de permanecer no presente, focar no que você pode fazer hoje e desistir de se preocupar com o modo como seu adolescente se sairá. As habilidades de vida que você ensina hoje criam caráter para o amanhã.

Uso do carro

Desencorajar
Compre um carro para seu filho adolescente. Pague o combustível e o seguro. Em seguida, tente controlá-lo com a ameaça de tirar o carro dele se as notas não melhorarem.

Pequenos passos para empoderar
Faça acordos sobre como compartilhar o carro da família. Deixe seus filhos saberem que você espera que eles façam coisas para você ou levem os irmãos a lugares, caso compartilhe seu carro com eles.

Deixe seu filho adolescente dirigir para que você possa avaliar (com a boca fechada) as habilidades e a confiança dele. Se você tiver dicas, pergunte se seu filho adolescente gostaria de ouvi-las.

Envolva seu filho adolescente no cuidado do carro da família.

Compartilhe o interesse e o entusiasmo de seu filho lendo revistas de carros ou fazendo compras em lojas de carros.

Faça uma lista de todas as despesas envolvidas em ter um carro. Seja claro sobre quais despesas você cobrirá (e depois cumpra o combinado, mesmo que o adolescente entre em problemas).

Passos maiores para empoderar

Deixe que os adolescentes economizem pelo menos metade do custo de um carro e paguem parte de seu seguro.

Dê ao seu filho um carro velho para usar e cuidar assim que ele ou ela puder ganhar dinheiro suficiente para pagar pelo combustível e tiver notas boas o suficiente para ter desconto no seguro.

Tire um tempo para treinar com o adolescente como pode se virar sem um carro, aprendendo a usar o transporte público.

Deixe seus filhos andarem de carro com os amigos, para que não precisem de um carro próprio.

Pesquise taxas de seguro juntos e a diferença nas taxas com um desconto de "bom cliente".

Deixe que seu filho adolescente ajude a cobrir a franquia de quaisquer acidentes e deixe que ele se envolva no processo de consertar o carro.

Deixe seu filho adolescente dirigir na estrada.

Trabalhe em conjunto em acordos sobre onde, quando e como um carro pode ser usado – mesmo que seu filho adolescente tenha usado o próprio dinheiro.

Brigas de irmãos

Desencorajar

Envolva-se em todas as brigas. Tome partido como se você soubesse com certeza quem começou. Puna o "culpado" e favoreça o "inocente". Este é um excelente treinamento para criar "valentões/vítimas".

Pequenos passos para empoderar

Converse com seu filho sobre como ele se sente sobre os irmãos.

Observe se você deixa um dos seus filhos impune mais do que o outro.

Olhe para os seus próprios problemas com seus irmãos e descubra como eles podem influenciar seu estilo parental.

Não espere que os irmãos mais velhos eduquem os irmãos mais novos.

Não castigue um irmão pelos erros cometidos por outro irmão.

Passos maiores para empoderar

Agende reuniões familiares regulares nas quais seu filho adolescente aprende a dar e a receber reconhecimentos.

Fique fora das brigas entre irmãos. Ou, se a briga for física e os filhos não conseguirem se resolver, crie um sistema em que os dois filhos fiquem em cômodos separados até que estejam prontos para parar de brigar.

Sugira que os irmãos coloquem problemas na pauta da reunião de família para que toda a família possa ajudar a debater possíveis soluções.

Evite rótulos de filho bom/mau e deixe os adolescentes saberem que você espera que eles resolvam o problema e que você está disposto a ajudar ou a contratar um terapeuta para ajudar.

Deixe os irmãos criarem um plano juntos sobre quem senta no banco da frente ou perto da janela, como dividir o mesmo quarto e compartilhar o uso da TV caso tenham gostos diferentes.

Aprecie e incentive as diferenças. Nunca compare um filho com outro.

Festas

Desencorajar

Proiba seus filhos de ir a festas. Acredite quando eles lhe disserem que estão "na casa de um amigo".

Pequenos passos para empoderar

Converse sobre seus medos. Peça ao seu filho adolescente que explique a você por que os jovens gostam de festas.

Lembre-se da sua adolescência.

Planeje festas com adolescentes e seus pais em sua casa.

Planeje algumas festas com seu filho adolescente em que você vai sumir (você estará em casa, mas com a porta fechada). Não entregue a casa para os filhos sem a presença de um adulto.

Leia artigos sobre o que os adolescentes dizem sobre festas.

Nunca deixe a casa sem a presença de um adulto durante um fim de semana.

Voluntarie-se para ajudar a planejar a formatura.

Leve seu filho adolescente para baladas na véspera de Ano Novo.

Combine com seu adolescente que, se ele beber, você vai buscá-lo, sem fazer perguntas.

Passos maiores para empoderar

Pergunte ao seu filho como ele ou ela planeja se comportar em festas. Encene o que seu filho adolescente fará se ele se sentir desconfortável. Combine uma frase de código que seu filho adolescente possa usar para pedir ajuda, por exemplo: "Esqueci de dar comida ao cachorro".

Caia na real. Adolescentes vão a festas. Para muitos, a ideia de uma festa é um lugar sem pais e possivelmente com cerveja, vinho, álcool e outras drogas. Pode haver alguma atividade sexual. Você não precisa gostar, e pode tentar impedir, mas talvez seja melhor manter algumas discussões/conversas honestas com o adolescente para manter as linhas de comunicação abertas. Dessa forma, se seu filho adolescente precisar de você, você será alguém com quem conversar sem medo de julgamento.

Conheça seu filho e acredite nele. Ensine habilidades para que ele ou ela saiba como lidar com situações e tenha autoconfiança para fazer o que é certo para ele ou ela mesmo(a).

Peça para saber quem é o motorista da vez e quem vai ficar sóbrio para se certificar de que nada perigoso ou desrespeitoso aconteça se alguém desmaiar.

Roupas, cabelos, tatuagens, *piercings*, alargadores

Desencorajar

Envolva-se em disputas por poder sobre o que seus filhos adolescentes podem e não podem fazer. Use ameaças, punições e recompensas na tentativa de levá-los a adotar suas ideias sobre como devem se apresentar.

Pequenos passos para empoderar

Sente-se no seu carro do lado de fora da escola do adolescente e observe os outros alunos.

Vá ao *shopping* e observe o que os adolescentes estão vestindo, incluindo tatuagens, *piercings* e alargadores.

Olhe para o seu próprio materialismo. Estabeleça uma mesada para roupas e se mantenha dentro dela.

Permita que seu filho adolescente aprenda com os erros se ele ou ela ultrapassar o orçamento.

Não faça sermões ou julgue.

Lembre-se de que seu filho não levará o "visual adolescente" para a vida adulta (exceto pelas tatuagens e alargadores, que podem ser reparados por meio de cirurgia).

Marque uma consulta para seu filho adolescente com um cabeleireiro ou especialista em maquiagem.

Na internet, pesquise com seu filho o lugar mais seguro para colocar *piercings*, e assim por diante: como é feito, o custo, a dor, o processo de cicatrização, o processo de remoção se o adolescente mudar de ideia mais tarde.

Defina uma idade com a qual você se sinta confortável ou estabeleça que seu filho adolescente espere até os 18 anos.

Perceba que tatuagens, *piercings* e alargadores fazem parte dos rituais de pertencimento e significação do adolescente e são um sinal de que estão crescendo.

Faça perguntas curiosas ao seu filho: "O que neste seu 'visual' é importante para você? Como você acha que se sentirá sobre este 'visual' quando for adulto? (Existe alguma possibilidade de que suas preferências possam mudar?)".

Passos maiores para empoderar

Aprecie o "visual" e tire fotos.

Se o adolescente não liga para a higiene, estabeleça uma rotina junto com ele e faça acompanhamento.

Deixe seu filho escolher seu próprio visual, mas combine uma certa reciprocidade para quando você quiser que ele se vista de forma especial para algo importante para você.

Planeje uma ida às compras juntos (fora do bairro ou cidade, para que os amigos de seus filhos não os vejam juntos no *shopping*). Deixe seu filho escolher onde comprar.

Jogue fora sua TV para que seu filho adolescente não seja tão influenciado por toda a publicidade.

Acompanhe seu filho adolescente quando ele for discutir tatuagens, *piercings* e alargadores com o artista que faz o trabalho – incluindo o custo de remoção, se o adolescente mudar de ideia depois.

Seja honesto sobre o que você quer ou o que não quer, ao mesmo tempo deixando seu filho saber que você prefere que ele não faça nada que mude seu corpo até que ambos concordem. Mantenha o diálogo aberto até encontrar aquele ganha-ganha.

Se seu filho adolescente chegar sorrateiramente com uma tatuagem contra sua vontade, saia do quarto e diga: "Eu amo você, não importa o que aconteça". Compartilhe algo que você fez quando adolescente que seus pais não gostaram.

Horário para chegar em casa

Desencorajar
Defina horários de chegada sem ouvir seu filho. Coloque seu filho de castigo sempre que ele ou ela não respeitar o horário de chegada, mas não siga adiante com o castigo.

Desista e deixe seu filho adolescente fazer o que ele ou ela quer.

Pequenos passos para empoderar
Defina um horário para seu filho chegar em casa e deixe claro que há espaço para discuti-lo, contanto que ambos concordem.

Deixe seu filho adolescente saber que você será flexível, contanto que ele ou ela respeite sua necessidade de se sentir seguro.

Pergunte a outros pais que horário de chegada eles definiram (em vez de simplesmente aceitar quando seu filho diz: "Todos os outros pais deixam os filhos...").

Junte um grupo de pais e adolescentes em sua casa para uma discussão aberta sobre um horário para chegar que funcionará para todos.

Passos maiores para empoderar
Deixe seu filho lhe dizer a que horas ele ou ela estará em casa a cada noite. Mantenha isso enquanto estiver funcionando. Se parar de funcionar, defina

um horário e informe seu filho de que você retornará ao sistema antigo e voltará a tentar o novo quando ambos se sentirem preparados.

Fale sobre o horário de chegada como uma questão de respeito, do jeito que você falaria com um colega de quarto. Peça ao seu filho para ligar se ele ou ela for se atrasar.

Não tenha medo de dizer não se seu filho precisar de uma noite em casa para se centrar. Às vezes você tem que ser o "cara chato", quando seu filho está saindo muito e está exausto, mas não consegue parar. Isso pode acontecer uma ou duas vezes por ano.

Conheça o seu filho. Isso acontece quando você se envolve fazendo perguntas curiosas frequentes, reuniões de família, dramatizações de situações difíceis, passa com ele tempo de qualidade e resolve os problemas em conjunto.

Expresse sua fé em seu filho para pensar sobre o que ele/ela está fazendo e como isso afetará sua vida.

Dinheiro

Desencorajar

Dê ao seu filho ou filha uma mesada bem generosa sem nenhum tipo de discussão sobre como ele ou ela a usará. Quando seu adolescente gastar tudo, dê um sermão "Não posso manter isso" e, em seguida, dê a ele ou ela mais dinheiro prometendo que você não fará isso novamente.

Pequenos passos para empoderar

Comece a dar mesada para seu filho independentemente das tarefas domésticas.

Evite ajudar. Permita que seu filho aprenda com erros quando gastar demais.

Pague pelo trabalho que você contrataria outra pessoa para fazer. Pague somente depois que o trabalho estiver concluído e feito de acordo com seus padrões.

Se você fizer empréstimos, comece com pequenas quantias e mantenha registro. Não empreste quantias maiores até que seu filho adolescente estabeleça sua credibilidade com você.

Espere seu filho economizar metade do valor que ele precisa para uma compra antes de desembolsar a sua parte. ("Você economiza metade e eu economizo metade".)

Passos maiores para empoderar

Discuta com seu filho como ele deve usar a mesada. Não dê aumentos até que seu filho faça uma proposta que faça sentido para você.

Ofereça uma verba para roupas duas vezes por ano. Se ele ou ela gastar essa verba e quiser mais, demonstre empatia e então fé de que da próxima vez ele ou ela usará a verba para roupas de uma maneira melhor.

Deixe que os seus filhos encontrem um emprego de meio período para ajudar a pagar as despesas deles.

Deixe que seus filhos adolescentes ajudem a pagar pelo uso do celular. Até mesmo uma pequena quantia ajuda a desenvolver responsabilidade.

Tarefas domésticas

Desencorajar

Não espere que seus filhos façam qualquer tarefa doméstica. Disputas por poder não valem a pena, e eles são jovens apenas uma vez.

Pequenos passos para empoderar

Considere que todos os seus filhos façam tarefas.

Durante uma reunião de família, envolva seu filho adolescente no debate de ideias sobre quem deve fazer as tarefas domésticas, como e quando.

Crie quadros de rotina juntos.

Faça o acompanhamento para garantir que as tarefas sejam concluídas.

Evite aceitar desculpas, mesmo que haja uma prova no dia seguinte. Espere que seu filho arrange um tempo para ajudar nas tarefas. Você sempre pode se oferecer para trocar ou ajudar em ocasiões especiais.

Passos maiores para empoderar

Envolva seu filho em tarefas como cozinhar, fazer compras de supermercado, lavar roupa, fazer o almoço, passar roupa, cuidar do carro, limpar a casa, e qualquer outra coisa que prepare seu filho para ser um adulto.

Respeite a agenda ocupada do seu filho, mas insista que ele arranje pelo menos uma noite para cozinhar, independentemente da simplicidade do cardápio.

Quartos

Desencorajar
Importune e dê sermões sobre o quarto bagunçado do seu filho. Ameace e suborne, mas nunca faça acompanhamento.

Pequenos passos para empoderar
Vá para uma loja com seu filho adolescente para escolher ganchos e outros itens de organização.

Deixe o seu filho decorar parte dos cômodos da casa.

Espere que o quarto do seu filho seja limpo uma vez por semana. Ofereça a ele a escolha de limpar sozinho ou com a sua ajuda.

Passos maiores para empoderar
Deixe seus filhos manterem os quartos como quiserem. Espere que eles tragam todos os pratos e copos para a cozinha pelo menos uma vez por semana e estabeleça um prazo para isso. Faça acompanhamento do prazo.

Confie que seu filho adolescente limpará o quarto quando estiver pronto. (Alguns dos adolescentes mais bagunceiros tornam-se adultos muito organizados – e alguns continuam bagunceiros.)

Estabeleça um orçamento para pintura, pôsteres e roupas de cama. Deixe seu adolescente redecorar o quarto.

Namoro e sexo

Desencorajar
Enfie a cabeça na areia e finja que seu filho adolescente não se envolverá com sexo.

Pequenos passos para empoderar

Não exagere; o namoro provavelmente vai terminar em uma semana – se você ficar de fora.

Entenda que "namorar firme" significa coisas diferentes para diferentes idades. Descubra o que isso significa para o seu filho.

Faça o mesmo com relação ao sexo. Seu filho pode ter uma definição de "sexo" muito diferente da sua.

Converse com seus filhos adolescentes sobre controle de natalidade, conte-lhes seus pensamentos e descubra os deles. Seu filho pode estar pronto para fazer sexo, mas não para ter bebês. Mesmo que seus filhos não estejam prontos para o sexo, isso está acontecendo ao redor deles, e eles precisam de um lugar para falar sobre suas preocupações.

No caso de pré-adolescentes, leve-os ao cinema ou ao *shopping* e vá buscá-los.

Deixe o seu filho dar festas na piscina ou outros tipos de festas com você como responsável.

Promova atividades em grupo.

Inclua o namorado ou a namorada deles em atividades familiares.

Passos maiores para empoderar

Se seu filho adolescente se sentir pronto para namorar, permita, mas permaneça envolvido, vigilante e aberto a discussões.

Certifique-se de discutir seus medos e pensamentos sobre sexo adolescente e sexo desprotegido, e ouça atentamente os pensamentos de seus filhos adolescentes.

Discuta sobre como algumas garotas acham que precisam fazer sexo com o namorado para evitar a rejeição. Encoraje-os a saber o que querem e tenha a sabedoria de entender que eles podem querer considerar rejeitar alguém que possa rejeitá-los por não fazer sexo.

Envolva os adolescentes em encenações de possíveis situações nas quais eles podem se encontrar – como se sentir muito apaixonado no banco de trás de um carro. Ajude-os a refletir sobre o que eles querem agora *e* no futuro.

Se seu filho ou filha adolescente quiser se tornar sexualmente ativo, ofereça-se para ir com ele obter controle de natalidade. Adolescentes podem não ter vergonha de fazer sexo, mas hesitam em falar com você sobre isso, temendo julgamento.

Eduque seus filhos sobre estupro e encoraje-os a sempre ter um amigo sóbrio que sirva como protetor.

Certifique-se de que seu filho adolescente se sente amado. Caso contrário, seu filho adolescente pode sentir a necessidade de procurar por "amor" nos lugares errados.

Escola

Desencorajar

Demonstre com suas palavras e ações que as notas do seu filho são mais importantes do que ele. Faça microgerenciamento da lição de casa. Diga ao seu filho quando e onde fazer o dever de casa. Tire privilégios se ele não tirar boas notas. Verifique no site da escola como seu filho está indo pelo menos uma vez por dia.

Pequenos passos para empoderar

Organize um momento especial do dia durante o qual toda a família trabalhe em silêncio. Crie rotinas com seu filho em vez de microgerenciá-lo.

Leia com ou para a família.

Façam aulas juntos.

Faça aulas sozinho.

Lembre-se de que o objetivo de ir à escola é aprender, não necessariamente para obter as melhores notas e entregar a maioria dos trabalhos.

Deixe seu filho adolescente saber que ele ou ela é mais importante para você do que as notas da escola.

Se as notas caírem, seja amigo e procure as causas.

Seja realista quanto à capacidade do seu adolescente e não espere que seus filhos tenham os mesmos objetivos que você. Os pais podem pensar que é fundamental tirar notas perfeitas, mas os adolescentes podem pensar que é um desperdício de energia trabalhar tanto em aulas nas quais não estão interessados, e podem ficar satisfeitos com notas medianas.

Não cancele as atividades em que seu filho adolescente é bom como castigo ou como o que você acha que é "motivação".

Fique fora da lição de casa tanto quanto possível e contrate professores particulares se seu filho precisar de ajuda, a menos que você seja o tipo raro de pai que consegue ajudar sem brigar.

Passos maiores para empoderar

A escola não é para todos, e alguns adolescentes podem trabalhar melhor em casa[1] ou em uma escola on-line, ou fazer um teste de equivalência e voltar para a escola mais tarde.

Ofereça-se para ajudar com o trabalho escolar em determinados momentos que se ajustem à sua agenda, mas deixe a escola entre o adolescente e os professores o máximo possível.

Deixe seu filho adolescente assumir a liderança e avisá-lo se um projeto envolver ajuda dos pais. Agende horários em que vocês dois possam trabalhar no projeto.

Peça reuniões escolares que incluam você e seu filho adolescente para descobrir o que está acontecendo. Ouça todos os pontos de vista. Concentre-se no fato de seu filho adolescente e o professor encontrarem soluções em vez de interferir e tentar resolver.

Não reaja exageradamente quando seu filho ou filha é suspenso ou tira notas ruins; espere e veja o que seu filho faz a respeito e esteja disponível e encorajando sem tomar a situação para si.

Ofereça professores particulares quando necessário ou quando você e seu filho brigam durante a lição de casa.

Aprecie os esforços de cada filho como aprendiz, independentemente de quão bem ou malsucedido ele ou ela é.

Encoraje seu filho adolescente a desenvolver seus pontos fortes. Não diga ao seu filho para ser bom em tudo.

Eletrônicos (celular, computador, *videogames*, TVs, Ipods, Ipads, e o que quer que tenha sido inventado nos últimos tempos)

Desencorajar

Garanta que seu filho adolescente tenha todos os novos aparelhos eletrônicos que aparecerem. Permita que ele ou ela tenha todos esses aparelhos em seu quarto sem qualquer supervisão.

---

[1] N.E.: No Brasil, a educação básica é obrigatória e gratuita dos 4 aos 17 anos de idade, de acordo com o art. 4º da lei n. 9.394, de 20 de dezembro de 1996 ("Lei das diretrizes e bases da educação nacional").

Pequenos passos para empoderar

Limite a exposição à mídia e o tempo gasto em computadores, televisão e jogos de computador. Em uma reunião de família, planeje cuidadosamente o tempo para essas atividades com seus filhos adolescentes.

Use o controle de pais nos servidores da internet.

Converse com os adolescentes sobre o perigo de conversar com desconhecidos. Peça ideias sobre como eles podem se proteger dos perigos potenciais dos bate-papos on-line.

Não compre uma televisão para o quarto do seu filho adolescente.

Lembre-se de que os adolescentes de hoje veem mais sexo e violência explícitos na TV e nos filmes do que nunca. Você pode não ser capaz de proteger seu filho, mas pode se engajar em discussões amigáveis sobre o que seu filho está assistindo e sobre o que ele pensa a respeito disso.

Peça que seu filho adolescente o ensine sobre tecnologia.

Não faça refeições enquanto assiste TV. Guarde esse horário especial para uma conversa amigável.

Defina um "estacionamento" noturno para todos os aparelhos eletrônicos (especialmente jogos e telefones celulares). Esse estacionamento de eletrônicos também pode ser usado durante uma hora específica do dia (horário da lição de casa e horário das refeições).

Passos maiores para empoderar

Elimine todas as TVs, exceto uma para uso comum. (Nós sabemos – este é um passo muito grande, mas encontramos famílias que não têm TV e amam isso.)

Se você não estiver pronto para o passo maior, pelo menos ocasionalmente, se não de forma constante, assista aos programas favoritos do seu filho com ele, a fim de poder ficar atento ao que o adolescente está assistindo. Pergunte quanto o adolescente acha que a mídia influencia o que ele pensa ou faz. Discussões amigáveis podem ajudá-los a pensar e verbalizar sobre o que estão vendo, para que possam compreender melhor a influência da mídia sobre eles.

Você não precisa comprar um celular para seu filho adolescente (a menos que você queira que ele tenha um para emergências). Converse com os adolescentes para definir como eles podem compartilhar o custo e como usarão o celular. Se eles quiserem carregá-lo com aplicativos, peça-lhes que criem sua própria conta do iTunes e convidem parentes para dar vales-presente em ocasiões especiais.

Quando seu filho adolescente quiser comprar produtos anunciados na TV, ajude-o a refletir sobre isso. "Por que você realmente quer isso? Você consegue pagar por isso? Você está sendo enganado pelo consumismo?"

Shoppings, shows e outras atividades

Desencorajar
Proíba seus filhos de irem a qualquer um desses lugares, ou deixe-os ir aonde quiserem sem supervisão ou discussão.

Pequenos passos para empoderar
Entenda que, em termos de socialização, o *shopping* e os *shows* são tão importantes para o seu filho quanto os bailes eram para os seus avós.

Leve o seu pré-adolescente para o *shopping*; sente-se sozinho com um refrigerante ou uma xícara de café e espere até que ele ou ela esteja pronto para ir embora ou marque um horário para ir embora.

Ocasionalmente, vá a *shows* com seus filhos e os amigos deles. Concorde em sentar nas fileiras de trás para que eles não precisem ser vistos com você, se isso os deixar mais confortáveis.

Leve seu filho adolescente a um otorrino (ou pesquise literatura sobre audiologia) para obter informações sobre o perigo da exposição dos tímpanos à música excessivamente alta. Peça ideias para seu adolescente sobre como proteger sua audição.

Passos maiores para empoderar
Conheça seus filhos e confie que eles usarão as habilidades que você os ajudou a desenvolver. Eles podem se revoltar e cometer erros, mas tenha fé que eles serão capazes de decidir o que é certo para eles.

Depois de dar oportunidades para o adolescente aprender habilidades e saber que você o ama incondicionalmente, agradeça por não saber de tudo o que seu filho adolescente faz – assim como seus pais não sabiam de tudo o que você fazia.

Acredite que seus filhos adolescentes se tornarão adultos fabulosos (como você conseguiu), mesmo que você não concorde com sua atual escolha de músicas ou valores.

Amigos e pares

Desencorajar

Critique os amigos de seu filho. Diga a seu filho ou filha o tipo de amigos que ele ou ela deveria ter. Se seu filho adolescente é introvertido e parece feliz com apenas um amigo, tente convencê-lo de que ele deveria "sair" e fazer mais amigos. Insista que seu filho adolescente faça esportes ou atividades que você acha que seriam "boas para ele".

Pequenos passos para empoderar

Tente entender por que os adolescentes podem ter escolhido os amigos que têm. Eles se sentem inseguros? Eles estão procurando amigos que não esperam muito deles?

Dê muitas oportunidades para seu adolescente desenvolver percepções de confiança e capacidade. Isso se traduzirá na capacidade de escolher amigos semelhantes.

Não critique os amigos do seu filho adolescente. Em vez disso, convide-os para ir à sua casa, onde você pode ser uma boa influência.

Se alguns dos amigos do seu filho parecerem muito assustadores para você, não há problema em confiar em sua intuição e dizer a seu filho adolescente que esses amigos são bem-vindos em sua casa, desde que você esteja lá.

Aceite o estilo do seu filho. Você pode ter um filho que prefere um amigo próximo, em vez de fazer parte dos grupos mais populares.

Passos maiores para empoderar

Deixe seus filhos ficarem com os amigos com a porta do quarto fechada. (É muito desrespeitoso assumir que, porque a porta está fechada, eles estão fazendo orgias ou usando drogas.)

Não há problema em bater na porta durante a noite e perguntar se você pode entrar. Os adolescentes provavelmente dirão que sim, e é quase certo que os pais os encontrem esparramados no chão ou na cama ouvindo música, jogando *videogame* e conversando.

Se os adolescentes tiverem dificuldade em fazer amigos, pergunte se eles gostariam de algumas dicas. Caso contrário, tenha fé neles para resolver isso.

Se seus filhos querem dar carona para os amigos (desde que estejam legalmente habilitados), confie neles para tomar essa decisão. Se você acha que os amigos estão se aproveitando, uma conversa amigável com muitas perguntas curiosas ajudará você a esclarecer a questão.

O desafio

Você tem um desafio. Você pode decidir se deve influenciar ou controlar seus filhos adolescentes, seja para aumentar sua autoconfiança (empoderar), seja para administrar suas vidas (desencorajar). Você pode se concentrar na construção de habilidades ou em fazer coisas pelos adolescentes e protegê-los. Os pais costumam usar a desculpa de que os adolescentes poderiam cometer erros capazes de matá-los ou de arruinar suas vidas para sempre, mas isso é verdade em qualquer idade. Concentrar-se nesse medo convida os pais a tentar controlar a vida de seus filhos adolescentes, em vez de deixá-los viver suas próprias vidas.

Pergunte a si mesmo: "Minha motivação para agir é o medo ou a confiança?". A confiança dá espaço ao adolescente para cometer erros e aprender com eles. Como Rudolph Dreikurs disse: "Melhor um joelho machucado do que uma coragem machucada. Um joelho quebrado pode ser tratado, mas uma quebra de coragem dura para sempre".

REVISÃO DAS FERRAMENTAS PARENTAIS GENTIS E FIRMES

1. Desencorajar é fazer pelos filhos o que eles podem fazer por si mesmos. É intervir entre eles e a experiência de vida.
2. Os filhos podem aprender com os erros que cometem se os pais não ficarem entre eles e as consequências de suas ações (experiência de vida).
3. Empoderar é dar uma ajuda aos filhos quando eles "levam um tombo" porque cometeram um erro ou precisam de um estímulo quando estão se esforçando para ajudar a si mesmos.
4. Lembre-se de que você está fazendo alguma coisa ao usar os métodos descritos neste capítulo. Você não precisa punir nem controlar para ser eficaz em reverter padrões extremamente negativos com seu filho adolescente.
5. Prepare seu filho para a vida expandindo os recursos internos dele.
6. O empoderamento ajuda os filhos a estabelecer coragem, confiança, resiliência, responsabilidade e uma atitude realista em relação à vida.

7. Ao lidar com questões típicas da adolescência, descubra se você pode dar passos pequenos, médios ou maiores para empoderar em vez de desencorajar seu filho adolescente.

ATIVIDADE PRÁTICA

Pense em quando você era adolescente. Qual foi uma das suas lições de vida mais difíceis? Seus pais desencorajaram ou empoderaram você? O que eles fizeram? Qual foi o resultado? O que você aprendeu com a experiência? Como essa experiência impactou sua vida? Como impactou seu estilo parental?

10

VOCÊ ESTÁ ENSINANDO HABILIDADES DE VIDA?

Desenvolver competências e uma atitude positiva

Quanto mais ferramentas os adolescentes tiverem, melhor suas vidas funcionarão. Nossos filhos aprendem rápido, mas sua capacidade de aprender é frequentemente subutilizada. Os adolescentes não aprendem sendo informados sobre o que fazer; eles aprendem quando são envolvidos. Eles não aprendem quando os pais fazem "para" ou "por" eles; eles aprendem quando os pais se envolvem "com" eles. Se você quer que seus filhos tenham uma atitude positiva ao enfrentar os desafios da vida, nunca é tarde para ensinar habilidades de vida enquanto eles ainda estão próximos o suficiente para se beneficiar do seu encorajamento – mesmo que eles achem que já sabem tudo.

Procure oportunidades de aprendizagem. Muitas oportunidades surgem quando ensinamos habilidades de vida, em situações que envolvem o uso do carro, dinheiro, roupas, compras, atividades em família/domésticas, uso do tempo e postura em relação aos estudos.

Francine tinha assumido a responsabilidade de acordar seu filho Dan nas manhãs de terça-feira para uma aula matutina. Ela o acordava e ele voltava a dormir. Essa cena se repetia, deixando ambos com raiva, até que Francine arrancava as cobertas dele. Dan então se levantava da cama, dizendo: "Saia do meu pé!", e, finalmente, ia para a escola cerca de meia hora atrasado. Francine recebeu um bilhete do professor dizendo que, se Dan perdesse mais uma aula, seria reprovado.

Mais tarde, quando Dan e sua mãe estavam sozinhos no carro, ela disse: "Hoje recebi um bilhete de seu professor dizendo que, se você perder mais uma aula, você ficará de recuperação. Você quer ir para a aula amanhã ou quer perder essa chance e ficar de recuperação?". Dan ficou quieto por alguns segundos e então respondeu: "Eu acho que vou". A mãe disse: "Você quer que eu o ajude a se levantar, ou você quer que eu o deixe em paz?". Ele respondeu: "Que me deixe em paz".

Ela concordou e Dan disse: "Obrigado, mãe". (Muito diferente de "Saia do meu pé!") Na manhã seguinte, Dan tomou banho cedo e saiu na hora certa. A mãe estava certa de que podia perceber a diferença na sua maneira de lidar com a situação: que ela realmente cumpriria o que estava dizendo e que estava realmente entregando essa responsabilidade a ele. Os filhos parecem saber quando os pais vão cumprir o que dizem e quando não vão.

Pegar carona nos interesses dos adolescentes

Algumas das melhores oportunidades de aprendizagem podem acontecer quando você *pega carona nos interesses de seus filhos adolescentes*. Por exemplo, a maioria das adolescentes está preocupada com roupas. Essa preocupação oferece muitas oportunidades de ensiná-los sobre orçamento, ganhar dinheiro e planejar com antecedência.

Na família de Paula, as crianças recebem uma verba para roupas duas vezes por ano. Paula decidiu comprar menos roupas, mas mais caras. Ela acreditava que seria capaz de completar seu guarda-roupa pegando emprestado de amigas e usando sua mesada.

A mãe de Paula insistiu que roupas novas não deveriam ser emprestadas ou deixadas no chão. Ela estava tentando impedir que Paula cometesse erros, mas depois lembrou que queria ajudar Paula a aprender com sua experiência. Ela disse à filha: "Paula, eu cometi um erro. Eu queria protegê-la de perder estas roupas caras, mas tenho certeza que você pode decidir se quer ou não emprestar suas roupas. Eu sei que cabe a você decidir como quer tratar as roupas que tem".

Alguns meses depois, Paula chegou com raiva em casa. Uma de suas amigas pediu emprestada sua jaqueta de grife e a perdeu em uma festa. Mamãe mordeu o lábio e pulou o sermão "eu avisei". Ela deu um grande abraço em Paula e disse: "Eu estou vendo que você está chateada. Eu sinto muito". Paula olhou para a mãe e disse: "Nunca mais vou emprestar minhas roupas para ela".

Os adolescentes podem aprender melhor, por conta própria, com seus erros, se não sentirem vergonha ou culpa.

"Paula, você estaria interessada em uma ideia que me ocorreu sobre emprestar roupas?"

"Sim."

"Você poderia dizer aos seus amigos que quer um depósito ou algo tão legal deles quanto a roupa que você está emprestando até que eles a devolvam. Chamamos isso de garantia."

"Obrigada, mãe, mas eu não acho que funcionaria com os meus amigos. Eu simplesmente nunca mais vou deixar meus amigos pegarem minhas coisas emprestadas. Os pais deles compram tudo o que eles querem e eles não entendem como é ter uma verba para roupas. Eu não posso perder minhas coisas."

"Bom plano", respondeu a mãe, disfarçando o sorriso até sair de perto da filha.

Planejar com antecedência e fazer um cronograma juntos

Planejar e agendar juntos é um excelente método de treinamento. A vida é cheia de arranjos que precisam ser feitos quando se tem muitos compromissos. Se você faz todo o planejamento e, em seguida, informa seu filho adolescente, você está perdendo uma excelente oportunidade de ajudá-lo a aprender habilidades de vida e construir caráter. Seus filhos não terão ideia do que está planejado para eles e esperarão que você lhes faça coisas, leve-os a lugares e até intervenha e os resgate se ficarem muito ocupados.

Você conseguirá resultados melhores, mostrará respeito e ensinará habilidades ao envolver seus filhos adolescentes no planejamento antecipado, mesmo que leve mais tempo. Coloque um calendário em um local onde todos na família possam consultá-lo com facilidade. Você também pode usar uma reunião de família para planejar. Na reunião, todos podem focar sua atenção em discutir atividades e compromissos futuros. Todos podem participar do planejamento antecipado anotando o que acontecerá, quando acontecerá, quem precisa estar envolvido e quem é responsável pelo quê.

Embora muitas pessoas se queixem de não ter tempo, elas parecem não contar o tempo gasto com o caos e a frustração. Um bom planejamento elimina esses problemas – mas mesmo assim demanda tempo, além de atenção aos detalhes e cooperação.

Toni estava se preparando para a volta às aulas a fim de cursar o primeiro ano do ensino médio. Ela havia mencionado a seus pais as coisas que precisava fazer para se preparar para a escola. Um dia, depois do jantar, sentaram-se à mesa e fizeram uma lista do que precisava ser feito. Pegaram o calendário familiar para descobrir quando cada coisa poderia ser realizada e quem estaria disponível para ajudá-la, se necessário. Toni elaborou um orçamento com seus pais para comprar roupas de escola e uma mesada que cobriria os custos com atividades escolares e despesas pessoais.

A família também elaborou maneiras de Toni chegar à escola todos os dias, pois a escola ficava longe demais para que ela fosse a pé e o ônibus não passava nos horários em que ela precisava. Isso permitiu que Toni tivesse tempo bastante para organizar caronas para os dias em que seus pais não poderiam levá-la.

Compare essa cena com as situações de Rick e Stephanie, nas quais o caos e a frustração reinavam. Rick queria ir a um jogo de hóquei do seu time favorito. Como ele não tinha carro nem carteira de motorista e o evento ficava a 80 quilômetros de distância, ele precisava da ajuda de seus pais para se organizar para ir. Toda vez que ele perguntava, eles diziam que estavam ocupados e falariam sobre isso depois. Rick estava frustrado: ele queria saber se deveria economizar dinheiro para comprar um ingresso, e queria ter tempo suficiente para pedir aos amigos para irem com ele. Como os pais de Rick não o levaram a sério, eles não conversaram com ele a tempo e ele perdeu o jogo. Os pais não perceberam que estavam sendo rudes e desrespeitosos; eles simplesmente não viam o plano de Rick como tão importante quanto todas as outras coisas com as quais estavam lidando em suas vidas.

A história de Rick não é incomum. Stephanie queria ir a um baile, mas seus pais não se sentiam confortáveis que ela saísse com um garoto, então sempre adiavam a resposta às perguntas dela sobre o baile. Stephanie não podia tomar as providências que todas as suas amigas estavam tomando – comprar o vestido, planejar onde iriam comer, organizar o transporte – porque seus pais não respondiam e ela não sabia como chegar neles.

Tanto Rick como Stephanie tornaram-se adultos pouco habilidosos em fazer planos com antecedência. Eles não achavam que suas opiniões ou necessidades eram muito importantes, então ambos acabaram se relacionando com pessoas que assumiram o controle. Se seus pais tivessem entendido melhor a importância de reservar tempo e planejar juntos, Rick e Stephanie teriam crescido com uma experiência totalmente diferente do que é a vida adulta.

Criar uma oportunidade de ensaio

Na manhã do aniversário de dezesseis[1] anos de Tim, ele era o primeiro da fila para tirar a carteira de motorista. Ele passou no teste escrito com uma pontuação de 97 e passou no teste de direção, o que, em sua opinião, o qualificava como um motorista experiente. Ele estava pronto para dirigir qualquer coisa em qualquer lugar porque o estado da Califórnia tinha dito que ele podia, e o estado era maior do que seus pais!

Ao chegar em casa, Tim perguntou à mãe se poderia dirigir o carro dela até São Francisco.

Mais tarde, a mãe contou para sua amiga Marcia sobre o pedido de Tim. "Vivemos em uma cidade pequena e tranquila. São Francisco é cheia de ladeiras íngremes e assustadoras e tráfego intenso. É uma cidade muito grande. Eu disse a Tim: 'Não. Você tirou sua carteira uma hora atrás'. Ele disse: 'Mas eu sonhei e esperei por esse momento. Como você pode arruinar minha vida? O estado da Califórnia diz que estou pronto para dirigir em qualquer lugar. Eles me deram uma licença. Eu tirei 97 no teste. Qual o seu problema? Você me odeia?"

Marcia perguntou: "O que você vai fazer?".

"Eu tenho que ser honesta", a mãe continuou. "Primeiro eu pensei no meu carro. É um carro muito bom, e eu não queria vê-lo todo estragado. Eu também fiquei preocupada com o Tim. Eu queria protegê-lo. Fiquei preocupada que ele tivesse problemas ao entrar na estrada! Imaginei todos os tipos de desastres com ele – na estrada e nas ladeiras da cidade. Mas eu realmente conseguia entendê-lo. Ele finalmente se sentia como um adulto. Ele tinha a carta de habilitação, tinha liberdade, tinha poder, tinha rodas. Além disso, ele ama São Francisco; nós fizemos muitas viagens para lá em família. Agora ele queria ir sozinho e levar seus amigos. Ele estava muito animado!"

"Você acha que ele pode lidar com isso tão cedo?", Marcia perguntou.

"Vamos encontrar uma maneira de fazer isso em pequenos passos. Embora odeie esperar, ele entende que nem sempre podemos nos mover no ritmo que ele quer. Vamos dedicar os próximos dois fins de semana a Tim, para que ele possa levar toda a família para São Francisco. Vamos levá-lo a lugares aonde ele nunca iria sozinho, para dar a ele nosso próprio teste de direção em São

---

[1] N.T.: Nos Estados Unidos, a idade mínima para obter a carteira de motorista é 16 anos.

Francisco, com muitas oportunidades para estacionar. Vamos deixá-lo nos levar a todos os lugares: subindo e descendo as colinas até North Beach, Fisherman's Wharf e Chinatown. Depois de passar quatro dias dirigindo por São Francisco com ele, vou me sentir melhor e saber em primeira mão que ele é capaz de fazer isso. Então vou entregar a ele as chaves do meu carro, desejar que se divirta e, quando ele for embora, eu vou ligar para você, entrar em pânico e chorar. Ele vai ganhar muita confiança, e eu vou ter um ataque cardíaco escondido."

Marcia riu e disse: "Você sempre teve talento para o drama".

Compare essa história com a de Lindy, cuja mãe a desencorajou de ir à viagem de formatura do ensino médio. A mãe de Lindy descreveu quão horrível seria a viagem. Ela disse que ninguém se divertiria a menos que ficasse bêbado e dormisse com alguém, e como Lindy não era esse tipo de pessoa, ela ficaria mais feliz se ficasse em casa. Como Lindy não queria ficar bêbada e dormir com ninguém, e como não tinha motivos para duvidar da mãe, ela decidiu não ir.

Quando questionada, a mãe de Lindy disse: "Eu ouvi muitas histórias sobre essa viagem. Eu não tenho certeza se elas são verdadeiras, mas se elas forem, eu não quero que minha filha vá. Ela pode encontrar uma outra forma de comemorar a formatura". Mas uma coisa que ela parecia ignorar era que, em poucos meses, Lindy provavelmente estaria morando sozinha na universidade. Ela não teria autoconfiança para lidar com situações difíceis e também não teria as habilidades necessárias – incluindo a de tomada de decisões –, porque sua mãe tomava muitas decisões por ela.

Essa teria sido uma oportunidade perfeita para a mãe de Lindy ensinar sua filha a dar pequenos passos em situações sociais desconfortáveis, mais perto de casa, onde sua mãe estaria por perto para treiná-la. Em vez disso, Lindy, desencorajada pelo medo da mãe, estava com medo de sair sozinha.

Muitos adolescentes querem que seus pais os controlem e façam coisas por eles porque têm medo de crescer. Se os pais alimentarem os medos desses adolescentes com seus próprios medos, seus filhos não desenvolverão as habilidades necessárias para se tornarem adultos bem-sucedidos. É claro que há também adolescentes que se recusam a ser controlados e simplesmente se rebelam.

Você pode ajudar seus filhos a criar coragem demonstrando seu entusiasmo pelo processo de crescimento: "Não será emocionante quando você crescer e tiver idade suficiente para sair de casa? Não será ótimo quando você tiver seu primeiro apartamento? Você não está ansioso para ter sua própria conta de celular?". Seu entusiasmo será contagiante e os ajudará a gostar da perspectiva de serem adultos no mundo. Mais importante ainda é que você pode ajudar seus filhos a serem corajosos dando a eles a oportunidade de aprender passo a passo com você e, em seguida, dando a eles a oportunidade de usar o que aprenderam.

Uma mãe, que tinha conscienciosamente provido seu filho com habilidades de vida, perguntou a ele se achava que todas as compras de supermercado e oportunidades de cozinhar que tivera quando adolescente o ajudaram quando adulto. Ele respondeu: "Você está brincando? Eu não sei como seria capaz de viver se não tivesse tido toda essa ajuda. Eu sei como pechinchar, como fazer meu dinheiro render, como planejar com antecedência. Eu sei fazer cardápio! Eu sei um monte de coisas".

Usar abordagens não convencionais, como truques e apostas

As notas de Kelly estavam baixas. O pai dela, Pete, perguntou se ela gostaria de aprender alguns truques para estudar. Kelly, desconfiada, perguntou: "Que tipo de truque?".

O pai respondeu: "Eu posso ensinar a você o 'sistema prático de quatro passos', se você quiser".

O interesse de Kelly foi despertado, então ela perguntou: "Onde você aprendeu esse sistema?".

O pai explicou que uma amiga chamada Lissie tinha ensinado o sistema a ele para ajudá-lo a lidar com seu próprio hábito de adiar suas tarefas. Ele continuou: "Kelly, esse sistema realmente me ajudou. Você gostaria de ouvir sobre ele?".

Kelly disse: "Está bem".

O sistema prático de quatro passos

1. Decida o que você quer.
2. Arranje tempo para isso.
3. Crie um acordo ou um truque para se motivar.
4. Use listas.

Quando Kelly perguntou como os quatro passos poderiam ajudá-la, o pai disse que percorreria as etapas com ela, se ela quisesse. Kelly concordou.

Primeiro, Pete pediu a Kelly para pensar em algumas coisas que ela realmente queria fazer todos os dias. A lista de Kelly incluía passar tempo com seus amigos, tocar violão, estudar e assistir TV.

Para o segundo passo, Pete sugeriu que Kelly pensasse em quando ela poderia arranjar tempo para cada uma de suas escolhas. Kelly decidiu ficar com as amigas depois da escola e depois voltar para casa e tocar violão, jantar com a família, assistir à TV por trinta minutos e depois estudar.

Pete não mencionou que deixar o estudo por último estava fadado ao fracasso. Em vez disso, ele passou a explicar o terceiro passo: criar acordos. Ele ressaltou que as pessoas geralmente não fazem suas coisas menos favoritas a menos que façam acordos consigo mesmas. Por exemplo: "Primeiro eu farei o que não gosto e me livrarei disso", ou "Primeiro farei duas coisas de que gosto, então uma coisa de que não gosto, e guardarei o melhor para o final". Ele disse que outro truque é marcar encontro com alguém para fazer as coisas de que você não gosta, explicando: "Pode ser mais divertido estudar se você marcar um horário para fazer isso com outra pessoa. Você geralmente não desaponta um amigo, mesmo que esteja disposto a se desapontar".

Finalmente, Pete mostrou a Kelly como fazer uma lista de seus quatro interesses que incluísse a quantidade de tempo para cada um e quaisquer acordos que ela fizesse consigo mesma. Eles falaram sobre como é fácil voltar aos antigos hábitos e esquecer novos planos quando eles não são escritos. Pete sugeriu que Kelly usasse a lista como uma maneira de se lembrar das decisões que tinha tomado.

Kelly quis saber se seu pai conferiria todos os dias se ela estava seguindo sua lista. Pete perguntou se era isso que ela queria, e Kelly disse: "De jeito nenhum!". Então Pete disse: "Ótimo. Meu trabalho é ajudá-la a aprender. Seu trabalho é decidir se você quer usar o que aprendeu. Ficarei feliz em ajudá-la se você me pedir diretamente, se não, depende de você".

Um desafio amigável também pode ajudar a motivar os adolescentes a aprender habilidades de vida. Ao decidir tentar esse método, Leilani disse a seu filho Jon: "Aposto que você não consegue um B nessa matéria".

Jon aceitou o desafio, dizendo: "Quanto?".

Sua mãe desafiou: "Dez dólares", e Jon concordou: "Estou dentro!".

Como não defendemos subornos, recompensas ou a retirada de privilégios, você pode se perguntar por que uma aposta é diferente. Uma aposta pode ser usada quando um adolescente diz: "Eu seria capaz de fazer isso se eu quisesse". Para ser eficaz, a aposta deve ser feita com uma atitude amigável, respeitosa e divertida. "Você está me dizendo que consegue, mas eu aposto que você não consegue. Você está disposto a apostar seu dinheiro nisso?"

Os pais podem fazer apostas com seus filhos sem controlá-los. Mas assim que os pais oferecem um suborno ou recompensa, eles estão tentando controlá-los. O truque é aprender a ser útil, evitando o controle.

Deixar seus adolescentes ensinarem você

Uma das melhores maneiras de encorajar e empoderar seus filhos é permitir que eles ensinem coisas a você. Eles podem ensiná-lo sobre música, a usar aplicativos, a gravar programas de TV, a usar um computador e um milhão de outras coisas. Se você estiver preocupado com o modo de dirigir de seu filho, peça a ele que o ajude a melhorar suas próprias habilidades na direção. Ou peça que os adolescentes compartilhem seus *hobbies* com você e o ensinem a tocar violão, polir o carro ou se maquiar. Seus filhos adolescentes podem ser recursos valiosos se você lhes der a oportunidade – e quando isso acontecer, você não apenas demonstrará seu respeito pelas habilidades deles, mas também demonstrará como é bom aprender.

Quando você está animado em aprender novas habilidades, pode ajudar seus filhos a perceber que a aprendizagem beneficia o aluno. Uma adolescente comentou com a mãe: "Acabei de perceber que quanto mais coisas eu aprendo, mais fácil minha vida fica". É disso que se trata a educação dos adolescentes!

Usar rotinas

A maioria das coisas que você aprendeu a fazer bem começou com uma rotina. Você fica melhor em qualquer coisa que você pratique. O mesmo vale para os adolescentes. É fácil cair em rotinas ruins; boas rotinas exigem reflexão e planejamento.

Em vez de atormentar seus gêmeos de 14 anos, um pouco acima do peso, para se exercitarem, Jennifer desafiou-os para uma partida semanal de tênis, na qual ela jogaria contra os dois ao mesmo tempo. Os garotos não puderam resistir ao desafio. Depois de serem derrotados pela mãe por três semanas seguidas, ela perguntou aos meninos se eles estariam interessados em ter aulas de tênis, e eles concordaram alegremente. Ela os colocou para fazer aulas de tênis uma vez por semana e manteve o desafio semanal. Os garotos decidiram treinar uma outra vez durante a semana sozinhos. Depois de três meses, os garotos passaram a ganhar de Jennifer com frequência e também emagreceram consideravelmente.

Josiah reclamava de ser intimidado na escola. Ele era um garoto magro que nunca praticava atividade física, mas passava horas no computador. O pai dele perguntou-lhe se ele poderia procurar informações sobre aulas de artes marciais nos arredores. Josiah disse que faria isso, mas que não cursaria essas aulas. O pai dele disse que tudo bem, mas que ele queria as informações da mesma forma, já que queria saber se havia diferença entre caratê, *aikido*, *kung fu* e jiu-jítsu. Sendo um bom pesquisador, Josiah deu início à pesquisa e descobriu que havia muitos outros tipos de aulas de artes marciais que ele nem imaginava. Ele se deparou com uma aula de capoeira, uma combinação de artes marciais, esportes e música, e começou a assistir vídeos do YouTube sobre esse esporte.

Josiah disse a seu pai que mesmo que não estivesse interessado em fazer aulas, ele gostaria de ir a uma aula de capoeira apenas para observar. O pai ficou feliz em levá-lo e, depois da aula, Josiah perguntou se poderia se inscrever. O pai respondeu que estaria disposto a fazer isso se Josiah concordasse em fazer seis aulas antes de desistir. "Josiah", disse o pai, "esse esporte parece bastante difícil, e acho que seria fácil desanimar e desistir antes de começar. Eu estou disposto a investir dinheiro nessa aula e tempo para levá-lo até lá, se você estiver disposto a se dedicar por seis semanas." Quando as seis semanas terminaram, Josiah já tinha criado o hábito de se exercitar, o qual ele manteve durante o ensino médio.

Se seus filhos quiserem começar algo novo, é perfeitamente razoável esperar que eles se comprometam com um determinado número de aulas antes de investir em equipamentos ou até atrapalhar sua vida para levá-los até a aula. É a repetição que faz uma rotina funcionar. Não insista para que eles continuem com atividades que não gostam ou que não se encaixam em suas personalidades após o compromisso inicial.

Pedir a ajuda de outros para fornecer informações aos seus filhos

Muitas vezes, os adolescentes estão mais dispostos a ouvir outras pessoas do que a ouvir você. Eles podem ser motivados por outros adultos que servem como professores e tutores.

Se os pais disserem aos adolescentes como eles são ótimos, eles podem atribuir isso ao fato de que as pessoas que os elogiam são seus pais, mas se outra pessoa elogiá-los, eles costumam acreditar. Se seu filho estiver em um time, você provavelmente não terá menos impacto sobre ele ou ela que o técnico do time. Se você e seu filho brigam sobre o dever de casa, isso provavelmente não vai acontecer com um professor particular. Professores e tutores também podem ajudá-lo. Se um professor pedir a você para recuar, você talvez o ouça e concorde em fazer isso, mas se seu filho pedir a você para recuar, você provavelmente não o fará.

Adolescentes envolvidos em atividades extracurriculares, em clubes fora da escola ou em aulas específicas têm a oportunidade de se relacionar com muitos adultos encorajadores que deixam impressões duradouras neles. Como mãe ou pai, você pode encorajar seus filhos a encontrar atividades de que gostem e depois investir dinheiro para ajudá-los a realizar essas aulas, viagens, competições e assim por diante. É um investimento que vale a pena em seus filhos se você puder arcar com ele, assim como levá-los a práticas e eventos e comparecer às suas apresentações e competições, sempre que possível.

Se conseguir manter seu ego fora do caminho, você pode ser criativo ajudando seus filhos a encontrar outras fontes de aprendizado.

Blythe reclamava sobre seus pais para o pai de sua amiga, Cal. Ela disse a Cal que seus pais eram muito rigorosos e nunca a escutavam. Ela disse que odiava o fato de que eles a tratavam como um bebê, esperando que ela voltasse para casa às 21h enquanto todos seus amigos podiam voltar para casa às 22h.

Cal ouviu, como sempre fazia, e depois disse: "Blythe, eu não quero parecer banal, mas ser pai de um adolescente não é muito mais fácil do que ser adolescente. Seus pais estão tentando fazer o que acham melhor e lidando com suas inseguranças e medos".

"Eu sei, eu sei, mas eu gostaria que apenas uma vez eles fossem razoáveis." "Bem, Blythe", disse Cal, "eu tenho certeza de que você já pensou nisso, mas eu me pergunto o que aconteceria se você explicasse a eles as razões pelas quais é importante para você ficar fora de casa até mais tarde e pedisse a eles para pensar sobre o que você está dizendo antes que a interrompam. Talvez você possa até mesmo sugerir que eles liguem para alguns dos pais de seus amigos para saber como as outras famílias lidam com o horário de voltar para casa. Você acha que eles podem ficar mais dispostos a ouvi-la?".

Blythe parecia em dúvida, mas disse: "Obrigada, Cal, eu vou tentar". Mesmo que os pais dela continuem sem escutá-la, Cal ajudou Blythe compartilhando uma perspectiva que ela provavelmente não tinha. E ele expressou isso de uma maneira que ela conseguiu ouvir e entender.

Transformar atividades em jogos

Transformar atividades em jogos pode ser uma ótima maneira de ensinar habilidades. Compre jogos para ampliar o vocabulário e desafie seus filhos a aprender novas palavras e a usá-las em frases. Troque uma piada por dia com seus filhos adolescentes. Jogue jogos como Scrabble, Imagem e Ação ou aplicativos de jogos.

Outras maneiras divertidas que os pais podem usar para ensinar habilidades aos adolescentes incluem pedir que eles perguntem aos seus amigos como eles e suas famílias lidam com dinheiro, hora de dormir, mesada etc. Ou ajudem os adolescentes a planejar uma festa ou um piquenique. Ao ser criativo, você descobrirá que há muitas maneiras de ensinar habilidades.

Abrace seu trabalho de ensinar habilidades de vida, sabendo que você está ajudando seu filho a desenvolver seu caráter. O tempo que você gasta agora vai gerar grandes dividendos no futuro.

REVISÃO DAS FERRAMENTAS PARENTAIS GENTIS E FIRMES

1. Para ser eficaz no ensino de habilidades de vida a seus filhos adolescentes, certifique-se de que eles estejam envolvidos. Falar não pode ser comparado a ver e fazer para construir competências.
2. Conhecer os interesses do seu filho é a porta de entrada para o ensino de habilidades de vida. Use os interesses do adolescente como uma maneira natural de prender a atenção dele ou dela.
3. Não há melhor maneira de ensinar habilidades de vida do que por meio de uma rotina. A vida é cheia de rotinas, então por que não trabalhar com

seu filho adolescente para montar uma rotina que funcione para vocês dois, em vez de operar com as rotinas aleatórias que podem estar conduzindo sua família atualmente?

ATIVIDADE PRÁTICA

Não tenha medo de aprender coisas novas. Ser um aprendiz enquanto seus filhos o observam beneficia você e eles. Ninguém gosta de ser um iniciante, mas pense em algo que você adiou aprender e comece. Fale sobre seus medos, tentativas, fracassos e sucessos com seu filho. Faça uma aula on-line ou *workshop* na loja da Apple. Inscreva-se para aulas novas. Convide seu filho adolescente a ir com você ou a assistir você aprender.

11

QUÃO CONECTADOS ESTÃO SEUS FILHOS?

A internet e outros desafios eletrônicos

Os pais dos adolescentes agora estão enfrentando desafios antes desconhecidos, como a internet, as redes sociais, os telefones celulares, as mensagens de texto, as mensagens sexualmente explícitas (*sexting*[1]), o *cyberbullying*[2], os *reality shows* e os jogos. Antes da impressão deste livro, provavelmente haverá várias outras atualizações tecnológicas e de mídia. Neste capítulo, você encontrará ferramentas para lidar com desafios eletrônicos presentes e futuros. (Grande parte da pesquisa deste capítulo foi realizada pela internet.) Além das ferramentas da Disciplina Positiva, você encontrará centenas de sites úteis que podem oferecer mais ajuda para lidar com esses desafios. Basta buscar no Google "adolescentes e tecnologia".

Nosso palpite é que alguns de vocês cresceram sem PlayStations, Nintendos, Xboxes, Roku, *videogames*, telefones celulares, computadores pessoais, internet ou salas de bate-papo virtuais. Vocês provavelmente não tinham MySpace ou Facebook e não assistiam a *reality shows*. Os tempos mudaram, e se você é pai de um adolescente, precisa descobrir como lidar com todas essas "novidades".

---

[1] N.T.: *Sexting* (contração de *sex* e *texting*) é um anglicismo que se refere à divulgação de conteúdos eróticos e sensuais por meio de celulares.
[2] N.T.: *Cyberbullying* é o *bullying* realizado por meio de ferramentas tecnológicas como celulares, filmadoras, internet etc.

O que queremos dizer com "novidades" são aquelas coisas que se tornaram predominantes desde a sua adolescência. A *reality TV* fica cada vez mais popular. De acordo com uma notícia de 2009, a palavra *sexting* não existia dois anos antes. Afirma o site WikiAnswers: "O *cyberbullying* simplesmente começou quando a internet se tornou uma ferramenta comum para usuários anônimos dizerem o que querem sem pensar nas consequências para os outros usuários anônimos da internet". Então, realmente, o *cyberbullying* provavelmente começou em meados dos anos 1990. Em 1999, apenas 23 *blogs* foram listados. Em 2000, eram criados mais de trezentos *blogs* por dia. Recentemente, alguém comentou que os *blogs* estavam obsoletos. (Muitos blogueiros podem achar esse comentário ridículo, mas é uma indicação da rapidez com que as coisas podem mudar.) Talvez porque o Twitter demande menos tempo.

Em um passado relativamente recente, as crianças de todas as idades não tinham telefones celulares ou comunicavam-se principalmente por mensagens de texto. A maioria das famílias tinha só um computador em casa, com jogos eletrônicos para entretenimento individual e em grupo. Nem esperava-se que as crianças tivessem um computador para uso próprio na escola, como é exigido por muitas escolas hoje. As crianças pequenas não sabiam usar iPads, jogar jogos, ler livros ou assistir a filmes neles. Hoje, vá a qualquer restaurante e conte quantas crianças estão coladas no iPhone de alguém.

Observe o que não mudou: a luta entre os adolescentes e seus pais permaneceu praticamente a mesma, assim como os métodos para lidar com essas mudanças drásticas. Vemos o uso de punição e controle, criação de filhos baseada em medo, sermões, recompensas e ameaças, mimo ou mesmo permissividade, entremeados a comentários do tipo "adolescentes sempre serão adolescentes".

Internet e redes sociais: pontos fortes e fracos

Nossos netos estão mais confortáveis com computadores aos 2 anos de idade do que nós que os usamos há anos. As crianças de 2 anos (e mais jovens) conseguem usar nossos celulares, iPads e jogos de computador com facilidade. Conseguem achar vídeos no YouTube sem pestanejar. Ao contrário de nós, elas não se sentem desencorajadas ao aprender como usar as mídias. Ou os aparelhos eletrônicos funcionam ou não funcionam, e, quando não funcionam, não ficam com raiva da criança, não a envergonham, nem colocam a culpa nela. Para as criança, trata-se apenas de um convite para tentar novamente até conseguirem ou pedirem ajuda a um irmão, amigo, pai ou mãe.

Seus filhos adolescentes podem estar ouvindo música, assistindo a vídeos, jogando *videogames* ou assistindo a filmes que promovem morte, destruição, violência, desrespeito a homens e mulheres e coisas piores. Eles podem ter pornografia escondida sob o colchão ou cartazes sexistas pendurados em seus quartos. Eles podem visitar sites que mostram atividades sexuais explícitas. O que um pai pode fazer?

Dentro dos limites de seus valores, você pode permitir que seus filhos experimentem alguns ou todos os itens listados acima, ou você pode querer proibir tudo. Se você escolher proibir, reconheça que muitos adolescentes são motivados pela fruta proibida, então você terá de usar persuasão e defesa, em vez de negação arbitrária ou dogmática.

Percebemos que há adultos que veem esses dispositivos como invenções do diabo, mas não julgamos o dispositivo nem achamos que são os vilões. Nós encorajamos você a entender suas possibilidades e a trabalhar com seus filhos de modo a usá-los de forma segura, respeitosa e equilibrada – e até mesmo a ensinar valores e habilidades de vida. A tecnologia pode ser divertida, informativa e ajudar os filhos a desenvolver muitas habilidades transferíveis quando usadas com consciência. É o uso excessivo e inadequado que cria problemas sérios. O verdadeiro truque é envolver os filhos na criação de regras saudáveis para o uso de equipamentos eletrônicos.

Sugestões para a criação de regras

1. Dê aos filhos escolhas limitadas sobre quanto tempo ou quando podem usar as mídias. Por exemplo: trinta minutos a uma hora (não relacionados à lição de casa) durante a semana; noventa minutos a duas horas nos fins de semana.
2. Não coloque aparelhos de TV ou computadores nos quartos de seus filhos.
3. Decidam juntos a criação de um "estacionamento" noturno para todos os eletrônicos das 22h às 6h – talvez na garagem. (Alguns adolescentes enviam mensagens de texto durante a noite e depois se perguntam por que se sentem tão cansados e mal-humorados no dia seguinte.)
4. Crie um "depósito" onde todos os eletrônicos são armazenados e retirados por períodos limitados.

Disciplina Positiva para adolescentes

5. Converse com seus filhos sobre o que eles estão assistindo, fazendo ou jogando.
6. Não gaste uma fortuna em jogos de computador, *downloads* e aplicativos se não se sentir confortável com seus filhos usando-os. Combine com seus filhos que eles devem pagar por essas coisas. *Não* dê aos seus adolescentes a sua senha dos sites de compras.
7. Dê o exemplo e não fique grudado em dispositivos eletrônicos.
8. Se houver sites fora dos limites, discuta-os com seus filhos e deixe-os saber por que você acha que eles estão fora dos limites. Ouça a opinião de seus filhos sobre eles. Negocie, se necessário.
9. Se alguns sites, programas ou jogos forem questionáveis, programe-os para quando puder sentar-se ao lado dos seus filhos e usá-los em conjunto para que você possa ter um diálogo sobre eles.
10. Informe seus filhos que, se você achar que eles estão se viciando, você vai proibir o tempo de mídia até que eles sejam capazes de fazer um uso saudável.
11. Informe seus filhos que eles precisam criar um sistema de rodízio para compartilhar equipamentos, jogos etc.
12. Crie zonas livres de mídia, como um dia por semana ou mês sem mídia. Nenhuma mídia durante as refeições. Em vez de usar mídias, conversem em família.
13. Não espere que seus filhos sigam os acordos de mídia quando você não estiver em casa para monitorá-los. Se você acha que seus filhos não estão seguindo os acordos, confisque o equipamento e permita que ele seja usado apenas quando você estiver por perto para monitorá-lo.
14. Não é um direito de nascença de seu filho ter um equipamento eletrônico. Muita discussão precisa acontecer antes de adicionar um novo equipamento à família, incluindo como ele será pago, usado, compartilhado e mantido. Não há problemas em dizer não.
15. Talvez você precise contratar planos com serviços pré-pagos que desliguem o equipamento se ele for utilizado em excesso. Ou você pode fazer seus filhos economizarem para poder pagar parte do serviço, em vez de pagar antecipadamente e esperar que eles devolvam o dinheiro.
16. Use fones de ouvido sempre que necessário para limitar os níveis de ruído dos componentes eletrônicos em sua casa. Os fones de ouvido são especialmente importantes para os telefones celulares, até que novas pesquisas

comprovem que os telefones celulares não causam tumores cerebrais em razão da radiação emitida.

17. Peça a seus filhos que lhe contem sobre a política da escola para o uso de dispositivos eletrônicos – ou confira você mesmo.

18. Certifique-se de que todos os carros estejam equipados com equipamentos de viva voz caso seus filhos tenham telefones celulares. Conte a eles que pessoas já foram mortas por motoristas que trocavam mensagens de texto ao dirigir, e que eles perderão imediatamente o privilégio de usar um telefone celular se forem vistos trocando mensagens de texto e dirigindo. Ao instituir uma medida tão extrema, certifique-se de que seus filhos tenham a oportunidade de descobrir uma maneira de provar que merecem outra chance. Assuma a responsabilidade de encontrar a solução que você acredita que funcionará.

19. Não subestime a criatividade e a engenhosidade de seus filhos se estiver pensando em adicionar recursos de rastreamento a seus telefones celulares. Talvez você esteja gastando muito dinheiro para saber onde seu filho está sem desconfiar que ele pode ter deixado o celular em algum outro lugar.

20. Pesquise sobre *workshops*, orientações e ideias para lidar com adolescentes e mídias.

Conselho de um pai especialista em tecnologia

O filho de Jane, Ken Ainge, tinha ótimos conselhos para monitorar uma casa com adolescentes e seus dispositivos eletrônicos. Ao perguntar a Ken como ele conseguira se tornar *expert* em tecnologia, veja o que ele disse: "Estou total e completamente envolvido em qualquer coisa que eles façam. Eu assino *feeds* por SMS, então sempre que eles *tweetam* eu recebo uma cópia. Eu sei como meus filhos estão se sentindo e o que estão fazendo no MySpace, Facebook e Tumblr. Eu sei todas as suas senhas e eles sabem disso. A internet não é privada. Já que o resto do mundo pode assistir, eu também posso. Assistimos juntos a programas de jornalismo investigativo na TV sobre internet e crimes cibernéticos.

"Se alguém estiver usando um dos telefones de meus filhos para assediá-los ou importuná-los, eles poderão optar por alterar o número de telefone deles ou eu o alterarei para eles. Houve momentos em que eu tive de tirar o telefone, porque eles estavam ficando chateados ou envolvidos demais com a negatividade lançada na direção deles. Eu disse a eles que ficariam um tempo sem usar o telefone porque estavam ficando muito chateados, e que quando as coisas se acalmassem e eles se acalmassem, eu devolveria a eles seus telefones.

"Outra coisa que faço é usar o aplicativo 'Find my iPhone' para saber onde os telefones deles estão. Alguns planos chamam esse aplicativo de 'localizador familiar'. Eu o apresento a eles como uma questão de segurança, para que eu saiba onde eles estão."

Parece que Ken tem muita confiança em seus filhos e que eles veem sua ajuda como apoio. Eles sabem que não terão problemas, por isso são muito abertos e aceitam os esforços do pai para mantê-los seguros. Tenha em mente, entretanto, que o que funciona para uma família e um grupo de adolescentes pode não funcionar para outra família e outro grupo de adolescentes, e que os valores que impulsionam a Disciplina Positiva não são subitamente suspensos quando um computador está envolvido. Para muitos adolescentes, os pais que monitoram 100% de suas atividades on-line não serão diferentes dos pais que monitoram 100% de suas atividades na vida real – o que pode facilmente resultar no mesmo tipo de ressentimento e disputas por poder. Os pais precisam lembrar-se de que os mesmos princípios básicos de confiança e respeito se aplicam on-line e à vida real, e é improvável que as tentativas de controlar todos os movimentos de seus filhos resolvam qualquer coisa. Os pais e adolescentes precisam negociar o espaço on-line da mesma maneira que o fariam na vida real, incluindo o diálogo honesto e a disposição dos pais de respeitar a necessidade de privacidade e independência de seus filhos adolescentes, ao mesmo tempo que continuam sendo solidários.

Às vezes são necessárias intervenções extremas

Kirk, de 13 anos, estava viciado em seu computador. Ele passava todo o tempo que não estava na escola sentado em frente ao computador jogando, ou na internet (uma atividade na qual muitos adultos também se viciam). Os pais de Kirk tentaram trabalhar em soluções com ele, mas nada funcionou. Finalmente, seus pais se tornaram muito firmes, mas ainda gentis. Durante as férias de verão, eles disseram a Kirk que ele não poderia usar o computador entre meio-dia e 18h. A mãe de Kirk disse a ele que eles almoçariam juntos e passariam uma hora fazendo algo juntos, como visitar a biblioteca, fazer um passeio de bicicleta ou jogar um jogo de tabuleiro. Eles poderiam decidir sobre essa atividade juntos. Das 14h às 18h, caberia a Kirk decidir o que queria fazer com seu tempo – mas o computador estava fora de cogitação. Kirk reclamou e choramingou. A princípio, sentou-se desanimadamente em uma cadeira, sem fazer nada; mas logo foi para seu quarto procurar algo novo para fazer. Ele até decidiu ler os livros que seu professor recomendara para o verão. Depois de uma semana, ele parou de fazer beicinho e conversou com a mãe ao comer sanduíches de queijo que ele mesmo preparava para o almoço.

Esse exemplo ilustra que cabe aos pais serem firmes e gentis. Se Kirk tivesse conseguido chegar a uma solução sozinho, seus pais teriam ficado felizes em deixá-lo colocar essa solução em prática. O que não poderia acontecer seria permitir que a situação problemática continuasse como estava.

Redes sociais, YouTube e outras opções de internet

Quando nós éramos adolescentes, nos socializávamos na vizinhança, brincando de chutar lata ou em brincadeiras de correr. Nós nos divertíamos nos quartos uns dos outros, no parque ou na pista de patinação do bairro. Quando nossos filhos eram adolescentes, eles se socializavam com seus amigos na escola e depois voltavam para casa e conversavam ao telefone. Ou eles nos pediam para levá-los à casa de seus amigos ou convidavam seus amigos para sair.

Agora, quando os adolescentes socializam, eles vão ao computador, ao MySpace, ao Facebook, ao Tumblr e muito mais, ou enviam centenas de mensagens de texto por celular. Eles ainda socializam na escola, em festas, em eventos esportivos, em times, treinos ou aulas, mas é realmente um mundo diferente, e não necessariamente um mundo pior. O truque é ajudar seus filhos a criar algum equilíbrio em suas vidas. Isso talvez seja difícil, porque a ideia deles de equilíbrio é provavelmente diferente da sua, e, além disso, você provavelmente não tem muito equilíbrio em sua vida e pode não saber como ajudá-los a criar algum tipo de equilíbrio.

A maneira mais simples de criar equilíbrio é usar o calendário para agendar atividades. Inclua horários livres de mídia, jantares em família, passeios em família, eventos esportivos, aulas (yoga, *tai chi*, dança etc.). Criar equilíbrio pode ser um desafio para famílias que têm filhos de idades diferentes, pais solteiros ou nas quais ambos os pais trabalhem fora, mas isso pode ser feito com algum planejamento e acompanhamento.

Sugerimos que você pesquise como ajudar a manter os adolescentes seguros quando estiverem nas redes sociais. Se você não souber como fazer essa pesquisa, peça ajuda aos seus filhos ou faça isso com eles. Lembre seus filhos com frequência de que a internet não é privada e de que a pessoa que responde a eles em um site de rede social pode facilmente ser um homem de 50 anos que se apresenta como um adolescente de 15. Seus filhos não devem assumir que as pessoas são quem elas dizem ser.

Visite o perfil de seus filhos nas redes sociais. Muitos pais permitem que os filhos tenham um perfil desde que também possam acessá-lo e que possam conversar sobre o que está acontecendo. Faça questão de saber com quem seus filhos estão conversando. Um pai chegou até mesmo a contatar os pais de um amigo de Facebook de sua filha que a estava assediando. Ele contou aos pais do garoto o que estava acontecendo e pediu que conversassem com o filho. Eles ficaram chocados e não tinham ideia do que estava acontecendo, e ficaram felizes por poder conversar com o filho.

Se você acha que seu filho adolescente está sendo intimidado ou enviando fotos ou mensagens sexualmente explícitas (*sexting*), converse com ele, deixe que seu filho saiba que você está lá para ajudá-lo e que ele não precisa lidar com o problema sozinho.

Se você acha que seus filhos estão deixando de fazer os trabalhos escolares por causa da internet, desative ou remova o equipamento até que as crianças coloquem tudo em dia na escola. Ou peça sugestões aos seus filhos e esteja disposto a testá-las por uma semana. Se eles precisarem do computador para pesquisas escolares, mantenha os cabos de energia travados e espere que peçam por eles quando você estiver em casa para poder monitorar o uso. Você pode pedir garantias aos seus filhos até que eles devolvam o cabo. Pode ser uma roupa, joias ou o telefone celular etc.

Ficamos impressionados com algumas das coisas que os adolescentes fazem na internet. Uma adolescente de 14 anos que estava com dificuldades em inglês criou a mais bela página do Facebook sem nenhum erro de ortografia, cheia de citações dos livros que ela deveria estar lendo. Um menino de 12 anos, diagnosticado com transtorno de déficit de atenção e hiperatividade (TDAH) e incapaz de se concentrar na sala de aula, passava horas e horas filmando a si mesmo e a seus amigos fazendo manobras de *skate* e bicicleta e, em seguida, postava esses vídeos com trilha sonora no YouTube. Um jovem de 13 anos jogava um jogo de computador com outros jogadores do mundo todo. A maioria não falava inglês, mas eles se comunicavam por meio do jogo. Vários jogadores pensaram que o garoto de 13 anos de idade tinha seus 20 ou 30 anos, e ficaram chocados ao descobrir que ele tinha apenas 13 anos, porque ele era tão inteligente e capaz. Outro jovem passa horas construindo estruturas arquitetônicas no computador. Temos certeza de que ele está treinando para uma carreira como arquiteto. Ele estará em vantagem quando começar a faculdade graças a toda a sua experiência, que agora é pura brincadeira para ele. Outro jovem que passava horas jogando jogos eletrônicos de corrida agora trabalha para uma grande empresa projetando motocicletas.

Muitos pais acham que o que descrevemos é uma perda de tempo e uma interrupção do trabalho escolar. Pode ser, mas também pode ser o treinamento inicial e o desenvolvimento de habilidades para sucessos futuros. Tantas profissões exigem familiaridade e competência com computadores, e os adolescentes que já os utilizam certamente estarão em vantagem. Aqueles de nós que começaram a usar computadores mais tarde na vida nunca terão as habilidades ou a facilidade de uso que nossos filhos que começaram cedo têm. Recentemente, um dos sobrinhos da autora, de 27 anos de idade, que tem um emprego muito bem remunerado e que possui conhecimentos avançados de computação, disse: "Sou um dinossauro no computador em comparação com os novos integrantes da empresa. Os caras novos têm aparelhos portáteis desde que eram bebês, e não há como acompanhá-los". Sua prima de 22 anos falou com grande entusiasmo sobre a faculdade de Direito, onde se especializou em propriedade intelectual. Ela trabalhará em um campo inovador, que não estaria aberto para ela se não tivesse passado tantos anos quando criança no computador.

Ensino a distância

Vários programas de ensino médio on-line estão disponíveis, alguns deles gratuitos, para alunos que decidiram que frequentar a escola não é para eles. Uma busca rápida na internet ajudará você e seu filho adolescente a aprender sobre escolas secundárias on-line que oferecem programas criados com base nas metas, necessidades e estilo de aprendizado de cada aluno. Os alunos podem desfrutar de uma experiência de ensino médio individualizada em um ambiente on-line que oferece cursos abrangentes ministrados por professores certificados e termina com a obtenção de um diploma reconhecido por faculdades e universidades de todo os EUA.[3] No passado, muitos desses alunos acabavam abandonando o ensino médio. Agora, eles têm a oportunidade de ser envolvidos, desafiados e bem-sucedidos.

Reality show

Já abordamos muitas sugestões sobre assistir TV, e elas também se aplicam aqui. Além disso, sinta-se à vontade para usar os controles parentais e colocá-los no nível com o qual você se sentir confortável. Um pai solteiro disse que ele e sua filha de 12 anos assistem juntos a *The Bachelor* e *The Bachelorette*, riem juntos e discutem tudo o que veem. Conversam sobre o comportamento bobo de alguns dos concorrentes e sobre como muitas vezes eles não demonstram respeito por si mesmos ou pelas outras pessoas. A filha dele interessa-se especialmente por esses programas porque ele está solteiro. Ela está aprendendo muito sobre namoro com as conversas que eles têm enquanto assistem ao programa. Se estiver em dúvida, assista ao programa sozinho antes de assisti-lo com seu filho adolescente, a fim de garantir que se trata de um programa com o qual você se sente confortável. Você conhece seus filhos e com quais conteúdos eles conseguem lidar.

Seus filhos podem pressioná-lo dizendo que todos os seus amigos assistem a certos programas de TV, então por que eles não podem? Você sabe que não precisa ceder a essa pressão, mas certamente seria apropriado deixar que seu filho saiba que você assistirá ao programa primeiro e depois terá uma conversa a respeito dele, incluindo se e quando ele ou ela poderá assistir ao programa. É sempre melhor ter um diálogo com seu filho adolescente em vez de simplesmente proibir.

Os pais de cada geração têm seus desafios. As ideias deste livro ajudarão você a lidar com os desafios atuais e talvez até a conhecer melhor seu filho

---

[3] N.E.: No Brasil, a educação básica é obrigatória e gratuita dos 4 aos 17 anos de idade, de acordo com o art. 4º da lei n. 9.394, de 20 de dezembro de 1996 ("Lei das diretrizes e bases da educação nacional").

adolescente. É possível que você também possa ajudá-lo a se tornar mais esclarecido sobre o que a tecnologia tem a oferecer a *você*. Além de serem difíceis e irritantes, os adolescentes também podem ser nossos professores e nossos motivadores. Admita: a quem você pede ajuda para configurar seu relógio? Quem o ajuda a enviar uma foto ou a descobrir como baixar músicas? Quando seus filhos estiverem crescidos e se mudarem, espero que você tenha sido um bom aluno, porque, se não tiver sido, terá que começar a pagar por esses serviços.

REVISÃO DAS FERRAMENTAS PARENTAIS GENTIS E FIRMES

1. Embora o mundo da tecnologia esteja mudando à velocidade da luz, os pais demoram a atualizar seus métodos para lidar com o uso de tecnologia por parte dos adolescentes. Há muita ajuda disponível na internet para lidar efetivamente com os avanços da tecnologia.
2. Você pode optar por considerar o advento da tecnologia como um ponto forte ou fraco. Seus filhos adolescentes já estão atrasados neste mundo se você os impediu de se envolver no mundo tecnológico. Não é o dispositivo que é bom ou mau, mas como é usado que faz a diferença. Tenha a mente aberta e tenha em mente que seu filho viverá em um mundo diferente daquele onde você cresceu, e que poderá se beneficiar bastante com o uso da tecnologia em tenra idade.
3. Trabalhe com seus filhos no estabelecimento de diretrizes para o uso de eletrônicos.
4. Lembre seus filhos de que a internet é uma via pública e que qualquer pessoa pode visualizar seus posts. Avise que você fará o mesmo.
5. O aprendizado on-line é isento de julgamento, o que significa que alguns de seus filhos se sairão melhor em cursos a distância do que em uma escola tradicional. Esteja aberto a possibilidades.

ATIVIDADE PRÁTICA

Faça uma lista dos avanços da ciência desde que você era criança e, depois de cada item, escreva algumas palavras sobre como esse avanço afetou sua vida. A experiência tem sido positiva ou negativa? Compartilhe sua lista com seus filhos e peça que eles compartilhem as deles com você.

12

POR QUE ELES AGEM DESSA FORMA?

Psicologia adolescente

Quando um adolescente cabula aulas, briga com os irmãos, transforma a mochila em lata de lixo, "esquece" a lição de casa e vai da rabugice e do distanciamento à extrema agitação em questão de segundos é comum que seja diagnosticado com algum tipo de doença. Um diagnóstico típico é o transtorno opositor desafiador (TOD). (É interessante para nós que, quanto mais "controlador" um pai é, mais "desafiadores" alguns adolescentes se tornam.) Se você assiste televisão o suficiente, provavelmente conhece os muitos "diagnósticos" e pílulas para tratá-los. Se você for ao médico, poderá receber a confirmação de que seu diagnóstico está correto. Isso é chamado de "modelo de doença" e é extremamente popular hoje em dia.

Nós explicamos o comportamento de forma diferente. Nós procuramos pensamentos desencorajadores em vez de uma doença. Em seguida, aplicamos um modelo de encorajamento de "tratamento" que ajuda você e seu filho a se sentir melhor e a agir melhor.

Em nosso trabalho com pais de adolescentes, descobrimos que alguns comportamentos são mais assustadores do que outros. Muitas vezes, esses comportamentos levam você ou seu filho adolescente a alguém que pode prescrever medicação. Ao longo dos anos, vimos os tratamentos que dependem fortemente de medicamentos se tornarem mais assustadores do que os comportamentos. Felizmente, existem agora estudos que apoiam nossa crença de que os adolescentes estão sendo perigosamente medicados em excesso (http://

ideas.time.com/2011/12/02/bromides-are-no-better-than-zyprexa/). As informações deste capítulo ajudarão você a lidar com comportamentos desafiadores sem medicação. Informações mais detalhadas sobre comportamentos assustadores estão no próximo capítulo.

Um pouco de psicologia pode resolver muita coisa

Os terapeutas adlerianos usam memórias de infância e outras técnicas para ajudá-los a entender a lógica particular de seus clientes. Seu foco é entender as percepções, crenças, lógica particular ou realidade separada que inspira o comportamento ou ponto de vista de cada indivíduo.

Somos estudantes da psicologia de Alfred Adler e Rudolf Dreikurs, os pais da psicologia moderna. O pensamento de Adler (1870-1937) sobre a natureza humana e a motivação era radicalmente diferente do de seus contemporâneos. Ele e seu colega Rudolf Dreikurs adotaram conceitos de igualdade social, respeito mútuo, encorajamento, holismo e potencial humano. Eles projetaram ideias e técnicas que hoje são familiares a terapeutas em todos os lugares, embora raramente lhes sejam creditadas.

Como mãe ou pai, você não precisa ser um psicólogo treinado, mas ajuda saber como lidar com as realidades separadas de seus filhos adolescentes. De fato, sem essa informação, tudo que você tem são suposições. Quando você age a partir dessas suposições, elas podem não ter nada a ver com o porquê de seus adolescentes se comportarem de um determinado jeito. Nosso objetivo é ajudá-lo a ver que um pouco de compreensão psicológica pode ajudá-lo muito na criação de seus filhos. Pense neste capítulo como uma introdução à psicologia do adolescente e abra sua mente e seu coração ao aprender por que os adolescentes fazem o que fazem.

Comportamento é motivado por uma percepção individual

Para descobrir os pensamentos ocultos que direcionam o comportamento, pergunte aos adolescentes algumas lembranças de quando eram crianças. Quando eles lhe contarem suas memórias, não os corrija ou diga que o relato não aconteceu dessa maneira. Pergunte como eles se sentiram quando o "incidente" aconteceu. Pense na memória como uma história com informações ocultas que explica por que as pessoas fazem o que fazem.

Kevin, de 13 anos, era extremamente agressivo com seu irmão mais novo, intimidava crianças na escola, tirava as piores notas e metia-se em encrenca o tempo todo. Apesar de toda a ajuda e das intervenções dos pais, ele parecia estar mostrando ao mundo que ninguém podia fazê-lo fazer nada, que ele não era digno de amor, que era horrível ficar perto dele, e que ele odiava tudo e todos. Seus professores tentavam fazê-lo obedecer usando recompensas, punições, mandando-o para fora da sala de aula, ameaçando-o de expulsão e de telefonar para seus pais. Seus pais tentaram ajudá-lo, usando paciência, raiva, ameaças, elogios, ignorando-o e envergonhando-o. Nada parecia funcionar. Os adultos tinham certeza de que ele tinha algum tipo de problema hereditário genético — talvez um daqueles desequilíbrios químicos tão falados nos noticiários. Talvez ele estivesse deprimido e precisasse de antidepressivos. Ou talvez ele tivesse TOD ou fosse bipolar.

Todos estavam lidando com Kevin com base em suas percepções sobre ele, mas ninguém pensou em descobrir as percepções de Kevin: como ele pensava e como se sentia. Havia muitas razões para que ninguém pensasse sobre os sentimentos de Kevin: os adultos raramente acham que os jovens têm percepções diferentes das deles; a sabedoria convencional diz que os problemas são genéticos ou herdados e são algum tipo de doença; a maioria das pessoas não tem uma compreensão verdadeira de como a personalidade é formada; e todos sabem que adolescentes, especialmente meninos, podem ser muito agressivos e difíceis. O método disciplinar dos pais e professores também desempenha um papel. No entanto, os desafios que seus pais e professores enfrentavam com Kevin não eram causados por uma doença ou por um desequilíbrio químico e não exigiam drogas. Eles tinham mais a ver com as percepções de Kevin sobre si mesmo e suas crenças sobre como administrar seu mundo.

Depois de frequentar um curso de Disciplina Positiva para mães e pais, seus pais decidiram decifrar o *código* do comportamento de Kevin (formado em um nível subconsciente) experimentando alguns dos métodos sugeridos. Para ajudar Kevin a descobrir suas percepções sobre si mesmo, perguntaram a Kevin se ele conseguia se lembrar de coisas de quando era criança.

Kevin lembrava-se de quando tinha cerca de 4 anos de idade. Ele estava brincando com sua irmã (que tinha cerca de 10 anos na época) e uma criança da vizinhança. O vizinho colocou um produto de limpeza em um copo e tentou convencer Kevin a beber. A irmã de Kevin sabia que o produto era venenoso e poderia fazer mal a ele, então ela gritou e derrubou o copo da mão do vizinho.

Seus pais pediram que Kevin descrevesse com uma palavra como se sentiu quando isso aconteceu, e ele respondeu: "Com raiva". Surpresos, eles perguntaram por que ele sentia raiva se sua irmã tentara salvar sua vida. Kevin respondeu que nada acontecera com o garoto que tentara matá-lo, então ele decidiu (aos 4 anos) que ninguém realmente se importava com ele e que ele ficaria melhor morto. Essa percepção tornou-se o tema mais importante da vida de Kevin, motivando a maior parte de seu comportamento. Kevin não sabia conscientemente que essa crença estava impulsionando seu comportamento, mas o trabalho com a memória do passado ajudou a trazer à tona uma força muito poderosa que agora operava nos bastidores de seus relacionamentos.

É importante entender que, ao lidar com o comportamento humano, a lógica da "verdade" ou do senso comum de uma situação não importa. Em vez disso, como ocorreu com Kevin, todo comportamento é motivado pela percepção de cada indivíduo sobre o que é verdadeiro. A prescrição de medicamentos não altera percepções; em vez disso, muitas vezes piora a situação.

É da natureza dos seres humanos procurar evidências para sustentar suas crenças iniciais, e eles podem distorcer qualquer situação para se encaixar no que acreditam. Além disso, as drogas não apenas pioram a situação, mas também causam efeitos colaterais. Quando as pessoas tomam pílulas para controlar o comportamento, muitas vezes o seu pensamento torna-se mais distorcido, os seus sentimentos tornam-se mais extremos ou entorpecidos e os seus comportamentos tornam-se mais perigosos. Misture essas reações com hormônios adolescentes e o desenvolvimento do cérebro, ou drogas que os adolescentes podem estar usando em segredo, e o resultado é uma situação volátil esperando para explodir em algum tipo de tragédia pessoal ou pública.

Os pais de Kevin lhe disseram que sentiam muito que seus sentimentos tinham sido feridos e disseram que o amavam e estavam felizes por tê-lo na família. Kevin respondeu assim: "Eu gostaria de ser um cachorro, porque todo mundo gostaria de me ter por perto e me acariciaria e brincaria comigo". Surpreendentemente, essa informação teve um efeito positivo imediato nos pais de Kevin. Em vez de sentirem-se desafiados, com medo, raiva ou repulsa por Kevin, eles conseguiram penetrar em seus sentimentos de isolamento, mágoa e abandono. Começaram a acariciá-lo (sim, apesar de ter 13 anos, Kevin ainda gostava de ser abraçado), a passar tempo divertindo-se com ele e a ouvir suas queixas de injustiça. Eles não discutiram ou tentaram fazê-lo mudar de ideia. O comportamento de Kevin mudou drasticamente. Ele parou de bater em seu irmão mais novo. Ele parou de brigar com seus pais porque tinha que ir à escola. Suas relações com seus professores e suas notas melhoraram. Em vez de agir com desdém em reuniões de família, ele se tornou muito hábil em encontrar soluções úteis para os problemas que eram colocados na pauta.

Pensar, sentir, fazer

Os pensamentos inconscientes levam ao comportamento por meio da criação de sentimentos que fornecem o combustível para as ações. Essa informação é tão importante que vamos formulá-la de outra maneira. Pensamentos criam sentimentos, e sentimentos criam ações; e tudo isso acontece automaticamente até aprendermos a reconhecer o padrão e mudá-lo. Nós chamamos isso de "pensar, sentir, fazer". Os seguintes cenários, provenientes de entrevistas com um grupo de adolescentes, mostram os pensamentos dos adolescentes, decisões (que se tornaram crenças) e sentimentos e ações resultantes dessas crenças.

Menino de 16 anos
Evento: divórcio repentino dos pais.
Decisão do adolescente: meus pais não são as pessoas perfeitas que eu pensava que eram. Eu os tinha em um pedestal, e ambos me desapontaram. Eu não posso contar com eles agora. Eu só posso contar comigo mesmo.
Sentimentos do adolescente: raiva, traição, perda, medo.
Comportamento do adolescente: deixar de viver como um bebedor de cerveja descompromissado e tomar conta da sua vida.

Na mesma situação, outro adolescente pode chegar a uma conclusão totalmente diferente, como: agora que minha família está naufragada, eu também vou desencanar e só me divertir.

Menina de 13 anos
Evento: a tentativa dos pais de criar um sistema de recompensa financeira para boas notas a fim de motivar a filha a melhorar as notas D e F.

Decisão da adolescente: a única coisa que importa para meus pais é se eu vou para a faculdade. Eles não gostam de mim, a menos que eu seja como eles querem que eu seja. Eles nem sequer sabem ou se importam com as coisas que são importantes para mim.

Sentimentos da adolescente: raiva, mágoa.

Comportamento da adolescente: vingar-se dos pais fugindo ou fazendo outras coisas para machucá-los, inclusive machucando a si mesma, cortando os braços com uma faca.

Menino de 15 anos

Evento: morte do amigo de infância por doença.

Decisão do adolescente: eu nunca terei outro amigo porque eu nunca mais quero sentir esse tipo de dor novamente.

Sentimentos do adolescente: tristeza, desespero, desesperança.

Comportamento do adolescente: quando sua família se mudou para uma nova comunidade logo após a morte de seu amigo, ele decidiu que a única maneira de honrar o compromisso dele seria não fazer novos amigos e repetir de ano na escola.

Menina de 13 anos

Evento: pais brigando constantemente e "guerra fria".

Decisão da adolescente: meus pais provavelmente vão se divorciar porque se maltratam. Se eles se divorciarem, eles provavelmente vão separar a família, e um dos pais me levará e o outro ficará com o meu irmão. Eles provavelmente vão morar longe um do outro, e eu nunca mais vou ver meu irmão novamente.

Sentimentos da adolescente: dor, medo.

Comportamento da adolescente: percebendo que seu irmão deixava sua mãe realmente irritada por se recusar a fazer as tarefas, ela decidiu copiá-lo para que sua mãe deixasse os dois filhos morarem com o pai. Dessa forma, pelo menos ela não seria separada de seu irmão. Portanto, ela se recusava a fazer qualquer uma das tarefas que ela havia concordado em fazer.

O comportamento sempre faz sentido quando você entende as percepções e a lógica particular. Por essa razão, era impossível ajudar esses adolescentes a mudar o foco antes de entender as crenças e sentimentos que motivavam seu comportamento. Amontoá-los em um grupo de adolescentes que não têm controle de seus impulsos e não pensam por si mesmos pode parecer reconfortante para alguns adultos, mas certamente não chega na causa dos problemas.

Entender como seus adolescentes realmente pensam e sentem exige uma atitude de não julgamento e a habilidade de manter suas próprias percepções separadas. Os adolescentes depositam uma tremenda confiança nas pessoas a quem confiam seus pensamentos e sentimentos pessoais. Às vezes, a ajuda de um terapeuta é única maneira de chegar às crenças mais íntimas de um adolescente. Mas quem desperta a confiança de um adolescente deve tratá-lo com o maior respeito e seriedade; caso contrário, o adolescente se sentirá traído como resultado de compartilhar coisas pessoais.

As palavras de uma adolescente dando suas impressões sobre esse conceito ilustram quão importante é saber o que seus filhos realmente pensam. Ela disse: "O que muitos pais não percebem é que, ao buscar entender melhor o adolescente, ele torna o adolescente mais receptivo. Os pais podem aprender muito com seus filhos. Não faça muitas perguntas de uma vez só a um adolescente; isso nos deixa loucos. Encontre uma maneira de nos informar com calma o que deseja saber sempre que sairmos e em algum momento começaremos a responder sem os bilhões de perguntas que nos colocam na berlinda. Os adolescentes vão fazer o que vão fazer, não importa o que nos digam. Eu gosto da frase: 'Eu gostaria que você fizesse...', recomendada neste livro. Os pais devem permitir que seus filhos saibam que não se espera que eles sempre façam as escolhas certas, mas sejam quais forem as escolhas que façam, sejam elas boas ou ruins, eles terão que enfrentar as consequências. Alguns adolescentes nem sempre aprendem com seus erros da primeira vez, por isso não esperem que eles aprendam. Os pais também precisam se lembrar que só se vive a infância uma vez! Nós nunca vamos conseguir voltar a esse momento, então relaxe, vamos ser crianças e nos divertir! Mas nos guie; não nos deixe estragar tudo. Nem sempre parece que estamos ouvindo, mas estamos. Então relaxe".

A fatia do seu adolescente na "torta da família" explica muito sobre comportamento

As crianças de uma família usam sua própria lógica particular para decidir o que precisam fazer para alcançar seus objetivos primários de pertencimento e significado. Quando você estava crescendo, sua personalidade era fortemente influenciada pelo irmão que você via como seu principal concorrente – embora você não percebesse isso conscientemente. Seus filhos fazem o mesmo.

Eles parecem acreditar que apenas um irmão pode ser especial de uma certa maneira. Se um irmão já decidiu encontrar pertencimento e significado sendo o "bom" filho, outro pode decidir ser o filho "social", o filho "atlético", o filho "tímido" ou o "rebelde". Chamamos essas escolhas de "fatias da "torta da família".

A torta da família é composta pelos filhos em uma família, mas não pelos pais. Se uma criança é filha única, ela fica com toda a torta da família, mas pode comparar-se com a mãe ou pai (do mesmo sexo), uma criança da vizinhança, uma prima ou um irmão que morreu. Quando se pergunta quem é seu principal concorrente, a maioria das crianças é rápida em nomear uma pessoa específica.

Muitos filhos mais velhos sentem que devem ser sempre os primeiros; eles se tornam realizadores exagerados e competitivos. Os segundos filhos muitas vezes se tornam aqueles "que se esforçam mais", os pacificadores ou os rebeldes. Já os filhos do meio constantemente se encontram no meio como mediadores ou solucionadores de problemas, ou podem andar por aí amargurados achando que são invisíveis. Os mais jovens tornam-se os queridinhos, que se acostumam a não fazer nada, já que todos fazem tudo por eles; eles frequentemente desenvolvem habilidades para manipular os outros a cuidar deles. Outros filhos mais novos tornam-se competitivos, querendo tudo o que seus irmãos mais velhos têm. Muitas vezes, esses jovens sentem que não são bons o suficiente ou espertos o suficiente porque não conseguem fazer o que os irmãos mais velhos conseguem. Filhos únicos gostam de ser especiais e muitas vezes se comparam aos adultos, o que às vezes leva a sentimentos de inadequação, porque todo mundo parece ser mais capaz do que eles.

Muitos dos problemas com os quais os pais lidam durante a adolescência dos filhos têm sua origem na "torta da família". Você pode entender melhor a lógica particular de seus filhos quando souber que fatia da torta eles escolheram.

O filho sem problema

Em uma família, o filho mais velho sempre afirmou que não tinha problemas e nunca perdia a oportunidade de salientar que sua irmã era a criança problema em sua família. A fatia da "torta da família" que ele escolhera era ser perfeito. Ele estava tentando ser especial e diferente na família "não tendo problemas". Convicto de que, se ele revelasse um problema, isso faria dele o menino "mau, doente", ele achava difícil pedir ajuda para qualquer coisa. Ele também estava preso no ciclo de tentar ser perfeito o tempo todo. Se ele não pudesse ser perfeito o tempo todo, pelo menos ele encontraria uma maneira de mostrar a todos quão imperfeita era sua irmã.

Os pais, inadvertidamente, fortaleciam as crenças do adolescente, muitas vezes elogiando-o por ser mais fácil conviver com ele do que com a sua irmã difícil ou culpando-a por problemas, insistindo que ela era a instigadora. Para encorajar os dois filhos, os pais precisam aprender a enfatizar a singularidade de cada filho de maneira positiva, a colocar os filhos no mesmo barco quando estão discutindo e a enfatizar a importância dos erros como oportunidades de aprendizado, em oposição a algo de que se envergonhar. A família fez muitas dramatizações em suas reuniões de família, com os pais fazendo os papéis dos filhos e os filhos fazendo o papel dos pais. Todos aprenderam muito por meio da interpretação de papéis, especialmente quando eram capazes de identificar o que estavam pensando, sentindo e decidindo enquanto interpretavam a outra pessoa. É altamente recomendável que você faça o mesmo com sua família a fim de aumentar a empatia e a compreensão.

Objetivos equivocados do comportamento são baseados em crenças subjacentes

Rudolf Dreikurs identificou o que ele chamou de "quatro objetivos (ou propósitos) equivocados do comportamento": obter atenção ou serviço especial, ter poder sobre os outros, buscar justiça por meio da vingança ou ficar sozinho sem que ninguém espere nada deles (chamado de "inadequação assumida"). Alguns psicólogos adlerianos recentemente adicionaram um quinto objetivo aos adolescentes, que é buscar excitação.

Eles são chamados de "objetivos equivocados" porque as crianças acreditam erroneamente que a única maneira de encontrar pertencimento e significado é por meio de comportamentos que muitas vezes alcançam o oposto do que eles realmente querem. Em vez de alcançar seu objetivo de pertencer, eles acabam alienando-se das pessoas mais próximas a eles, assim como experimentam um desencorajamento profundo. Seu objetivo equivocado se torna um círculo vicioso: quanto mais desencorajados eles se tornam, mais eles aumentam seus esforços por meio do objetivo equivocado.

O comportamento tem um propósito, mesmo que o adolescente não esteja ciente do propósito do seu comportamento. Quando você lida com o comportamento do seu filho sem entender e abordar as crenças subjacentes, ficará frustrado em seus esforços para efetuar a mudança. Tornar-se consciente dos objetivos equivocados pode ajudá-lo a entender os adolescentes, melhorar seu relacionamento com eles e ajudá-los a ver as opções para o seu comportamento. Cada um dos quatro objetivos equivocados tem uma crença equivocada correspondente, conforme mostrado no quadro a seguir.

Quadro dos objetivos equivocados

O objetivo do adolescente é:	Se o pai/mãe ou professor se sente:	E tende a reagir:	E se a resposta do adolescente é:	A crença por trás do comportamento do adolescente é:	Mensagens decodificadas:	Respostas proativas e empoderadoras dos pais/ professores incluem:
Atenção indevida (para manter os outros ocupados ou conseguir tratamento especial)	Aborrecido Irritado Preocupado Culpado	Lembrando Adulando Fazendo coisas pelo adolescente que ele mesmo poderia fazer	Para um pouco, mas depois retoma o mesmo comportamento ou outro comportamento irritante.	Eu só sou importante e sinto que faço parte quando sou notado ou recebo tratamento especial. Só sou importante quando mantenho você ocupado comigo.	**Dê-me atenção. Envolva-me em algo útil.**	Redirecione, envolvendo o adolescente em uma tarefa útil para conseguir atenção; ignore (toque sem palavras); diga o que você fará ("eu amo você e ___" – ou seja, eu amo/me importo com você e vou passar tempo com você mais tarde). Evite tratamento especial; acredite que o adolescente pode lidar com seus próprios sentimentos (não conserte ou resgate); planeje um momento especial; ajude o adolescente a criar um quadro de rotina; envolva o adolescente na resolução de problemas; use reuniões de família/de classe; estabeleça o uso de sinais não verbais para avisá-lo sobre esse comportamento; ignore o comportamento colocando a mão no ombro dele.

(continua)

O objetivo do adolescente é:	Se o pai ou mãe/professor se sente:	E tende a reagir:	E se a resposta do adolescente é:	A crença por trás do comportamento do adolescente é:	Mensagens decodificadas:	Respostas proativas e empoderadoras dos pais/ professores incluem:
Poder mal direcionado (para estar no comando)	Com raiva Desafiado Ameaçado Derrotado	Brigando Cedendo Pensando "Você não vai conseguir escapar dessa" ou "Vou te forçar" Querendo ser correto	Intensifica o comportamento. Demonstra que concorda de forma desafiadora. Acha que venceu quando pais/professores ficam irritados mesmo quando ele/ela obedece. Poder passivo (diz "sim", mas acaba não obedecendo).	Só sou aceito quando sou o chefe, estou no comando ou provando que ninguém pode mandar em mim. "Você não pode me obrigar."	Deixe-me ajudar. Dê-me escolhas.	Redirecione para o poder positivo pedindo ajuda ao adolescente; ofereça escolhas limitadas; não brigue e não desista; afasta-se do conflito; seja firme e gentil; aja, não fale; decida o que você vai fazer; deixe que as rotinas sejam o chefe; afaste-se e acalme-se; desenvolva respeito mútuo; estabeleça alguns limites razoáveis; pratique o acompanhamento firme e gentil; promova reuniões de família/classe.
Vingança (para se vingar)	Magoado Decepcionado Descrente Ressentido	Retaliando Envergonhando Pensando "Como você pode fazer isso comigo?"	Faz retaliação. Intensifica/ agrava o mesmo comportamento ou escolhe outra estratégia.	Eu não acho que sou aceito, por isso vou magoar os outros como me sinto magoado. Ninguém gosta de mim nem me ama.	Eu estou magoado. Valide meus sentimentos.	Lide com os sentimentos feridos; evite sentir-se magoado; evite punição e retaliação; desenvolva confiança; pratique a escuta ativa; compartilhe seus sentimentos; faça as pazes; demonstre que se importa; aja, não fale; encoraje os pontos fortes; coloque os filhos no mesmo barco (não tome partido); promova reuniões de família/de classe.

Disciplina Positiva para adolescentes

Quadro dos objetivos equivocados *(continuação)*

O objetivo do adolescente é:	Se o pai ou mãe/professor se sente:	E tende a reagir:	E se a resposta do adolescente é:	A crença por trás do comportamento do adolescente é:	Mensagens decodificadas:	Respostas proativas e empoderadoras dos pais/professores incluem:
Inadequação assumida (para desistir e não ser incomodado)	Desesperado Incapaz Impotente Inadequado	Desistindo Fazendo coisas pelo adolescente que ele poderia fazer por si mesmo Ajudando além do necessário	Recua ainda mais. Torna-se passivo. Sem melhora. Sem resposta.	Não posso ser aceito porque não sou perfeito, por isso vou convencer os outros a não esperar nada de mim; sou incapaz e impotente; não adianta tentar porque não vou fazer a coisa certa.	**Não desista de mim. Mostre-me um pequeno passo.**	Divida a tarefa em pequenos passos; não faça críticas; encoraje quaisquer tentativas positivas; tenha fé nas habilidades do adolescente; concentre-se nos pontos positivos; não tenha pena; não desista; promova oportunidades de sucesso; ensine habilidades/mostre como, mas não faça por ele; aproveite o tempo ao lado do adolescente; baseie-se nos interesses dele; use as reuniões de família/classe.

Objetivos equivocados e suas crenças subjacentes

1. **Atenção indevida/tratamento especial:** "Sou importante quando você me nota e me trata como especial, e faz coisas por mim que eu poderia fazer sozinho".

Todo mundo quer reconhecimento e atenção. O problema ocorre quando a atenção e o reconhecimento são buscados por meio de comportamentos irritantes ("olhe para mim, olhe para mim"), em vez de respeitosos ("sinto-me especial quando estou contribuindo ou ajudando outras pessoas a se sentirem especiais"). Para entender o que o seu filho precisa, imagine-o vestindo uma camiseta com a mensagem decodificada que diz: "Dê-me atenção. Envolva-me em algo útil".

2. **Poder mal direcionado:** "Sou importante quando faço o que quero – ou pelo menos não faço o que você quer".

Todos querem poder e usarão seu poder, seja de maneira positiva ou destrutiva. Quando os pais tentam controlar os adolescentes, é provável que eles respondam usando seu poder de maneira rebelde. O que os adolescentes precisam é de orientação e habilidades para aprender a usar seu poder de maneira construtiva. Para ajudar seus filhos adolescentes com isso, imagine-os vestindo uma camiseta com a mensagem decodificada que diz: "Deixe-me ajudar. Dê-me escolhas".

3. **Vingança**: "Eu me sinto magoado quando você me trata como se eu fosse insignificante. Eu acredito que minha única escolha é machucá-lo de volta".

Quando os adolescentes se sentem magoados ou acreditam que as coisas são injustas, eles costumam revidar com um comportamento ofensivo. Então os pais se sentem ofendidos e contra-atacam, o que magoa o adolescente. Assim, um ciclo de vingança é criado. É responsabilidade do adulto entender o que está acontecendo e quebrar o ciclo. O quadro "Objetivos equivocados" pode ajudá-lo se você imaginar seu filho adolescente vestindo uma camiseta com a mensagem decodificada que diz: "Estou sofrendo. Valide meus sentimentos".

4. **Inadequação assumida:** "Eu sinto vontade de desistir porque não sei o que fazer. Eu não me sinto nem um pouco importante".

É algo muito raro encontrar um adolescente que seja verdadeiramente inadequado. No entanto, os adolescentes podem sentir-se tão desencorajados que acreditam e agem como se assim fossem. Eles desistem em vez de tentar. Dizer aos adolescentes que eles não são inadequados não ajuda. Em vez disso, os pais precisam encontrar maneiras de ajudar os adolescentes a mudar suas percepções de inadequação. Imagine esse adolescente vestindo uma camiseta com a mensagem decodificada que diz: "Não desista de mim. Mostre-me um pequeno passo".

5. **A busca pelo prazer**: "Estou entediado e procurando agitação".

Não incluímos a busca pelo prazer no quadro "Objetivos equivocados" porque ela pode se encaixar em qualquer uma das quatro crenças equivocadas. Pode ser parte de uma atenção indevida ("olhe para mim, veja como eu sou legal"); poder mal direcionado ("ninguém pode me impedir, eu sou invencível"); vingança ("você vai ver"); ou inadequação assumida ("eu só sirvo para isso; na verdade não importa").

A busca pelo prazer leva os adolescentes a ir atrás de novidades, riscos e sensações intensas. Adolescentes desencorajados buscam o prazer de formas negativas, às vezes para se mostrar (atenção indevida), às vezes pela sensação de poder (poder mal direcionado), às vezes para se vingar da sua falta de confiança neles (vingança), e às vezes porque eles se sentem tão desesperados que não faz sentido tentar qualquer outra coisa (inadequação assumida). Muitos experimentam drogas, dirigem rápido demais ou fazem sexo sem levar em conta as consequências. O desafio para os pais é encorajar a busca pelo entusiasmo positivo. Praticar *snowboarding*, montanhismo, esportes; visitar países estrangeiros; voluntariar-se após desastres; e fazer cursos desafiadores são soluções positivas. Imagine esse adolescente vestindo uma camiseta com a mensagem decodificada que diz: "Ajude-me a encontrar prazer de maneira positiva e segura".

Compreender os objetivos equivocados pode ajudá-lo a perceber que, independentemente do que os seus adolescentes façam, eles o fazem porque isso faz sentido para eles. Só porque você não está ciente da lógica deles não significa que ela não esteja lá.

Identificar um objetivo equivocado

A maneira mais fácil de entender qual objetivo equivocado o seu adolescente usa é observar seus próprios sentimentos. (Veja a segunda coluna do quadro "Objetivos equivocados".) Se você está irritado, aborrecido, sentindo pena do seu filho, preocupado ou exausto por dar atenção ou tratamento especial, o objetivo do adolescente é provavelmente uma necessidade de atenção indevida. Sentimentos de raiva, desafio ou derrota indicam que o objetivo equivocado é o poder mal direcionado. Se você está magoado, indignado ou descrente, o objetivo equivocado é provavelmente a vingança. Se você sente uma sensação de desespero e desesperança e acha que nada nunca mudará, o objetivo equivocado do seu filho adolescente é a inadequação assumida (seu filho assume que suas habilidades são inadequadas ou inexistentes). Se você se sentir em pânico, temeroso ou aterrorizado, seu filho adolescente provavelmente está em busca de entusiasmo.

A seguir estão dois exemplos de como adultos atenciosos usaram o quadro dos objetivos equivocados para descobrir as crenças equivocadas de dois adolescentes e, depois, usando o encorajamento, mudaram suas crenças e comportamento.

Inadequação assumida

Adam se sentia deprimido e ficava dizendo a seus pais o quanto estava infeliz porque não tinha namorada. Ele era o único garoto em seu círculo de amigos que não tinha convidado alguém para o baile. Embora seus pais tentassem animá-lo e demonstrar empatia, Adam insistia que não importava o que ele fizesse, nenhuma garota iria sair com ele. Os pais de Adam estavam tão preocupados com ele que sugeriram que ele falasse com uma terapeuta. Mesmo que eles quisessem ser bons ouvintes, eles achavam que isso estava além do que poderiam fazer. Às vezes, há um parente que pode servir como um bom ouvinte, mas, muitas vezes, algumas idas ao consultório da terapeuta podem resultar em uma comunicação muito melhor entre pais e filhos adolescentes.

Quando Adam entrou para compartilhar sua história, a terapeuta percebeu que Adam tinha uma ideia errada de que, não importava o que fizesse, ele falharia. Portanto, ele acreditava que era melhor não tentar nada. Adam estava convencido de que as meninas não gostavam dele porque ele era tímido. Ele acreditava que, se tentasse falar com uma garota, ela ficaria entediada e diria a todas as suas amigas que ele era um idiota. Quando a terapeuta perguntou de onde ele tirara essa ideia, Adam mencionou que havia escutado algumas garotas da escola falando sobre um cara que as havia chamado na noite anterior. As garotas riram e compartilharam histórias de como se livrariam desse cara se ele falasse com alguma delas. Adam sabia que não queria fazer papel de bobo como esse cara.

Quando os adolescentes estão desencorajados, o trabalho dos pais ou da terapeuta é ajudá-los a recuperar sua coragem. A mensagem decodificada é: "Não desista de mim. Mostre-me um pequeno passo". Ao dizer aos adolescentes que têm o objetivo equivocado da inadequação assumida: "Eu confio em você", "Eu não vou desistir de você" e "Aqui está um pequeno passo que você pode dar se quiser", os adultos os ajudam a resolver o problema.

A terapeuta de Adam perguntou se ele estaria disposto a olhar para a situação por outro ângulo. Adam concordou. A terapeuta perguntou então a Adam se ele já havia comprado alguma roupa. Com um olhar perplexo, ele afirmou que acabara de comprar uma nova jaqueta de esqui. "Você pegou a primeira jaqueta que viu na loja?", perguntou a terapeuta.

Adam disse: "Claro que não! Eu devo ter experimentado cerca de vinte a trinta jaquetas antes de achar a certa".

"Bem, Adam", disse a terapeuta, "você acha que escolher uma garota para ir ao baile seria mais fácil?"

"Nunca pensei nisso dessa maneira", disse Adam. "Mas e se eu ligar para alguém e ela contar para as amigas que eu sou um idiota?"

"Você poderia dizer a si mesmo como você está feliz que uma garota grosseira assim decidiu não sair com você."

Adam pensou em tudo isso e disse: "Faz muito sentido, mas ainda sinto medo de falar com uma garota. E se eu não conseguir pensar em nada para dizer?".

Adam e a terapeuta "ensaiaram" convidar garotas, com diferentes reações ao convite de Adam. Adam percebeu que, se uma garota atendesse o telefone com um pouco de entusiasmo, ele acharia mais fácil pensar em coisas sobre as quais conversar. Se uma garota ficasse quieta e se sentisse desconfortável, ele percebeu que ela poderia não ser a pessoa certa para ele sair em seu primeiro encontro.

Adam estava quase pronto para ir para casa e ligar para alguém, mas ficou com medo mais uma vez. A terapeuta percebeu como ele estava com medo e perguntou a Adam se ele já havia passado por algum medo em sua vida. Adam pensou por alguns minutos e depois respondeu: "Eu costumava ter medo de esquiar colinas íngremes, mas agora eu adoro".

"E como você conseguiu superar seu medo?"

"Eu estava no topo da colina com meus joelhos tremendo e disse para mim mesmo: 'Vá em frente!', e eu fui. Foi maravilhoso."

"Bem, Adam", disse a terapeuta. "Vá em frente!"

Adam sorriu.

Adam foi capaz de corrigir sua percepção de inadequação porque ninguém lhe disse "É bobagem se sentir assim". Em vez disso, seus pais ouviram o suficiente para saber que ele precisava de ajuda. Sua terapeuta escutou, demonstrou empatia e explorou a base da sua percepção. Ela então o ajudou a trabalhar suas habilidades, baseadas em suas próprias experiências de sucesso, para ajudá-lo a superar seus medos.

A busca pela emoção/prazer

Tessa adorava sair de casa à noite, pela janela, para encontrar suas amigas. O grupo de garotas andava pelas ruas por horas, e seus pais nem imaginavam. Essas adolescentes não estavam procurando por problemas, mas uma noite o problema as encontrou. Um grupo de rapazes as viu e começou a assediá-las. Um dos caras puxou uma faca e ameaçou machucar alguém se as meninas não fizessem o que ele queria. As garotas correram gritando em cinco direções diferentes enquanto os garotos ficaram ali rindo.

A mãe de Tessa notou alguns comentários no Facebook de Tessa, juntou dois mais dois e percebeu o que estava acontecendo. Ela pediu a Tessa para dar uma volta com ela para que pudessem conversar.

A mãe começou a conversa dizendo: "Meu bem, eu já fui adolescente, e lembro que me achava invencível e que nada de ruim poderia acontecer comigo. Eu fiz algumas coisas idiotas, e quando olho para trás, me sinto sortuda por estar viva. Eu quero que você saiba que eu estava olhando o seu Facebook, como nós concordamos que eu poderia fazer, e vi os comentários sobre a noite passada. Precisamos conversar sobre isso".

Tessa interrompeu dizendo: "Eu vou ficar de castigo?".

"É isso que você quer que eu faça?", perguntou a mãe.

"Não, não é. Eu quero que você confie em mim porque percebi que eu e minhas amigas cometemos um grande erro ao sair andando pelas ruas tão tarde da noite. Foi muito divertido por um bom tempo, mas depois do que aconteceu ontem à noite, eu não quero fazer isso de novo. Eu pensei que aquele cara com a faca fosse matar uma de nós. Isso não foi nada divertido."

"Oh, minha querida, eu sinto muito que você tenha ficado com tanto medo, mas estou feliz que você tenha decidido não sair por aí assim. Se você está precisando de mais emoção em sua vida, talvez possamos pensar em algumas alternativas."

"Mãe, ontem à noite eu passei por toda a emoção de que preciso por um bom tempo. Se eu ficar entediada e precisar de ajuda para achar o que fazer para sentir novas emoções, prometo falar com você primeiro."

"Está bem, mas caso você queira outra sugestão, posso lhe dar uma?"

"O que, mãe?"

"Acabei de ler sobre umas caminhadas de lua cheia e aventuras de caiaque aqui na vizinhança. Se você e suas amigas estiverem interessadas, posso inscrevê-las, pagar as taxas e levá-las até o evento. Por que você não conversa com suas amigas e vê o que elas acham?"

"Ei, isso pode ser divertido. Se fizermos isso, tenho certeza que vamos querer ir dirigindo até lá. Nós não somos mais crianças, mãe."

"Tem razão. Mantenha-me informada."

Consciência dos objetivos equivocados é o primeiro passo para a mudança. São necessárias duas pessoas para alimentar o comportamento do objetivo equivocado. Se o seu filho procura atenção indevida, pode ser que você não o tenha ensinado a chamar a atenção de maneiras positivas. Nós nunca vimos um adolescente obcecado pelo poder sem um adulto obcecado pelo poder por perto. Envolver os adolescentes na resolução de problemas é uma maneira de ajudá-los a usar seu poder de maneira positiva. Eles precisam de muitas dessas oportunidades. Se seu filho adolescente magoa você, então ele ou ela provavelmente se sente magoado por você. Outra possibilidade é que os adolescentes se sintam magoados pelos outros e expressem esses sentimentos com você. Se seu filho adolescente está desistindo, pode ser que ele não se ache capaz de corresponder às suas expectativas. Dicas para encorajar os adolescentes desanimados estão na última coluna do quadro dos objetivos equivocados.

Lembre-se de que as percepções que os adolescentes têm e as decisões que tomam sobre suas experiências colorem a imagem que eles fazem de si mesmos e ajudam a explicar alguns de seus comportamentos. Também é útil lembrar que a realidade do adolescente pode ser diferente da sua.

Depois de entender o objetivo equivocado, você descobrirá muitas maneiras de encorajar seu filho adolescente e melhorar a situação. Então você pode tentar melhorar as coisas ativamente, em vez de simplesmente reagir ao comportamento de seu filho.

Quatro tipos de personalidade que melhoram a compreensão mútua

Os quatro tipos de personalidade, cada um com diferentes necessidades e comportamentos, fornecem outra maneira de ajudá-lo a entender a si mesmo e ao seu filho. É possível que as coisas que o incomodam a respeito do seu filho adolescente (e vice-versa) sejam características do seu tipo de personalidade e não comportamentos intencionais destinados a perturbar um ao outro. Nós chamamos essas personalidades de "Prioridade de estilo de vida" (em inglês, "Top cards"). Você pode aprender mais sobre a prioridade de estilo de vida em muitos de nossos livros, incluindo *Disciplina Positiva*, de Jane Nelsen, e *Do It Yourself Therapy* (Terapia faça você mesmo), de Lynn Lott, Riki Intner e Barbara Mendenhall.

Comece respondendo à seguinte pergunta: O que você mais gostaria de evitar: dor e estresse, rejeição e conflitos, irrelevância e insignificância, ou crítica e humilhação? Você só pode escolher um grupo de palavras e, se as palavras não fizerem sentido para você, elas não serão as palavras com as quais você precisa se preocupar. Cada prioridade de estilo de vida é representada por um animal. Se você escolheu dor e estresse, você é uma tartaruga e seu estilo de vida é Conforto. Rejeição e conflitos? Você é um camaleão e seu estilo de vida é Satisfação. Se escolheu irrelevância e insignificância, você é um leão e seu estilo de vida é Superioridade. E a crítica e humilhação fazem de você uma águia com um estilo de vida chamado Controle.

Veja o quadro nas páginas 195-198 para saber mais sobre você e seu filho adolescente. Então pense em coisas que você pode estar fazendo que simplesmente não funcionam.

Se sua filha adolescente é um camaleão e se sente estressada e você é um leão, pense nas dificuldades se estiver teimando e brigando com ela, quando tudo o que ela está procurando é aprovação e reconhecimento. Ou se você é um pai tartaruga estressado, que fica microgerenciando e mimando um adolescente águia que quer fazer as coisas sozinho quando está estressado e resiste quanto mais você tenta ajudar. Você pode usar o quadro de várias maneiras para descobrir o que funciona e o que não funciona nas várias combinações de pais e adolescentes.

Você não tem que fazer isso sozinho

Embora este seja um livro para pais de adolescentes, e embora as sugestões e informações sejam voltadas para o que os pais podem aprender a fazer para melhorar os relacionamentos, não queremos dar a ideia de que só depende dos pais fazerem mudanças. Os adolescentes que leem este livro nos dão um *feedback* muito positivo e concordam com muito do que dizemos. Eles recomendam o livro para seus pais. Mas também obtêm algumas ideias sobre coisas que podem fazer de maneira diferente para melhorar os relacionamentos. Encorajamos você a envolver seus filhos adolescentes, convidando-os a fazer as atividades com você. Sugira aos seus filhos que eles encontrem dicas úteis para ajudá-lo a melhorar sua atuação parental e que eles também aprendam algumas coisas que seriam divertidas para compartilhar com seus amigos.

Quando você entende que o comportamento do adolescente é mais o resultado de percepções inconscientes do que de qualquer outra coisa, você deixa de procurar por causas e doenças e começa a procurar a realidade separada do adolescente. Com esse entendimento como base, será mais fácil se concentrar nas muitas habilidades que você aprendeu para encorajar seu filho adolescente – e a si mesmo no processo.

REVISÃO DAS FERRAMENTAS PARENTAIS GENTIS E FIRMES

1. Seus filhos têm opiniões sobre si mesmos com base em seu lugar na "torta da família". Revisar as informações sobre a ordem de nascimento pode ser extremamente útil para você entender melhor seus filhos.
2. Todo comportamento tem um propósito, mesmo que seu filho (e você) não saiba qual é esse propósito. Quando você percebe seus sentimentos, obtém

informações valiosas sobre qual poderia ser o objetivo do comportamento do seu adolescente.

3. Em vez de reagir ao comportamento, use o quadro dos "Objetivos equivocados" como inspiração.

4. Uma vez que você sabe qual animal você é, é mais fácil perceber que o "cuidado e alimentação" de cada criatura é diferente.

Se você escolheu:	Seu estilo de personalidade é:	Talvez você aja assim quando está estressado:	Seus pontos fortes quando você não está estressado:	Estes são alguns dos problemas que você causa ou com os quais não sabe lidar:	O que você precisa que as pessoas façam quando você está estressado:	O que você precisa trabalhar em você é:	O que você deseja é:
Rejeição e conflitos	Satisfação (Você é como o camaleão)	Amigável. Diz sim e queria dizer não. Cede. Preocupa-se com o que os outros querem mais do que com suas necessidades. Fofoca em vez de confrontar diretamente. Tenta consertar tudo e fazer todo mundo feliz. Implora por compreensão. Reclama quando não é reconhecido. Acomoda-se. Trabalha duro. Faz drama. Fica em silêncio, paralisado. É super-razoável e evita seus sentimentos. Lamenta-se ou sente pena de si mesmo.	Sensível aos sentimentos dos outros. Tem muitos amigos. Atencioso. Comprometido. Não ameaçador. Voluntaria-se. Pessoas podem contar com você. Geralmente vê o lado positivo nas pessoas e nas coisas. Pode ser um amor e uma pessoa adorável quando não está procurando aprovação.	Provoca sentimentos de vingança e rejeita as pessoas quando não apreciam tudo o que você faz por "elas". Sente-se ressentido e ignorado quando as pessoas não leem a sua mente para dar a você o que quer. Se mete em encrenca por tentar parecer bom enquanto age mal. (Pelo menos eu me sinto culpado, e isso me torna uma boa pessoa.) Perda do senso do eu e do que agrada a você mesmo. (Quer que os outros leiam a sua mente para que consigam agradá-lo.)	Digam o quanto amam você. Demonstrem afeto em forma de contato físico. Demonstrem aprovação e reconhecimento. Deixem você à vontade para dizer como você realmente se sente.	Ser mais aberto e honesto e dizer o que você está pensando e sentindo. Dizer não honestamente. Deixar que os outros se sintam e se comportem como quiserem e não levar para o lado pessoal. Passar um tempo sozinho e desistir de tentar agradar a todos. Perguntar aos outros o que os agradaria em vez de você ter de decidir. Não ter medo de pedir ajuda ou opinião.	Fazer o que você quer enquanto os outros aplaudem. Que os outros gostem de você, aceitem você e sejam flexíveis. Que os outros cuidem de você e façam as dificuldades desaparecerem.

(continua)

Por que eles agem dessa forma?

Se você escolheu:	Seu estilo de personalidade é:	Talvez você aja assim quando está estressado:	Seus pontos fortes quando você não está estressado:	Estes são alguns dos problemas que você causa ou com os quais não sabe lidar:	O que você precisa que as pessoas façam quando você está estressado:	O que você precisa trabalhar em você é:	O que você deseja é:
Crítica e humilhação	Controle (Você é como a águia)	Você se segura. Manda nos outros. Organiza. Discute. Fica quieto e espera que os outros o convençam. Faz sozinho. Guarda seus sentimentos. Cuida de tudo antes de agir. Reclama, suspira, fica com raiva. Procrastina. Se explica/se defende. Se envolve em atividade física. Ergue uma barreira.	Bom líder e administrador de crises. Assertivo. Persistente. Bem organizado. Produtivo. Cumpridor da lei. Consegue o que quer. Capaz de conseguir que as coisas sejam feitas e resolve problemas. Encarrega-se das situações. Espera pacientemente. Pode ser uma pessoa generosa e justa quando você não está buscando o controle.	Falta espontaneidade. Distância social e emocional. Quer evitar que os outros encontrem seus pontos fracos. Cria disputas por poder. Evita lidar com problemas quando se sente criticado. Fica na defensiva em vez de se abrir. Às vezes espera por permissão. Crítico e descobridor de falhas mesmo que não goste de receber críticas.	Concordem com você. Deem escolhas a você. Deixem você liderar. Perguntem como você se sente. Deem a você tempo e espaço para resolver os seus sentimentos.	Lembrar a si mesmo que você não é responsável pelo outro. Parar de tentar prevenir problemas que você não tem e dar passos pequenos. Parar e ouvir os outros em vez de fugir. Pensar no que você quer e pedir isso. Ouvir em vez de ficar na defensiva. Pedir ajuda e pedir para ter escolhas. Delegar. Ser curioso.	Estar no controle apesar de os outros poderem ser melhores e mais espertos. Conseguir respeito, cooperação e lealdade. Que os outros confiem e deem a você permissão para fazer o que quiser. Ter escolhas e ir no seu próprio ritmo.

(continua)

Por que eles agem dessa forma?

Se você escolheu:	Seu estilo de personalidade é:	Talvez você aja assim quando está estressado:	Seus pontos fortes quando você não está estressado:	Estes são alguns dos problemas que você causa ou com os quais não sabe lidar:	O que você precisa que as pessoas façam quando você está estressado:	O que você precisa trabalhar em você é:	O que você deseja é:
Insignificância e irrelevância	Superioridade (Você é como o leão)	Ridiculariza/humilha pessoas ou coisas. Critica a si mesmo. Conversa sobre o absurdo da vida. Corrige os outros. Faz mais do que seria necessário. Assume muita coisa. Preocupa-se em sempre fazer melhor. Opera com base no que deveria ter sido feito. Chora, grita ou reclama para os outros. Entra na briga e fica teimoso. Fica indeciso. Torna-se o especialista. Procura defensores. Luta mesmo que não seja necessário.	Bem informado. Preciso. Idealista. Faz muito. Faz as pessoas rirem. Recebe muito apreço, recompensas e prêmios. Não precisa esperar que os outros digam o que precisa ser feito. Tem muita autoconfiança. Pode ser uma pessoa profunda e significativa quando não está buscando status. Inspira os outros.	Fica sobrecarregado, faz demais. Convida outras pessoas a se sentirem incapazes e insignificantes. Visto como sabichão ou rude e ofensivo e não vê isso como um problema. Nunca está feliz porque poderia ter feito mais ou melhor. Tem que aguentar tantas pessoas imperfeitas ao seu redor. Às vezes não faz nada. Gasta tempo demais duvidando do seu valor.	Digam o quanto você é importante. Agradeçam suas contribuições. Ajudem você a começar com um pequeno degrau. Digam que você está certo. Digam que você é especial e importante.	Parar de procurar por culpados e começar a focar em soluções. Reconhecer quem deve ser reconhecido, incluindo você mesmo. Olhar para o que você tem em vez de olhar o que você não tem. Mostrar interesse e curiosidade pelos outros. Fazer uma caminhada, se exercitar, comer alguma coisa saudável.	Provar seu valor sendo o melhor. Obter apreciação e reconhecimento dos outros. Conexão espiritual. Ser reconhecido por estar certo e por fazer diferença.

(continua)

Se você escolheu:	Seu estilo de personalidade é:	Talvez você aja assim quando está estressado:	Seus pontos fortes quando você não está estressado:	Estes são alguns dos problemas que você causa ou com os quais não sabe lidar:	O que você precisa que as pessoas façam quando você está estressado:	O que você precisa trabalhar em você é:	O que você deseja é:
Dor e estresse	Conforto ou fuga (você é como a tartaruga)	Faz piadas. Racionaliza. Faz só as coisas que você já faz bem. Evita novas experiências. Escolhe o caminho da menor resistência. Deixa as frases incompletas. Evita riscos. Esconde-se para que ninguém descubra que você não é perfeito. Exagera na reação. Reclama. Chora. Grita. Supervisiona a cada passo e mima os outros. Não pede ajuda. Esconde-se na sua casca. Ataca como uma tartaruga furiosa. Fecha seu coração.	As pessoas gostam de estar com você. Flexível. Muito criativo. Faz o que faz bem. Fácil de se relacionar. Cuida de si e de suas próprias necessidades. Pode contar com a ajuda dos outros. Faz os outros se sentirem confortáveis. Pode ser uma pessoa de coragem e graça quando não está em busca de conforto.	Sofre de tédio. Preguiçoso, falta produtividade. Difícil de motivar. Não faz sua parte. Pede tratamento e atenção especiais. Preocupa-se muito, mas ninguém sabe quanto medo você sente. Dificuldade para compartilhar. Prefere administrar situações desconfortáveis em vez de confrontá-las. Espera para ser cuidado em vez de se tornar independente. Convida os outros a se sentirem irritados e entediados.	Não o interrompam. Perguntem sua opinião. Ouçam em silêncio. Abram espaço para você. Demonstrem confiança. Encorajem pequenos passos.	Criar uma rotina para si mesmo. Comparecer e não fugir, mesmo que no início você só observe. Falar e fazer perguntas ou dizer o que você quer em vez de deduzir. Dizer aos outros como está se sentindo. Pedir que alguém faça coisas com você no seu ritmo até que se sinta confortável. Compartilhar seus talentos com os outros.	Que as coisas sejam tão fáceis quanto parecem. Que deixem você em paz, no seu próprio espaço e ritmo. Você não quer discutir.

ATIVIDADE PRÁTICA

Quebrando o ciclo dos objetivos equivocados
Descubra como você pode ser parte do problema.

1. Converse com um amigo ou terapeuta objetivo.
2. Escreva um diário. Você geralmente obtém *insight* quando analisa, por escrito, o que realmente aconteceu entre você e seu filho adolescente.
3. Pergunte ao seu filho adolescente. Deixe seu filho saber que você não é um leitor de mentes. Admita que você pode não ter sido um bom ouvinte no passado, mas quer ouvir agora. Você pode sugerir que você contribuiu para o problema. (Até mesmo crianças pequenas, quando ouvem de você "Acho que fiz algo que feriu seus sentimentos", conseguem dizer o que você fez.)
4. Procure ideias e inspiração no quadro dos "Objetivos equivocados".

Dê alguns palpites em voz alta para seu adolescente sobre o que você acha que pode estar acontecendo. Se o seu palpite estiver correto, você vai ter uma resposta positiva; seu filho se sentirá compreendido e reconhecerá a exatidão do palpite. Por outro lado, tudo bem se o seu palpite estiver incorreto. Seu objetivo não é estar certo, mas obter informações. Se você está errado, você ainda aprendeu alguma coisa.

Quando você compreender a percepção do adolescente, confirme-a. Deixe seu filho saber que você é capaz de entender como ele ou ela pode ter chegado a essa conclusão. Em seguida, planejem em conjunto mudanças que sejam boas para os dois.

13

COMO VOCÊ LIDA COM COMPORTAMENTOS ASSUSTADORES?

Acreditar em você e em seu filho adolescente

Certos tópicos assustadores aparecem repetidas vezes em nossas aulas e *workshops* de pais. Esses assuntos são o foco deste capítulo. Os tópicos incluem amigos; gangues e agressores; drogas e outros vícios; atividade sexual e Aids; abuso sexual; automutilação e comportamentos suicidas; distúrbios alimentares; e jovens adultos que não querem ou não conseguem deixar a casa dos pais. Vamos começar com o menos assustador, embora não deixe de sê-lo.

Amigos, ou a falta deles

Ter um filho adolescente que parece não se dar bem com os colegas ou que se isola por um tempo maior do que parece ser razoável pode ser assustador. Se seu filho adolescente estiver disposto a ouvir algumas dicas, recomendamos o seguinte:

- Esteja ciente da energia que você cria com seus pensamentos e sentimentos sobre si mesmo. Se você se sentir inseguro, você agirá com insegurança. Se você se sentir confiante, você agirá com confiança. A energia da confiança é atraente. A energia da insegurança não é. Não estamos sugerindo que você aja de maneira falsa e projete algo que não sente. Consciência é o primeiro passo. Se você não se sente confiante, veja se consegue descobrir maneiras de aumentar sua confiança.

- Não faça aos outros o que você não quer que eles façam a você. Em vez de fofocar pelas costas de alguém, fale com essa pessoa diretamente. Não comece nem espalhe rumores.
- Pratique o sorriso quando você caminhar pelos corredores da escola. Novamente, isso não significa um sorriso falso. Pense em algo que faz você se sentir feliz e o sorriso aparecerá.
- Tenha curiosidade sobre os outros. Faça perguntas aos seus colegas com base em interesses reais.

Você pode incentivar oportunidades para seu filho adolescente se envolver em atividades nas quais ele ou ela possa encontrar adolescentes com interesses semelhantes. Juntar-se a um clube de esqui ou a uma academia ou envolver-se em teatro, dança, caratê, clube de xadrez ou um grupo de jovens na igreja são ótimas maneiras de conhecer pessoas com interesses em comum. Às vezes você terá de insistir bastante para que seu filho adolescente tente algo por quatro vezes antes de desistir. Muitas vezes ficamos impressionados com o número de jovens que apenas precisam desse tipo de ajuda de seus pais.

Você também pode ajudar seus filhos a explorar, por meio de uma conversa amigável, quais serão os resultados em longo prazo de seus comportamentos. Se eles são muito críticos ou têm medo de pedir para participar de alguma atividade e, em vez disso, ficam esperando em casa para ser convidados, eles podem ter poucos amigos. Talvez seus adolescentes achem a história a seguir divertida e inspiradora.

O dr. Lew Losoncy, que foi um adolescente tímido, hoje é um palestrante motivacional e autor de mais de dezesseis livros, incluindo *Salon psychology: How to succeed with people and be a positive person* (Psicologia de salão: como ser bem-sucedido com pessoas e ser uma pessoa positiva). Durante uma palestra em uma conferência da North American Society of Adlerian Psychology (Nasap), Lew contou uma história sobre a vergonha que sentia ao caminhar pela rua com um amigo que convidava quase todas as garotas que cruzavam seu caminho para sair. O amigo era rejeitado 80% do tempo. No entanto, todas as noites de sábado, enquanto Lew passava a noite em casa, seu amigo estava em um encontro. Afinal, 20% das garotas diziam "sim". Não estamos sugerindo que seus filhos ou filhas convidem todas as meninas ou rapazes que encontram para um encontro, mas eles podem querer assumir alguns riscos que talvez resultem em rejeição – e podem não querer.

Você também pode observar seu próprio comportamento. Se você disser aos seus filhos como se comportar, provavelmente terá pouca influência. Mas, lembre-se, os adolescentes observam como você age, e muitas vezes imitam seus piores hábitos. Por exemplo, você grita com as pessoas na estrada ou fala sobre o comportamento "estúpido" de alguém? Você humilha vendedores ou prestadores de serviços? Não se surpreenda se seu filho com atitude negativa tiver aprendido isso com as suas atitudes.

Às vezes, a melhor abordagem para ajudar um adolescente com os relacionamentos com os colegas é não se intrometer e deixar que ele ou ela resolva o assunto sozinho. Essa é uma ideia especialmente boa quando os adolescentes pintam uma situação muito pior do que ela realmente é. Seus filhos adolescentes podem transformar uma briga com um amigo na crença de que não têm nenhum amigo no mundo. Normalmente, depois de um dia ou dois, tudo está bem novamente. No entanto, se você se intrometer na situação, ela pode se arrastar e tornar-se pior do que realmente é.

Quando você não gosta dos amigos dos seus filhos

Muitas batalhas são travadas quando os adolescentes escolhem amigos que seus pais não aprovam. Essa é uma preocupação razoável para muitos pais, porque os amigos de fato influenciam as escolhas e os comportamentos uns dos outros. No entanto, a maneira como a maioria dos pais lida com esse problema só intensifica a batalha, levando os adolescentes a serem ainda mais leais uns aos outros. Sabemos de muito poucos (na verdade, nenhum, mas imaginamos que deve haver alguns) pais que foram bem-sucedidos em proibir seus adolescentes de ter certos amigos. Como os pais não podem monitorar todos os momentos da rotina dos adolescentes, é impossível controlar quem são seus amigos.

Em vez de controlar os amigos do seu filho, tente o contrário. Receba-os em sua casa. Seja amigável e brinque com eles. Você tem mais influência quando cria um ambiente acolhedor onde o adolescente se sente mais confortável. Quando você dá aos seus adolescentes esse tipo de espaço, eles geralmente se cansam do amigo por conta própria. Além disso, o mau comportamento de alguns adolescentes pode ser uma indicação de que esse amigo não tem um ambiente familiar encorajador. Frequentar sua casa pode ser uma oportunidade para ele ou ela experimentarem o encorajamento.

Se você está preocupado com a influência que outros adolescentes exercem sobre seu filho, seja honesto quanto aos seus medos. Use alguns dos métodos discutidos neste livro – dramatização, reuniões de família, resolução conjunta de problemas e perguntas curiosas – para equipar seu filho com mais habilidades para lidar com situações potencialmente perigosas. Fazer isso não apenas fornece oportunidades para você discutir seus sentimentos, mas também fornece ao adolescente habilidades para pensar e se preparar. Claro, isso não garante que erros não serão cometidos, mas diminui as chances.

Tenha em mente que, assim como os comportamentos de seus filhos adolescentes não são eternos, os comportamentos dos amigos deles também não são. Muitos pais, depois de perceberem que esses adolescentes se tornaram excelentes pessoas, ficam envergonhados por tê-los tratado tão mal.

Agressores

Esse é um dos problemas mais assustadores que os adolescentes e seus pais enfrentam. Os jovens devem ser levados muito a sério quando pedem sua ajuda ou a ajuda da escola para lidar com o preconceito, a violência, o *sexting*, o *cyberbullying* ou outros problemas que ameaçam sua segurança. Se eles não pedirem ajuda, os adultos devem ficar atentos a episódios de *bullying*[1] e a comportamentos agressivos e intervir no problema. As soluções mais eficazes para o *bullying* são aquelas que envolvem toda a comunidade, seja a família ou a escola. Reuniões de classe, rodas de conversa, programas de justiça restaurativa e reuniões de família são lugares apropriados para conversar sobre o que está acontecendo e para criar soluções e esclarecer as consequências.

---

[1] N.T.: *Bullying* é um termo de origem inglesa e sem tradução ainda no Brasil, utilizado para qualificar comportamentos agressivos no âmbito escolar, praticados tanto por meninos como por meninas. Os atos de violência (física ou não) ocorrem de forma intencional e repetitiva contra um ou mais alunos que se encontram impossibilitados de fazer frente às agressões sofridas.

Existem muitos programas que ensinam as vítimas a fazer amizade com *bullies* (agressores) para impedir o *bullying*. Recomendamos que todos os participantes do ciclo do *bullying* recebam ajuda com incentivo e empoderamento: os agressores podem aprender sobre empatia e conhecer lugares apropriados para lidar com a necessidade de atenção, poder e justiça; as vítimas podem aprender a parar de alimentar o comportamento do *bully* (agressor) e ficar menos isoladas; e os observadores podem aprender a intervir como pacificadores ou ajudar a criar espaços seguros para todos em suas escolas. Todas essas habilidades podem ser aprendidas na reunião de classe.

O *bullying* pode ser físico, verbal ou emocional e acontece quando alguém com mais poder ou apoio social hostiliza alguém com menos. Isso pode acontecer pessoalmente ou pela internet. Qualquer solução precisa incluir o agressor, a vítima e os espectadores, pois todos são afetados e envolvidos no problema. Muitas escolas têm programas para ajudar com o *bullying*. Esperar que os jovens lidem com isso sozinhos não é realista. Nas situações mais extremas, jovens que sofreram *bullying* se mataram ou levaram uma arma para a escola e atiraram em colegas e professores.

A maioria das pessoas se concentra nas soluções erradas para a violência nas escolas. Elas falam sobre controle de armas, uniformes, castigos corporais, guardas, identificação e punição de agressores e responsabilização de pais. O que poucos discutem é o valor de ensinar às crianças a autodisciplina, a responsabilidade, o respeito por si mesmo e pelos outros e as habilidades de resolução de problemas – coisas que os adolescentes aprendem quando participam de reuniões de classe regulares e eficazes. (Ver o livro *Disciplina positiva na sala de aula*, Editora Manole, Barueri, 2016.) As escolas tendem a encontrar menos problemas quando usam reuniões de classe (incluindo encorajamento e resolução de problemas) para ajudar todos os alunos a terem um sentimento de pertencimento e ensiná-los a usar seu poder de forma construtiva. É difícil descartar a importância de palavras de encorajamento em reuniões de classe quando você lê a declaração que Eric Harris (assassino de Columbine) escreveu em seu diário (citado na revista *Newsweek*, 17 de julho de 2006): "Se as pessoas me dissessem palavras de encorajamento, tudo isso ainda poderia ter sido evitado".

À medida que seus filhos crescem, eles podem acabar sendo confrontados por um *bully* (agressor) que os ameaça, intimida ou rouba. Foi o que aconteceu com Geoff, que acordava todos os dias com medo de ir à escola. Ele era hostilizado repetidamente, provavelmente porque ele era tímido e se vestia de maneira diferente dos outros alunos. No início, um grupo de garotos insultava-o com palavras, mas logo o *bullying* intensificou-se e passou a incluir empurrões e tropeções. Não demorou muito para que o grupo de garotos que faziam *bullying* com Geoff criasse rumores nas mídias sociais de que Geoff era *gay*, algo que eles inventaram.

O desempenho escolar de Geoff começou a piorar, e ele começou a sentir dores de estômago. Ele tinha medo de usar o banheiro na escola por medo de ser assediado ou de que um dos alunos tentasse puxar sua cueca. Nunca ocorreu a Geoff que o garoto que era o líder do grupo que tornava sua vida insuportável estava sofrendo com suas próprias inseguranças, tentando parecer o "cara" para seus colegas.

Sem a intervenção de um adulto, a situação de Geoff não ia melhorar. Geoff estava envergonhado demais para falar com alguém sobre o que estava acontecendo, e tinha medo de que, se denunciasse seus agressores, o comportamento deles se tornaria mais agressivo. Felizmente para Geoff, seus pais notaram sua piora e contaram a ele que agendariam uma reunião com o conselheiro da escola. Com alguma insistência, a história do *bullying* apareceu, e o conselheiro disse que analisaria a situação sem mencionar o nome de Geoff. Ele também sugeriu que Geoff ignorasse o agressor e fosse embora, que ele poderia praticar a sua confiança mesmo que tivesse que fingir, e que deveria pensar em se juntar a uma aula ou grupo extracurricular ou a um clube em que pudesse fazer amigos. Mais importante, o conselheiro encorajou Geoff a falar sobre o que estava acontecendo ou com ele, ou com seus pais, para não precisar ficar sozinho e poder conseguir apoio de adultos. O que mais ajudou foi quando do Geoff fez um amigo que disse a ele: "Eu li as coisas que escreveram sobre você nas redes sociais e eu não acreditei em uma palavra. Quer ir à minha casa jogar *videogame*?".

A melhor defesa que você pode ensinar a seus filhos adolescentes é uma boa ofensiva. Ensine ou dê permissão para que seu filho ou filha deixe que um agressor saiba, em termos inequívocos, a não se meter com ele(a). Usar a mesma voz que ele(a) usa quando um irmão invade seu espaço é mais eficaz. Você também pode optar por matricular seu filho ou filha adolescente em aulas de autodefesa, capazes de mudar muito a maneira como ele ou ela pensa e lida consigo mesmo. Você não está treinando seus filhos adolescentes para se tornarem armas letais ou para enfrentar a violência com violência; em vez disso, você o está ajudando a desenvolver sua autoconfiança e capacidade de se defender, o que geralmente torna a defesa em si desnecessária.

Uso de drogas e outros vícios

O medo do abuso de drogas é o problema número um a assolar os pais dos adolescentes de hoje. Você já ouviu histórias sobre mortes de adolescentes e vidas arruinadas pela *overdose* de drogas ou por incidentes relacionados a drogas e álcool. Você também já ouviu falar de festas em que jovens esvaziam os armários de remédios de seus pais, colocam tudo em um recipiente e, em seguida, ingerem punhados de remédios para ver o que acontece. Você sabe que alguém pode colocar algo em uma bebida em uma festa e sua filha adolescente pode fazer uma "viagem" não planejada, possivelmente terminando em estupro ou algo pior. Assim como a maioria dos outros pais, você provavelmente está em dificuldades para descobrir o que fazer com todas essas informações.

Muitos pais temem o abuso de drogas porque eles mesmos usaram ou abusaram de drogas quando eram mais jovens. Muitos desses pais temem que os adolescentes façam o que fizeram, mas não se recuperem. Outros pais nunca usaram drogas, mas têm muitos medos e julgamentos sobre o uso de drogas. Alguns pais nem percebem que as drogas são um problema em potencial até descobrirem que seu filho adolescente as está usando. Esses pais geralmente se deparam com essa informação ao descobrir drogas por acidente, ou ao encontrar o carro cheio de latas de cerveja vazias ou garrafas de bebidas alcoólicas.

Há outros sinais de abuso de drogas, como mudanças drásticas no comportamento, agressividade, depressão, alteração no sono ou hábitos alimentares, perda de peso, fuga da realidade e falta de preocupação com atividades que costumavam ser importantes. Alguns profissionais bem-intencionados interpretam mal esses comportamentos, como se fossem doenças mentais. Sentimos tristeza ao perceber que muitos pais preferem que seus filhos sejam diagnosticados com uma doença mental em vez de admitir que se trata de um problema com drogas ou vício.

Há muita negação sobre o uso e abuso de drogas, que consideramos desinformação e mal-entendidos. Já nos deparamos com profissionais que disseram que a maconha não é viciante e provavelmente é até boa para o adolescente. Eles têm certeza de que ninguém nunca teve crise de abstinência por deixar de usar maconha. Trata-se de uma informação falsa, dada a quantidade de ansiedade, paranoia e incapacidade de funcionar pelas quais muitas pessoas passam quando param de usar a maconha regularmente.

Outras informações incorretas incluem a leniência em relação a certas substâncias, como tabaco, álcool e medicamentos de venda livre ou prescrita, sem que se perceba que são drogas que causam dependência. Há ainda as substâncias que você pode não conhecer, como o "boa noite, cinderela", sem mencionar as que você provavelmente conhece, incluindo cocaína, inalantes, *ecstasy*, heroína, anfetaminas, barbitúricos e alucinógenos.

Se as drogas são tão assustadoras para os pais e potencialmente prejudiciais aos adolescentes, por que elas são tão populares? Alguns adolescentes dizem que querem experimentar e descobrir qual o efeito da substância; outros dizem que gostam de fazer parte do grupo; outros ainda dizem que acham que o uso de substâncias os torna menos tímidos, menos chatos, mais livres, mais rápidos, mais sedutores, mais divertidos, mais relaxados e mais felizes. Muitos adolescentes usam drogas para imitar seus ídolos do mundo do entretenimento ou escritores famosos que glorificaram o uso de drogas. Alguns gostam da fuga para uma realidade diferente. Os jovens usam *métodos* para perder peso ou ficar acordados até tarde para estudar para as provas finais, ou um paquera pode dar um sedativo a uma garota para que ela perca os sentidos e então ele possa forçá-la a fazer sexo sem ser pego. Alguns adolescentes usam drogas porque acham que isso os torna mais adultos. Outros dizem que alguém que eles achavam que era legal os apresentou às drogas, e eles queriam ser exatamente como essa pessoa, então eles começaram a usar.

Apesar de efeitos colaterais como relacionamentos prejudicados com os pais e velhos amigos, ressaca, náusea, vômitos, desmaios, alterações de humor, batimentos cardíacos acelerados, inibições reduzidas, dificuldades respiratórias ou até mesmo a possibilidade de morte, os adolescentes continuam a usar substâncias até decidirem que não vão mais usá-las.

Os adolescentes cresceram em uma cultura que enfatiza o "sentir-se bem em curto prazo" e a "solução rápida". Portanto, o uso de drogas se encaixa na norma cultural. Muitos adolescentes não sabem expressar seus sentimentos. Eles não têm uma pessoa com quem se sintam seguros para conversar ou um lugar onde seja seguro expressar seus sentimentos. Para esses adolescentes, as drogas são uma maneira de entorpecer sentimentos e fazer com que os problemas pareçam desaparecer. Jovens supercontrolados ou superprotegidos usarão drogas como forma de se rebelar contra o controle parental.

O medo parental é uma resposta natural à informação sobre o uso de drogas por adolescentes

Não é de admirar que você esteja com medo. Talvez você esteja se lembrando de algumas de suas próprias experiências com drogas ou de um amigo ou membro da família que tenha sofrido com o vício. Grande parte da literatura atual sugere que você deve saber o que está acontecendo na vida de seus filhos em todos os momentos. Esses livros lhe dizem para monitorar as amizades de seus filhos adolescentes, supervisionar seus relacionamentos, comunicar-se com outros pais, supervisionar as festas dos adolescentes e recusar-se a deixar os adolescentes irem a qualquer lugar onde possam encontrar drogas.

Muitas vezes surge a pergunta: "Devemos inspecionar o quarto do nosso filho?". Se você sentir necessidade de fazer isso, em vez de ficar se esgueirando, bata na porta do seu filho, deixe seu filho saber que você está preocupado com o comportamento dele ou dela, e que você tem medo de que ele ou ela esteja escondendo coisas de você que podem afetar a segurança dele ou dela. Informe a seus filhos que você gostaria que eles conversassem honestamente com você e que não vão entrar em apuros. Se os seus filhos se recusarem a falar com você, deixe claro que você vai vistoriar seus quartos sem a permissão deles e vai procurar ajuda profissional. Deixe claro que você os ama demais para arriscar que eles machuquem os outros ou a si mesmos e que a situação já escapou ao controle, de modo que não se pode mais ignorá-la ou esperar que se resolva sozinha.

É dito a você que esses métodos (vistoriar o quarto, saber cada detalhe da vida de seu filho em todos os momentos, monitorar amizades, supervisionar relacionamentos, comunicar-se com outros pais, supervisionar festas adolescentes e recusar-se a deixar adolescentes irem a qualquer lugar onde possam encontrar drogas) vão proteger seus filhos de usar ou abusar de drogas. Essa é uma declaração excessivamente simplista e pouco realista quando você considera o que realmente está acontecendo e quão ineficazes são esses métodos.

Nós conversamos com centenas de adolescentes – garotos e garotas muito bem-educados –, e é bastante triste ouvir que eles sentem que precisam "pisar em ovos" com seus pais. Eles adorariam falar com eles e ter uma conversa sem julgamento para explorar suas experiências e entender o que eles querem dizer, mas têm medo da desaprovação, do desapontamento ou de se meter em encrenca. Então, o que eles fazem em vez disso? Eles se esgueiram, mentem, evitam e se rebelam. Eles se sentem tristes, magoados, ansiosos e zangados.

Quando os pais se perguntam por que seus filhos mentem, nós lhes dizemos: "Porque eles amam você. Eles precisam se individualizar (descobrir quem são separados de você) e não querem desapontá-lo. Então eles exploram, testam e quebram as regras; e aí eles mentem para que não tenham que experimentar sua decepção ou ira".

Nem todos os filhos sentem que precisam mentir. Alguns conseguem conversar com seus pais. Dois adolescentes disseram sentir inveja de um amigo que podia contar tudo a seus pais. Esse amigo até dissera a seus pais que havia tentado beber em uma festa. Em vez de ficarem bravos, esses pais o ajudaram a explorar sua experiência. Eles fizeram perguntas curiosas, começando por perguntar a ele como se sentia a respeito. *E então eles escutaram.* Perguntaram a ele qual era sua opinião sobre beber de maneira responsável e irresponsável, e se ele sabia a diferença. *E então eles escutaram.*

Eles não ficaram surprecs com o quanto o filho tinha pensado sobre sua vida, porque sempre o ensinaram a pensar por si mesmo e a *explorar* as consequências de suas escolhas com sua ajuda solidária (muito diferente de consequências *impostas*). Era óbvio que o filho deles tinha pensado muito sobre beber. Ele disse a eles que realmente não queria ficar bêbado e agir como os outros jovens agiam. Ele sabia que não queria que beber se tornasse um hábito diário, e certamente não queria ser um alcoólatra. Ele disse que nunca beberia e dirigiria, e até tirou as chaves de um amigo que estava bêbado e queria dirigir. (Muito responsável.)

Eles perguntaram se ele já tinha bebido quando não queria por pressão dos colegas. Ele admitiu que sim. Eles não fizeram sermão algum sobre isso e simplesmente deixaram-no assimilar essa informação. Várias semanas depois, ele disse a seus pais que decidira não beber quando não sentisse vontade ou se estivesse sob qualquer pressão dos colegas. Em vez disso, seus amigos disseram: "Legal. Você pode ser o nosso motorista".

Outro adolescente disse: "Eu gostaria de poder conversar com meus pais sobre tudo, mas posso falar com eles apenas sobre as coisas que são seguras, como esportes. Meus pais sabem que sou bom em esportes, mas realmente não sabem nada sobre os problemas com os quais tenho dificuldade. Eles sabem quem eles pensam que eu sou, ou quem eles querem que eu seja, mas eles não sabem quem eu realmente sou".

Sugestões para lidar com adolescentes e drogas

Considerando todas essas informações sobre o uso de drogas, você provavelmente ainda está se perguntando: "O que eu posso fazer?". Alguns adolescentes não usarão drogas se você disser a eles que você não quer que usem, então vá em frente e diga que é isso o que deseja.

Você pode optar por mostrar sua preocupação com o problema das drogas envolvendo-se na programação de festas seguras, sem drogas, e programas do tipo "apenas diga não às drogas". Embora seja irrealista pensar que essas atividades por si só podem resolver o problema das drogas, todos os esforços são importantes – e esses programas fazem diferença. Pelo menos você vai se sentir melhor sabendo que está fazendo alguma coisa capaz de fazer a diferença.

Mesmo que você ache que seus filhos não vão beber, certifique-se de que eles entendem o efeito do álcool em seu organismo. É trágico ouvir falar de adolescentes que morreram porque beberam demais, dormiram e engasgaram com o próprio vômito. Essas tragédias poderiam ter sido evitadas se algum adulto tivesse dito a eles que, como vodka misturada com suco de frutas desce facilmente, seu nível de álcool no sangue é tal que eles podem envenenar seu organismo mesmo que não sintam o efeito no momento. Quando isso acontece, as pessoas perdem a consciência e podem morrer.

Oriente seus filhos a pedirem ajuda imediatamente se virem alguns desses sinais em um amigo: confusão mental ou a pessoa desmaiou e não pode ser acordada; vômito; convulsões; respiração lenta (menos de oito respirações por minuto); respiração irregular (dez segundos ou mais entre as respirações); hipotermia (temperatura corporal baixa), cor da pele azulada e/ou palidez. Recomenda-se ainda que, após chamar o serviço de emergência, vire-se suavemente a pessoa de lado para evitar que ela engasgue se vomitar.

A melhor maneira de ajudar seus filhos a tomar decisões inteligentes sobre drogas é empoderá-los de todas as maneiras que sugerimos neste livro. Quando seus filhos adolescentes têm oportunidades de contribuir, quando se sentem ouvidos e levados a sério e sabem que podem conversar com você sobre o que realmente está acontecendo, e quando você oferece oportunidades para que eles aprendam habilidades e experimentem o sucesso, eles ficam menos propensos a abusar de drogas. Repare que dizemos "abusar de drogas", e não "usar drogas". Seus filhos adolescentes podem optar por usar drogas goste você ou não, quer você permaneça vigilante ou não. Essa é a realidade. Os adolescentes que têm autoconfiança e as habilidades que temos discutido provavelmente experimentarão álcool e drogas, mas estarão menos propensos a abusar deles.

As diferentes fases de uso

Existem diferentes tipos de uso de drogas. Pessoas sem informação pensam no abuso de drogas como a única alternativa à abstinência. As diferentes fases do uso de drogas vão da abstinência (não usar) à dependência química, incluindo, entre esses extremos, experimentação, uso social, uso regular e uso problemático. Estar ciente de que existem diferenças pode ser útil, e sua resposta ao problema precisa corresponder ao tipo de uso. Também é útil falar sobre o uso contínuo com seus filhos. Não há indicação de que, se alguém começar em um extremo, irá automaticamente progredir para o outro extremo.

Uso experimental significa: "Eu ouvi falar disso. Eu quero experimentar. Eu quero saber qual é a sensação. Um grupo de nós vai se reunir e descobrir o que acontece quando nos embebedamos, ou o que acontece quando tomamos pílulas". Um adolescente pode experimentar uma droga uma vez e nunca mais usá-la.

Isso pode não tornar o uso de drogas menos assustador para você, mas sugerimos que você não exagere. Incentive uma discussão amigável e compartilhe seus medos de que seu filho adolescente pode estar se metendo em algo que pode se tornar perigoso, e que você gostaria que ele ou ela parasse agora. Alguns de vocês podem se sentir confiantes por saber que os adolescentes que participam de festas já viram muitas vezes o que acontece quando alguém faz uma "viagem ruim"; esses jovens têm seus próprios limites e métodos para experimentar apenas o que se sentem seguros em fazer. Muitos jovens nunca passam da fase experimental do uso de drogas.

O uso social envolve o uso de drogas para ocasiões sociais, sem deixar que a substância assuma o controle. Um usuário social pode parar após uma pequena quantidade de droga, enquanto um viciado é incapaz de usar só um pouco ou parar. Você pode continuar preocupado, porque as pessoas acabam se aprimorando naquilo que praticam, e há muitos viciados por aí que começaram a usar socialmente e acabaram totalmente viciados. Diga o que você pensa, como se sente e o que você quer, e certifique-se de ser claro com seu filho. Então pergunte ao seu filho o que ele pensa, sente e quer. Não deixe de ouvir. Esteja ciente de que muitos usuários sociais hoje em dia bebem para ficar bêbados e não conseguem ver nenhuma razão para beber se não for para isso. Por meio de perguntas curiosas, explore com seus filhos as possíveis consequências desse tipo de hábito.

O uso regular é o uso de drogas que se tornou ritualizado e é, portanto, potencialmente mais perigoso porque pode se transformar em um vício. Temos trabalhado com muitos adolescentes que ficam "chapados" todos os dias ou bebem regularmente e ainda são capazes de manter seus relacionamentos, trabalhos escolares, respeito próprio e dignidade. No entanto, muitos passaram para o próximo ponto no uso contínuo: o uso problemático.

O uso problemático acontece quando o uso de drogas pelos adolescentes lhes causa problemas na administração de suas vidas. Eles têm problemas na escola, na família e no trabalho.

Especialmente com os adolescentes, quanto mais eles usam, menos desenvolvem suas habilidades para enfrentar os desafios e se tornar competentes. Eles usam produtos químicos para reprimir seus sentimentos, em vez de expressá-los. Podem até causar sérios danos físicos a si mesmos pelo uso prolongado. Se você acha que seu filho está fazendo um uso problemático, diga a ele que o ama e diga que quer ajudá-lo ou obter ajuda para o problema. Não aceite promessas de mudança. Embora seu filho adolescente possa ser sincero, ele ou ela pode não perceber o impacto que o produto químico tem sobre seu corpo. Além disso, quando você conversa com uma pessoa que se tornou viciada, você não está conversando com uma pessoa racional. Não tenha expectativas de racionalidade. Isso não vai acontecer. No entanto, se você obtiver ajuda no estágio de uso problemático, poderá evitar o próximo estágio. A linha entre o uso problemático e a dependência química é diferente para cada pessoa. Algumas pessoas nunca cruzarão a linha, outras o farão. Algumas pessoas tornam-se quimicamente dependentes sem passar por todas as fases do uso de drogas.

Dependência química ocorre quando a droga está dominando a vida do seu filho. Algo que pode começar como uma atividade inocente pode acabar como um monstro que assume o controle. Conversamos com vários fumantes de maconha que começaram por volta dos 14 anos e mantiveram esse hábito até cerca de 20 ou 30, e aqui estão alguns de seus comentários:

Eu envenenei meu organismo.

Eu quero pensar claramente.

A vida está passando por mim.

Eu gostaria de poder me amar.

Com o passar do tempo, fumar maconha deixa de ser divertido, mas não consigo parar.

É a única coisa que me diverte.

É melhor que não fazer nada.

Isso torna o tédio mais interessante.

É uma maneira de matar o tempo.

É uma ocupação em tempo integral.

Quando parei de fumar, passei por uma uma crise de abstinência física e emocional extremamente difícil. Eu pensei que estava enlouquecendo.

Muitas, senão a maioria, dessas pessoas começaram a fumar maconha na adolescência. Quando começaram, acreditavam que maconha era uma erva, então elas não ficariam viciadas. No entanto, quinze anos ou mais depois, fumar maconha ainda é sua principal atividade, e elas fracassaram inúmeras vezes ao tentar parar. Suas vidas giram em torno de plantar ou obter maconha, fumar e ficar "chapado". Eles são viciados, e a droga está governando suas vidas.

Quando você e seus filhos entendem as diferentes fases do uso de drogas, ambos estão em melhor posição para avaliar o que está acontecendo e o que fazer sobre isso. Ainda existem muitos estereótipos sobre em que consiste um verdadeiro viciado. Um dos mitos mais prevalentes é que existem drogas de entrada (nicotina e maconha parecem ser as mais populares) e, uma vez que seu filho as usa, elas abrem a porta para todas as outras drogas. A pesquisa nos diz que isso não é verdade e que as drogas têm efeitos diferentes. Muitos jovens gostam dos efeitos das drogas estimulantes, mas não das entorpecentes, ou preferem ficar mais calmos, ou gostam de uma droga que os tire de sua realidade, como um alucinógeno ou um opiáceo.

Se você e seu filho adolescente acham que viciadas são apenas as pessoas que você vê dormindo nas portas, você pode estar minimizando a seriedade do relacionamento do seu adolescente com as drogas. Os comentários acima descrevem habilmente o desespero e o desamparo do vício. Se você encontrasse as pessoas que os formularam na rua, nunca diria que elas são viciadas. Se você ler os comentários, não poderá deixar de ouvir os pedidos de ajuda. Eles querem ajuda porque as drogas assumiram o controle de suas vidas. Se seus filhos estiverem passando por isto, faça o que for preciso para colocá-los em tratamento.

Se você acredita que o abuso de drogas é uma doença ou uma "solução", todo usuário problemático e viciado sabe que os comportamentos param quando o usuário decide que irá parar – e não antes. Seu trabalho como mãe ou pai é ajudar seu filho a tomar essa decisão, se puder. Geralmente, ajuda profissional é necessária. Dependência química é como estar descendo em um elevador. As pessoas não precisam chegar ao fundo antes de descer – elas podem descer em qualquer andar. Com pouquíssimas exceções, no entanto, uma vez que uma pessoa torna-se quimicamente dependente, a única opção para quebrar o ciclo é a abstinência, em conjunto com intervenções e ajuda (tratamento, terapia, grupos de ajuda como Alcoólicos Anônimos).

Escolher um terapeuta

Se você precisar de ajuda profissional, o critério mais importante a considerar na escolha de um terapeuta é encontrar um com o qual o adolescente possa se relacionar. Mesmo que seja importante para você se sentir confortável, você precisa continuar procurando até que seu filho esteja confortável. Fique longe de terapeutas que recomendam uma abordagem punitiva e restritiva para os filhos adolescentes. Isso só vai piorar as coisas. Também recomendamos ter muito cuidado com terapeutas que recomendam medicamentos prescritos. É como colocar fita adesiva sobre um medidor de combustível. O que realmente ajudará? Mascarar o problema com drogas ou encontrar um bom terapeuta que o ajude a lidar com o problema?

Se possível, peça recomendações de terapeutas a conhecidos. Se ninguém que você conhece foi a um terapeuta, peça referências a grupos de Al-Anon[2] ou grupos religiosos. Quando você encontrar um terapeuta, não hesite em marcar uma entrevista e conhecê-lo, para aprender sobre sua abordagem e para que você possa contar ao terapeuta suas perspectivas sobre seu filho.

---

[2] N.T.: Os Grupos Familiares Al-Anon são uma associação de parentes e amigos de alcoólicos que compartilham sua experiência, força e esperança, a fim de solucionar os problemas que têm em comum.

Lembre-se: quando os adolescentes são dependentes químicos, eles não vão querer ir a um terapeuta porque querem manter seu uso de drogas. Encontre um grupo Al-Anon de apoio a familiares e frequente as reuniões.

Intervenções podem acontecer a qualquer momento

Outra maneira de ajudar seu filho com problemas com drogas é usar uma intervenção. O espectro das intervenções vai das informais às formais, com intervenções formais ocorrendo com a ajuda de um profissional treinado. Uma intervenção é uma maneira de você sair da negação e começar a lidar com o que realmente está acontecendo. Fazer uma intervenção significa parar de resgatar, superproteger, controlar ou assumir de qualquer outra forma a responsabilidade pela vida de seu filho adolescente. Em vez disso, trate seu filho adolescente como um adulto em treinamento e comece a dizer apenas o que você quer dizer e seguir adiante com ações. As intervenções exigem que você seja sincero e pare de se enganar.

Algumas intervenções informais acontecem quando você começa a olhar para algumas das mensagens que você inadvertidamente passou ao adolescente sobre drogas.

Você usa medicamentos com ou sem prescrição médica para lidar com suas emoções? Você oferece uma pílula para que a dor desapareça sempre que seu filho adolescente reclama de dor? Você "desliga" na frente do computador ou da TV, ou faz compras, lê ou come para evitar lidar com seus sentimentos? Se você responder sim a essas perguntas, não tenha medo de abrir um diálogo com seu filho adolescente sobre conscientização.

Há uma história maravilhosa de Gandhi sobre intervenção. Uma mãe veio até ele e disse: "Por favor, diga a meu filho que pare de comer açúcar". Gandhi disse: "Você poderia voltar em três dias?". A mãe voltou em três dias com seu filho e Gandhi disse à criança: "Pare de comer açúcar". A mãe perguntou: "Por que você teve que esperar três dias para dizer isso a ele?". Gandhi disse: "Bem, eu tive que parar de comer açúcar antes que eu pudesse pedir a ele para parar".

Intervenções mais informais

Addison disse a seu filho adolescente: "Estou preocupado com seu hábito de beber. Eu noto que você bebe muito e bebe rápido. Seu avô é alcoólatra, e pesquisas mostram que crianças que têm um ou mais parentes quimicamente dependentes têm um risco maior de se tornar dependentes químicos. Espero que você pense no que estou dizendo. Eu amo você e não quero que você passe pela dor do vício".

Clara disse a seus filhos: "Eu sei que haverá momentos em que vocês decidirão usar drogas, mesmo sabendo que sou contra. Eu não permito que vocês guardem drogas em nossa casa ou usem durante as festas que fizerem aqui. Sei que isso pode criar alguns problemas para vocês, mas estou disposta a planejar com vocês festas divertidas sem drogas. Se vocês decidirem usar drogas, eu quero que vocês saibam que, embora eu prefira que não usem, eu amo vocês e estou aqui para ouvir e não para julgar se vocês quiserem minha ajuda ou quiserem falar sobre isso".

Bob disse aos seus gêmeos, que insistiram que maconha não era um problema e que o pai que era "careta" e não compreendia: "Eu não gosto disso. Vocês estão certos, eu não sei quase nada sobre isso, mas eu realmente não gosto disso. Eu nem mesmo aprovo o uso de maconha. Mas eu quero saber como vocês se sentem ao usar maconha. Eu quero que me contem mais sobre isso. Eu quero que vocês me ajudem a entender o que isso significa para vocês".

Michael, pai de um garoto de 14 anos, foi muito claro com o filho sobre dar festas em casa. "Eu sei que vocês, jovens, usam álcool e drogas em festas, e eu sei que você não tem os mesmos valores que eu tenho; mas eu não quero que vocêm façam festas aqui com maconha ou álcool. Se eu vir alguém usando, pedirei à pessoa que saia. Se isso o envergonha, você precisa pensar em um jeito de dar uma festa sem drogas, ou você mesmo pode botar para fora os amigos que estiverem usando antes de mim. Eu sei que você pensa diferente sobre esse assunto, e eu entendo. Sei que você acha que sou antiquado, mas é assim que planejo lidar com isso nesta casa. Estou preocupado e com medo dos possíveis efeitos em curto e longo prazos nos adolescentes que usam drogas e, embora eu saiba que não posso impedir você de usar, prefiro que isso não aconteça em nossa casa".

Às vezes, as intervenções precisam vir acompanhadas por escolhas difíceis. Quando Thomas tinha 18 anos, usava muita cocaína e maconha. Frequentou um centro de tratamento e ficou bem por um tempo. Então, ele começou a usar drogas novamente. Sua mãe minimizou a situação por um longo tempo antes de finalmente tomar coragem e dizer a Thomas que, se ele continuasse escolhendo usar drogas, não poderia mais morar na casa dela. Thomas saiu, jurando nunca perdoar a mãe. Um mês depois, Thomas quis voltar para casa e dormir no sofá por "apenas alguns dias", até que pudesse encontrar outro lugar para morar. Embora a mãe soubesse em algum nível que Thomas era astuto e manipulador, teve dificuldade de recusar um pedido tão razoável – por apenas alguns dias.

Viciados mentem e manipulam, então seria perfeitamente previsível que Thomas dissesse coisas como: "Posso dormir no sofá esta noite? Eu me mudarei para um apartamento em breve", ou "vou procurar um emprego amanhã", ou "não posso acreditar que você vai me excluir para sempre da sua vida", e assim por diante.

A mãe, lembrando que Thomas era melhor em "aparentar um bom moço" do que em "agir como um bom moço", finalmente usou uma intervenção ao dizer: "Thomas, quero parar de tentar controlar o que você faz, mas também planejo parar de resgatá-lo quando você estiver em apuros. Tenho fé em você para tomar decisões por si mesmo, aprender com seus erros e descobrir como resolver problemas que chegam a você ou que você cria. Isso significa que não vou mais dar um lugar para você ficar. Também significa que não vou incomodá-lo pedindo para que volte ao programa de recuperação, mas saberei quando você estiver se ajudando. Você sabe que estarei sempre disposta a ajudá-lo quando você mesmo estiver disposto a se ajudar.

A mãe certamente encontrou uma maneira de transmitir sua mensagem de amor sem resgatar o filho viciado. Em tantas palavras, ela estava dizendo a Thomas: "Seja do jeito que você é; sinta-se do jeito que você se sente; faça o que você acha que quer. Eu amo você porque você é você. Eu posso nem sempre gostar ou concordar com algumas de suas decisões, e provavelmente vou demonstrar a você meu descontentamento, mas isso não mudará meu amor por você".

Thomas sabia que a mãe estava falando sério dessa vez. Ele morou nas ruas durante uma semana, e então telefonou para ela a fim de avisá-la que ele estava disposto a entrar em tratamento. É preciso ser ou mãe ou um pai forte para fazer essas escolhas. Muitos pais temem que seus filhos morem o resto de suas vidas na rua, então continuam a resgatá-los. A maioria dos jovens não fica na rua. Encontram lugares onde dormir por um tempo, e em pouco tempo estão prontos para voltar para casa ou entrar em tratamento ou terapia. São os jovens resgatados várias vezes que acabam com os problemas de dependência mais sérios ou até cometem suicídio.

Há muita ajuda disponível para você no mundo se você estiver passando por dificuldades com um adolescente que abusa de drogas. Obter ajuda significa que você é sábio o suficiente para fazer uso de todo o apoio disponível por meio de amigos, terapeutas, grupos de apoio como Al-Anon, livros para pais, livros de informações sobre drogas e programas de tratamento dotados de especialistas em intervenção.

Muitas vezes, explicamos aos nossos clientes que procuram terapia que eles estão agora na liga de campeões que são sábios o suficiente para saber que precisam de um treinador. Os campeões olímpicos ou as equipes de campeonato não considerariam sequer tentar trabalhar sem um bom treinador. Os campeões ainda precisam fazer todo o trabalho, mas o técnico pode se afastar o suficiente para ver com perspectiva e objetividade. O treinador ensina as habilidades necessárias, mas o campeão ainda tem que praticar para aplicar as habilidades. Procure um técnico que possa ajudá-lo a combater o abuso de drogas sem remédios que precisam de prescrição – alguém que entenda de abuso e não esteja tentando convencê-lo de que seu filho adolescente tem uma doença mental.

Os Alcoólicos Anônimos têm algumas das melhores sugestões para ajudá-lo a manter a fé ao lidar com um filho ou filha viciado. Talvez você já tenha visto o adesivo que diz: "Deixe ir e deixe Deus agir", ou talvez você já tenha ouvido a oração da serenidade: "Deus me conceda serenidade para aceitar as coisas que não posso mudar, coragem para mudar as coisas que posso e sabedoria para saber a diferença". Use essas e outras citações inspiradoras para ajudá-lo a lembrar que a maioria dos adolescentes cresce. A adolescência não é para sempre. Você mesmo já foi adolescente, você conseguiu e seu filho também conseguirá.

Atividade sexual adolescente, gravidez e doenças sexualmente transmissíveis (DSTs)

Como mãe ou pai, você pode querer pensar que seus filhos são assexuados, apenas esperando até que fiquem mais velhos para que você tenha aquela "conversa" com ele(a). Adivinhe. Seu filho adolescente pode ter valores muito diferentes dos seus sobre atividade sexual. Muitos adolescentes não são apenas sexualmente ativos em uma idade muito jovem, mas também experimentam múltiplos parceiros. Os jogos de sexo estão se tornando mais predominantes em festas de adolescentes. Muitos adolescentes acham que fazer sexo oral não é exatamente fazer "sexo".

É importante discutir suas preocupações sobre a disseminação de DSTs, assim como compartilhar seus valores e estar aberto para ouvir os valores de seus filhos. Nunca rotule seu filho ou filha ou desrespeite-o com nomes como "prostituta", "vagabunda" ou "pervertido". Em vez disso, seja curioso e pergunte aos seus filhos o que pensam sobre sexo na adolescência, e informe-os de que você espera que eles não se envolvam em comportamentos nos quais não demonstram amor e respeito por si mesmos.

Não é incomum que alguns jovens experimentem a bissexualidade e questionem suas preferências sexuais. Como muitos jovens sentem vergonha de conversar abertamente com os pais sobre sexo, você pode encontrar outro lugar onde seu filho se sinta seguro para discutir preocupações e problemas.

O maior contribuinte para a gravidez na adolescência é a falta de educação sexual e uma falha por parte dos adultos na vida dos adolescentes em conhecer e lidar com a atividade sexual dos adolescentes. Você realmente não pode evitar a educação sexual, porque até mesmo recusar-se a falar sobre sexo é uma forma de educação sexual que poderia levar a conclusões prejudiciais como "o sexo é secreto, ruim e não deve ser discutido com os pais". Na maioria das vezes, essas conclusões não impedem a experimentação sexual. Elas apenas convidam a culpa, a vergonha e o silêncio depois que ela já aconteceu. Sugerimos que ambos os pais falem sobre sexo com seus filhos, discutindo a diferença entre sexo e amor. O objetivo das conversas sobre educação sexual é a discussão, não o acordo.

A prevenção de doenças sexualmente transmissíveis (DSTs) tem melhores resultados com o uso de preservativos, e, no entanto, a maioria dos adolescentes não tem a coragem, o dinheiro ou o desejo de ir a uma loja para comprá-los. Os adolescentes têm certeza de que são invencíveis e podem até pensar que são imunes às DSTs. Por essa razão, alguns pais decidem manter um estoque de preservativos ao lado do estoque de sabonete, pasta de dente e papel higiênico no armário, mesmo que eles mesmos se sintam desconfortáveis de falar sobre sexo com seus filhos ou seus filhos se sintam desconfortáveis de falar com eles. No entanto, esses pais percebem que o suprimento tem que ser reposto de tempos em tempos, e sentem que é o mínimo que podem fazer se seus filhos adolescentes ou alguns de seus amigos decidiram ser sexualmente ativos.

Pais que compram preservativos para seus filhos adolescentes podem ou não aprovar que seus filhos façam sexo, mas não querem ver seus filhos contrair

DSTs ou trazer crianças ao mundo antes que estejam prontos para ser pais. Uma em cada quatro adolescentes ficará grávida antes dos 20 anos de idade. Portanto, dentro dos limites de suas crenças religiosas, morais e éticas, é importante que você desenvolva uma estratégia para lidar com a sexualidade do seu filho ou da sua filha adolescente.

Abuso sexual e incesto

O abuso sexual é um dos sistemas disfuncionais mais dolorosos para qualquer pessoa. Emily, uma garota de 13 anos, sobrevivente de incesto, falou sobre sua dor em uma sessão de aconselhamento. Ela disse: "Minha dor dói tanto dentro de mim, mas ninguém quer vê-la. Às vezes dói tanto que eu quero morrer, mas depois digo a mim mesma que não vai doer para sempre. Eu choro até dormir e tento fazer a dor parar, mas as cicatrizes são profundas. Eu acho que não posso prosseguir, mas sei que devo tentar. Eu quero acreditar que tudo vai melhorar, e quero dar esperança a outras pessoas que tenham a mesma dor que eu. Nós temos que acreditar que a felicidade está esperando por nós". A experiência de Emily só foi descoberta quando sua mãe foi a um terapeuta por causa de alguns outros problemas. A mãe estava sentindo muita pressão na família, mas não conseguia identificar o motivo. Ela simplesmente sabia que não se sentia mais bem em sua casa, então decidiu buscar aconselhamento. Como resultado, ela se tornou mais aberta e emocionalmente honesta. Suas habilidades de comunicação melhoradas começaram a irritar sua filha de 13 anos. Um dia, a filha contou a ela que um de seus parentes a estava molestando. Finalmente, descobriu-se que Emily fora abusada sexualmente na casa desse parente durante anos sem ninguém saber. Isso não é incomum em um sistema disfuncional. Como a negação é uma parte tão grande da disfunção, muitas pessoas não admitem que há um problema até ele aparecer.

A educação de Emily foi muito rigorosa, e seus pais a superprotegiam. A família de Emily ensinou-a a fazer o que lhe era dito e a ouvir os adultos. Como seus irmãos haviam sido rebeldes, Emily assumiu o papel de "criança boa e complacente" da família. Ela se concentrou em fazer o que os outros queriam. De certa forma, o abuso sexual de Emily era uma extensão do pensamento dela – ela não conseguia ver uma alternativa a não ser fazer o que as pessoas mais velhas queriam que ela fizesse. Quando os perpetradores pediram a ela para colaborar, ela ficou preocupada em não ser amada se dissesse não. Felizmente para Emily, quando ela contou sobre o abuso, a mãe nenhuma vez questionou a verdade de suas declarações.

É impossível exagerar a importância de levar seus filhos a sério quando eles contam a você algo dessa natureza. Eles já experimentaram muita vergonha, culpa e degradação. Eles se sentiram isolados e se consideraram "maus". A última coisa de que precisam é que você os questione ou os culpe.

Mais uma vez, essa é uma área em que a ajuda externa é essencial por meio de terapia ou grupo de apoio. Muitas comunidades têm programas para ajudá--lo a lidar com abuso sexual e incesto.

Na maioria das vezes, o perpetrador de incesto ou abuso sexual negará que isso aconteceu e acusará a vítima de mentir. Sua negação é semelhante à do viciado que protege seu vício. Nesse caso, o autor também pode estar tentando se proteger. No entanto, ele ou ela também precisa de ajuda. A cura dos agressores começa quando descobrem que ainda são seres humanos dotados de valor, com certos comportamentos que precisam cessar imediatamente. Eles precisam ouvir que a ajuda está disponível para lidar com os sentimentos, pensamentos e comportamentos que os levaram a essa situação.

O processo de cura para alguém que foi molestado é longo, mas é muito mais fácil se o seu filho puder ser ajudado antes que ele ou ela reprima a informação. Caso contrário, pode levar anos e anos de dor para que a informação surja novamente e possa ser tratada. A repressão nunca faz a dor desaparecer. Apenas falar sobre o problema e lidar com os sentimentos resolve.

Assim como na dependência química, o processo de cura envolve toda a família, pois todos vocês têm uma reação e são afetados pelo problema. Os membros da família que não estão dispostos a participar de grupos de terapia e autoajuda continuam sofrendo até que recebam ajuda.

Automutilação

Como você sabe se seu filho está se cortando? Geralmente, é muito difícil saber, pois os adolescentes fazem um ótimo trabalho em esconder esse comportamento de todos. Eles se cortam em lugares que podem cobrir, usando mangas compridas ou calças compridas para esconder as cicatrizes ou cortes abertos. Eles não comentam o que estão fazendo e, geralmente, escondem esse comportamento até mesmo de seus amigos. Sua melhor pista é prestar atenção se os seus filhos mostram braços ou pernas. Às vezes, o máximo que você percebe é que seus filhos adolescentes não são mais os mesmos, ou os amigos deles procuram você preocupados. Eles talvez tenham visto alguns dos cortes ou cicatrizes, ou estão preocupados porque seu filho/o amigo deles não é mais o mesmo. Você pode simplesmente perguntar ao seu filho adolescente: "Você está se cortando? Eu não vejo seus braços ou pernas há tempos e eu gostaria de ver. Você não está em apuros, mas se estiver se cortando, precisamos de ajuda, pois você deve estar se sentindo muito triste".

Uma jovem que estava se cortando ofereceu-se para compartilhar o texto a seguir, na esperança de que ele pudesse ajudar outras pessoas que estivessem lidando com automutilação. Nós não poderíamos escrever sobre esse assunto de maneira melhor.

Primeiramente, a pior coisa que uma mãe ou um pai pode fazer é dizer ao filho que ele não tem motivos para se sentir incomodado ou ficar triste. Para começar, isso geralmente é mentira; os adolescentes podem ter muitos problemas que escolhem não compartilhar com seus pais, e ouvir um pai dizendo que sua vida é fácil e que você não tem problemas apenas faz com que o adolescente não queira falar com o pai sobre o que o incomoda e faz com que sinta que seus pais não se importam o suficiente para se envolverem em suas vidas. Outro erro que um pai pode cometer é perguntar se o filho está fazendo isso porque todo mundo está fazendo isso. Isso pode ser interpretado como um insulto ao adolescente. Ao contrário da crença de muitos adultos, não saltamos de uma ponte só porque outras pessoas também estão fazendo isso. A automutilação é um problema pessoal, não um problema de pressão dos colegas. E a automutilação é geralmente menosprezada nos círculos sociais do ensino médio.

Eu acho bom que os pais saibam a logística das razões pelas quais os adolescentes se cortam, e que nem todos os adolescentes se cortam pelas mesmas razões. Alguns se cortam para se livrar da dormência. Depois de uma situação traumática, a dormência é frequentemente algo que os adolescentes sentem e não é uma sensação divertida. Não ter sentimentos não é algo que as pessoas querem, e se cortar é uma maneira de "sair" de um estado entorpecido. É uma maneira de sentir, porque eles preferem sentir dor a não sentir nada.

Alguns se cortam porque acham que merecem; é a sua própria forma de punição por causa de quanto eles se odeiam. Geralmente, quando os adolescentes se cortam, eles estão em uma espécie de estado dissociativo. Eles não sentem a dor como sentiriam normalmente. E os pais não devem confundir autoagressão com gostar de dor, porque não é da dor que eles gostam, é de causá-la a eles mesmos. Já ouvi a automutilação descrita como estar trancado em uma sala com uma pessoa que você absolutamente despreza e se perguntar: você não gostaria de machucá-la? Alguns pais realmente não entendem o conceito de autoagressão, e eu acho que é importante que entendam. Seu filho não é louco, ele apenas é uma pessoa que precisa de ajuda, e você precisa tratá-lo como uma pessoa, não como louco.

Além disso, acredito que a automutilação crônica é muito mais séria do que um único incidente. Se um adolescente fizer isso uma vez e decidir que é uma má ideia e parar, isso é muito mais normal. Eu sei de algumas pessoas que tentaram e não têm problemas subjacentes e são bastante saudáveis em geral. Um único incidente precisa ser tratado de maneira diferente do que incidentes múltiplos. Normalmente, se um adolescente se corta muitas vezes, há um problema subjacente. Fazer com que o adolescente vá a um terapeuta pode ser útil, ou fazê-lo falar com os pais ou com um irmão ou alguém próximo. Mas você não pode forçá-lo a falar sobre isso. É mais provável que não estejam dispostos a conversar e hesitem em deixar que alguém os ajude. Estar presente para o adolescente é a coisa mais importante. Deixe-o saber que você está lá para ele e que você o ama, não importa o que aconteça. Mas lhe dê espaço. Sufocá-lo não vai ajudar em nada. Deixar de se mutilar é uma coisa independente. Alguém que se mutila não vai parar só porque alguém mandou; eles precisam passar por um processo para perceber que se cortar não é a solução, e é um processo pelo qual eles precisam passar. Para parar, eles precisam querer parar.

Uma última coisa: se um adolescente está se cortando, geralmente essa não é a única forma de autoagressão que ele tentou. Queimar-se, comer muito e provocar vômito depois ou abster-se de comer são alguns dos mais comuns. Então, essas são questões que também precisam ser abordadas. Os adolescentes também precisam saber que esses são problemas sérios e que podem causar efeitos em longo prazo, como cortar-se muito profundamente e perder muito sangue pode causar sérios problemas sanguíneos que afetam a vida adulta.

Embora essa jovem não tenha mencionado isso, às vezes os jovens se cortam porque não gostam de como estão se sentindo e, em um esforço para controlar seus sentimentos, cortam-se porque os sentimentos resultantes dessa ação estão completamente dentro do seu controle. Os jovens dizem: "Prefiro sentir a dor que criei do que os sentimentos que meus amigos e familiares infligiram a mim".

Suicídio adolescente

Perder um filho é a experiência mais difícil que os pais podem enfrentar, e perder um filho por suicídio pode ser duplamente difícil. Gostaríamos de ter uma fórmula para garantir que ninguém nunca tivesse que passar por esse tipo de dor, mas isso não é possível. Tudo o que podemos dizer é que é vital prestar atenção aos sinais de aviso e obter ajuda imediatamente.

O suicídio é uma escolha muitas vezes feita a partir de um lugar de profundo desencorajamento. Quando os adolescentes perdem a autoconfiança, o suicídio se torna uma das escolhas deles. Uma perda de autoconfiança associada à crença de que o controle está fora de suas mãos pode levar ao suicídio. Muitos suicídios de adolescentes também estão relacionados a drogas. Se seus filhos não aprenderem a lidar com as dificuldades da vida, ou a resolver seus problemas, o suicídio pode parecer a única opção que resta a eles. Muitos jovens não aprenderam que cometer um erro é apenas uma oportunidade para tentar novamente, e não o fim do mundo. Infelizmente, como os adolescentes podem ser muito intensos e dramáticos, eles podem escolher uma "solução permanente para um problema temporário".

Encontre oportunidades para discutir essa última frase com seus filhos antes mesmo de eles se tornarem adolescentes. Pergunte a eles o que acham que significa a afirmação de que o suicídio *é uma solução permanente para um problema temporário*. Pergunte-lhes que outras soluções uma pessoa desencorajada poderia escolher. Se os jovens tiverem a chance de pensar em outras possibilidades antes que o suicídio se torne uma possibilidade, é mais provável que eles saibam como procurar ajuda até que esse momento de desencorajamento passe.

A seguinte lista de sinais de alerta veio de http://www.teensuicide.us/articles2.html: desinteresse pelas atividades extracurriculares favoritas; problemas no trabalho e perda de interesse no emprego; abuso de substâncias, incluindo uso de álcool e drogas (drogas ilegais e legais); problemas comportamentais; afastar-se da família e dos amigos; alterações do sono; mudanças nos hábitos alimentares; começar a negligenciar a higiene e outros aspectos de aparência pessoal; dificuldade em se concentrar e prestar atenção; declínio de notas na escola; perda de interesse em trabalhos escolares; comportamentos de risco; reclamar com mais frequência de tédio; não responder como antes ao encorajamento.

Leve seus filhos a sério se eles mostrarem sinais de suicídio. Incentive-os a falar com você ou ajude-os a encontrar alguém com quem possam conversar. Mostre preocupação e realmente os escute, mesmo que eles já tenham ameaçado o suicídio no passado sem prosseguir com a ação. Eles precisam de um raio de esperança para que saibam que, por pior que possa parecer o presente, há um amanhã em que "também isso vai passar".

Uma mãe que suspeitava que sua filha estivesse pensando em suicídio lhe disse: "Querida, lembro-me de algumas vezes quando tive vontade de cometer suicídio. Me sentia tão mal. Eu não conseguia imaginar as coisas melhorando. Mas melhoraram. Eu odeio pensar em quanto eu teria perdido se tivesse me matado. Por exemplo, eu não teria tido você".

Ao conversar com seu filho sobre suicídio, é importante usar palavras como "suicídio" e "morte". Não tenha receio de usar esses termos por medo de apresentar uma ideia que você acha que seu filho adolescente ainda não tem. Pergunte se ele tem um plano ou se já tentou. Descobrir o plano dele mostra até que ponto já chegou seu pensamento – um adolescente com um plano é como uma bomba prestes a explodir.

Você pode perguntar a seu filho de que modo a vida dele seria diferente se ele se matasse. Ao fazer isso, você provavelmente descobrirá o que realmente o está incomodando. Não hesite em procurar ajuda profissional se houver qualquer indicação de suicídio.

Stella se sentiu impotente para lidar com o desencorajamento de sua filha Traci. Traci estava cada vez mais infeliz. Stella perguntou a Traci se ela queria ir a um terapeuta. Traci concordou, mas queria que a mãe fosse com ela. O terapeuta pediu a Traci que preenchesse um gráfico de "torta" diferente daquele apresentado no item rivalidade entre irmãos no Capítulo 12. Esse gráfico tinha quatro partes da vida: família, amigos, escola e amor. O terapeuta pediu a Traci que classificasse cada fatia do gráfico de 1 a 10, com 10 representando o melhor. Traci marcou 2 na fatia da família (seus pais estavam falando em divórcio, mas ela amava muito os dois), 0 na fatia de amigos (ela acabara de brigar com sua melhor amiga e achava que não havia esperança de uma resolução), 1 na fatia da escola (ela estava indo mal, provavelmente por causa de todos os outros problemas), e 10 na fatia do amor (ela achava que a única coisa boa em sua vida era seu namorado, que a apoiava).

O terapeuta disse: "Não admira que você esteja se sentindo tão desencorajada. Três de quatro áreas da sua vida parecem muito desanimadoras. No entanto, você sabia que o suicídio é uma solução permanente para um problema temporário?".

Traci pensou sobre isso e perguntou: "Você realmente acha que esses outros problemas são temporários?".

O conselheiro perguntou: "O que você acha?".

Traci disse: "Eu acho que eles são, mas eu não vejo nenhuma solução agora".

O conselheiro perguntou: "Você gostaria de alguma ajuda com soluções?".

Traci disse que sim, e o terapeuta sugeriu que abordassem um assunto de cada vez. Traci escolheu a fatia dos amigos. O conselheiro dramatizou com ela maneiras de conversar com a amiga para resolver o problema. Traci saiu sentindo-se muito encorajada e esperançosa. Ela disse: "Eu sei que as coisas vão melhorar. Eu realmente não quero tentar uma solução permanente para um problema temporário." Essa afirmação, obviamente, teve um profundo impacto em Traci.

Distúrbios alimentares

Quando alguns comportamentos assustadores, como atividade sexual, suicídio ou abuso sexual, estão envolvidos, você pode ter a tendência de ignorar o assunto e esperar que o problema se resolva sozinho. Mas quando a dieta é a preocupação, você, como a maioria dos pais, provavelmente toma a abordagem oposta e se envolve excessivamente em uma área que muitas vezes não é da sua conta.

A preocupação dos pais com a saúde de seus filhos pode ficar fora de proporção em relação ao assunto comida, especialmente porque muitos de vocês têm seus próprios problemas com peso, aparência e dieta. Você tenta ser um bom pai ou uma boa mãe certificando-se de que seus filhos comam corretamente. Muitas vezes, em vez de oferecer escolhas saudáveis e confiar que seus filhos comerão quando estiverem com fome e pararão quando não estiverem, você interfere nesse processo natural e, sem saber, planta as sementes dos transtornos alimentares.

A mídia pode ter uma forte influência nas tendências atuais. Adolescentes veem estrelas de rock e dançarinas magras (mas não percebem o quanto de exercício eles praticam dançando e ensaiando) e fotos de modelos adolescentes (sem perceber que essas fotos são editadas com Photoshop). Converse com seus filhos sobre o que eles estão vendo na mídia e nas revistas. Faça perguntas curiosas que os convidem a pensar sobre o que é preciso fazer para ser assim e de que maneira eles podem se aceitar como são.

A maioria dos transtornos alimentares começa na infância. Por várias razões, algumas crianças deixam de regular sua alimentação internamente, param de ouvir os sinais de seus corpos e não confiam mais em si mesmas para comer o que é certo para elas. Como tudo pode ser intenso e extremo quando os filhos são adolescentes, distúrbios alimentares na adolescência podem assumir proporções graves e até mesmo colocar a vida do adolescente em risco. Uma adolescente era muito seletiva em relação à comida quando criança. Quando entrou no ensino médio, porém, e se sentiu intimidada pelo excesso de peso, sua seletividade se tornou ainda mais extrema. Ela começou a comer muito pouco e depois descobriu como era bom vomitar e se livrar do que comia. Ela tornou-se bulímica.

Nos casos mais extremos, como o descrito acima, os adolescentes param completamente de perceber os sinais de seus corpos, a ponto de quase morrerem.

Alguns dos transtornos alimentares mais comuns que vemos nos adolescentes são a obesidade extrema; anorexia, ou quase inanição em decorrência da ingestão de uma quantidade restrita de alimento; e bulimia, uma condição na qual as pessoas se fartam de comida e, em seguida, induzem o vômito ou usam laxantes como forma de permanecer magras. Os dois últimos padrões são encontrados principalmente, mas não exclusivamente, em mulheres.

Assim como as pessoas dependentes de substâncias químicas, os adolescentes que sofrem de transtornos alimentares chegam a um ponto em que não conseguem parar seu comportamento prejudicial sem ajuda. Seus padrões alimentares não são mais voluntários, mas compulsivos.

Se os transtornos alimentares de seus filhos chegarem ao extremo, procure ajuda profissional, o que inclui uma visita ao médico para verificar a condição física do adolescente, uma série de consultas com um terapeuta e a ajuda de um nutricionista, se necessário. Em um caso extremo, o adolescente pode precisar primeiro ser estabilizado clinicamente antes de aprender a mudar os sintomas e lidar com as questões mais profundas na terapia. Mais uma vez, quanto maior o envolvimento da família no processo terapêutico, mais rápida será a cura para o adolescente.

Jovens adultos que não querem ou não conseguem sair da casa dos pais

Hoje temos um novo fenômeno: filhos que não saem de casa. São pessoas na faixa dos 20 anos que ainda não se tornaram adultos responsáveis, dotados de bom senso.

Em vista dos problemas que estivemos explorando, pode ser surpreendente pensar que os filhos que não saem de casa exibem um comportamento disfuncional; mas achamos que os filhos que não têm coragem ou o impulso para começar suas próprias vidas longe de suas famílias têm sérios problemas. Também estamos preocupados com as mudanças em nossa cultura que fazem com que muitos pais pensem que é seu trabalho oferecer pensão e alimentação, aconselhamento, carros, dinheiro e serviço de limpeza para seus filhos. Houve um tempo em que as mães temiam o dia do ninho vazio, quando seus filhos sairiam de casa e as deixariam se sentindo desnecessárias. Hoje, muitos pais anseiam por um ninho vazio, imaginando se seus filhos crescidos sairão de casa um dia para viver suas próprias vidas.

Por que milhares de filhos adultos ainda moram com os pais? Muitos filhos querem morar em casa porque não são capazes de morar em outro lugar com o mesmo padrão de vida que se acostumaram a ter na casa dos pais sem nenhum esforço. Outros ficam em casa porque seus pais superprotetores os convenceram completamente de que nunca conseguirão sobreviver sozinhos e não adianta tentar. Eles perderam a fé em si mesmos. Alguns ficam em casa porque têm um pai alcoólatra ou severamente desencorajado, que eles estão convencidos de que vai morrer sem eles.

Alguns filhos ficam em casa porque não conseguem encontrar emprego e não conseguem se manter fora de casa. Se seus filhos estão se esforçando para encontrar trabalho e contribuindo enquanto moram com você, essa pode ser uma boa solução temporária. Se eles estão agindo como quem está querendo tirar vantagem, isso é um problema. Mesmo quando é difícil encontrar emprego, os filhos podem morar com seus amigos, dividindo aluguel, quartos e sofás. Eles também podem procurar trabalho em organizações sem fins lucrativos que ofereçam hospedagem e alimentação em troca de mão de obra gratuita. Às vezes, isso pode ser um trampolim para algo melhor no futuro.

Se os seus filhos adultos estão morando em casa, a melhor coisa que você pode fazer é tirá-los de lá depois de algum tempo. Você pode dar a eles um prazo e oferecer ajuda para que encontrem um emprego, façam um orçamento ou achem um lugar para morar. Se você ajudaria financeiramente um filho que tivesse ido para a faculdade, considere ajudar um filho que não ingressou na universidade com uma pequena quantia mensal até que ele possa se sustentar. A melhor regra é ajudar aqueles que estão se ajudando.

Resumo

Gostaríamos de oferecer um pouco de esperança. Mesmo quando os tempos são difíceis, há lições a serem aprendidas e oportunidades de crescimento. Você sempre pode controlar sua atitude, mesmo que não consiga controlar comportamentos ou fatores externos. Ao adotar uma atitude de que nada é para sempre e que há um lado positivo, quem sabe você pode até passar pelos momentos assustadores sentindo-se grato por você e seus filhos terem aprendido, crescido e se tornado mais resilientes com a experiência.

REVISÃO DAS FERRAMENTAS PARENTAIS GENTIS E FIRMES

1. Quando seus filhos fizerem algo que o assusta, diga-lhes que isso o assusta. Peça-lhes para pararem com o comportamento assustador, deixando-os saber que o que estão fazendo pode não ser um problema para eles, mas que a ideia de perdê-los é um problema para você. Se eles entenderem suas razões, pode ser que acatem o pedido, especialmente se respeitarem sua opinião.
2. Não espere que seus filhos lidem com gangues, agressores e violência sozinhos. Encontre maneiras de ajudá-los com as dificuldades que encontrarem.
3. Lembre-se das fases do uso de drogas se você começar a entrar em pânico. Revise os diferentes comportamentos dos pais para cada fase.
4. Não importa quão preocupado você esteja com a maneira correta de dizer as coisas, deixe de lado seus medos de cometer um erro e faça um esforço para conversar com seu filho adolescente, para dizer o que pensa e sente. Não falar é pior.
5. Se for necessária uma intervenção, faça uma tentativa. Você terá muitas chances para tentar novamente, mesmo que a primeira, a segunda ou a terceira não funcionem.

6. A maioria dos adolescentes hoje em dia são seres sexuais, não importa se você aprova ou não, então comece a conversar com seu filho adolescente e crie um diálogo em vez de tentar obter promessas que provavelmente não serão cumpridas.

7. Se você acha que está ocorrendo abuso sexual ou físico em sua casa, procure ajuda rapidamente. Você não será julgado; você e o resto da sua família terão um alívio para a dor.

8. Leve todas as ameaças de suicídio suficientemente a sério para conversar com seu filho adolescente a sós ou com a ajuda de um conselheiro. Mesmo que seu filho adolescente use a expressão "eu vou me matar" como forma de destacar um ponto e não como uma ameaça, você precisa explicar por que esse comentário específico não ajuda e sugerir outras maneiras de expressar sentimentos.

9. Pare de tentar controlar o que seus filhos comem ou a aparência deles, e veja muitos distúrbios alimentares desaparecerem num passe de mágica.

ATIVIDADE PRÁTICA

Segredos da adolescência

É fácil "catastrofizar" o resultado do comportamento adolescente normal e acreditar que a forma como os adolescentes estão agora é como eles serão para sempre. Lembrar de sua adolescência pode aliviar suas preocupações e restaurar sua fé em seus filhos.

1. Liste pelo menos três coisas que você fez quando adolescente e que não queria que seus pais soubessem.

2. Existe algum item na sua lista que você nunca contou a ninguém?

3. Que relação, se houver, você vê entre seus próprios segredos adolescentes e seus medos ou julgamentos sobre seu filho adolescente?

4. Seus filhos adoram que você compartilhe alguns dos seus segredos com eles para que eles não se sintam como as únicas pessoas "ruins" da família. Compartilhe mais, isso faz você parecer mais humano também, o que é uma vantagem real nesse momento.

14

SEUS PROBLEMAS DE ADOLESCÊNCIA NÃO RESOLVIDOS ESTÃO ATRAPALHANDO?

Cuidar de si mesmo

Criar um adolescente traz muitas questões não resolvidas da sua própria adolescência. Qualquer coisa que não tenha sido trabalhada quando você era adolescente ainda se esconde nas sombras do seu inconsciente, esperando por outra chance. Mesmo que essas questões estejam abaixo da superfície, elas influenciam a maneira como você cria seu filho. Essa bagagem que você carrega desde a adolescência não só o impossibilita de ter uma vida plena e rica, mas também, muitas vezes, cria obstáculos ao lidar com seu filho adolescente.

Passar pela adolescência do seu filho dá a você outra chance de resolver alguns desses problemas. Ao fazer isso, você experimentará inúmeros benefícios. Você será um pai mais eficiente, terá mais compaixão, entenderá melhor seu filho e curará o adolescente dentro de você.

Se você pensar sobre os problemas com os quais seu filho está lidando, não estará longe de identificar os problemas não resolvidos com os quais você ainda precisa lidar: poder, autoimagem, imagem corporal, relacionamentos íntimos, amizades, relacionamentos com seus pais e independência.

Esta é uma atividade rápida para ajudar você a entrar em contato com alguns de seus problemas não resolvidos. Pense no lugar onde você morou e frequentou a escola quando tinha entre 13 e 18 anos. Agora responda sim ou não às seguintes perguntas:

Você acreditava em si mesmo e sabia que poderia fazer sua vida funcionar (poder)?

Você se sentia bem consigo mesmo e tinha um senso de pertencimento (autoimagem)?

Você se sentia confortável em seu próprio corpo (imagem corporal)?

Você tinha um namorado(a)? Você ficava confortável com pessoas do sexo oposto? Mesmo sexo (relacionamentos íntimos)?

Você tinha amigos com os quais gostava de passar o tempo (amizades)?

Você confiava em seus pais e achava que poderia recorrer a eles quando precisasse de orientação e sabedoria adulta (pais)?

Você tinha liberdade em suas escolhas, ou suas atividades eram determinadas e monitoradas pelos adultos ao seu redor (independência)?

Quando Morgan respondeu à pesquisa, ela descobriu que tinha questões não resolvidas sobre autoimagem, imagem corporal e relacionamentos íntimos. Ela pensou sobre como isso estava impactando seu relacionamento com seus filhos adolescentes e percebeu que tinha medo que eles sentissem a dor que ela sentia quando adolescente. Para compensar sua falta de confiança nesses assuntos, ela não dava limites aos filhos quando se tratava de namorados e namoradas, escolher suas próprias roupas e estilo, e ignorava as dietas frequentes da filha na tentativa de manter um corpo esguio. Se seus filhos queriam um *piercing*, uma tatuagem ou usavam maquiagem, ela dava um suspiro de alívio por eles saberem como se encaixar sem a ajuda dela.

Depois de responder às perguntas sobre seus próprios anos de adolescência, ela foi sábia o suficiente para saber que não poderia ajudar seus filhos com coisas que nem ela tinha trabalhado em si mesma, mas poderia ter conversas com seus filhos sobre esses assuntos por curiosidade e preocupação. Ela poderia pedir a seus amigos ou irmãos que orientassem seus filhos nessas áreas para que eles tivessem o apoio de um adulto "sábio" se precisassem de ajuda.

Morgan também passou bastante tempo trabalhando em seus próprios problemas enquanto seus filhos adolescentes se individualizavam. Ela começou a estudar nutrição, envolveu-se em corrida e yoga e começou a pedir a seus amigos para ajudá-la a atualizar seu estilo. Modelar o autocuidado pode ser uma ferramenta poderosa para seus adolescentes.

Leo também respondeu às perguntas e descobriu suas questões não resolvidas. Leo cresceu com uma mãe solteira que trabalhava e que deu às crianças muita liberdade. Eles eram muito automotivados, porque ninguém estava lá para gerenciá-los ou motivá-los.

De vez em quando, ele e sua irmã passavam a noite na casa do pai. Seu pai era muito rigoroso e dizia repetidamente aos filhos que eles poderiam ser o que quisessem, mas que a concretização desse desejo dependia deles. Leo achava que não podia pedir ajuda para nenhum dos pais. Ele acreditava que seu pai estava ocupado demais, e não queria exigir de sua mãe, que trabalhava e cuidava da casa sozinha.

Apesar de Leo ter se tornado muito independente, ele se sentiu negligenciado. Agora ele exagera na atenção com seus dois filhos porque quer ser um pai ativo, envolvido em suas vidas. Ele está um pouco surpreso porque os filhos não se responsabilizam por nada em casa e esperam que ele os leve para todos os lugares e organize suas agendas lotadas. Leo está dividido. Por um lado, ele gostaria que seus filhos fossem menos mimados, mas, por outro lado, ele realmente queria dar a eles o que não teve quando criança.

Outra mãe compartilhou um problema com seu filho de 16 anos, Cody. Seu professor de economia ligou para dizer que Cody chegara atrasado ou faltara em seis aulas de um total de dez. O professor queria saber o que mãe faria. Sem pensar duas vezes, a mãe disse que iria à reunião de pais e professores.

Quando questionada sobre sua resposta, a mãe disse que queria ficar bem com o professor. Após uma exploração mais profunda, ela percebeu que ficou automaticamente intimidada ao ouvir a voz do professor e imediatamente pensou que fizera algo errado. Paralisada, entregou seu poder ao professor.

A mãe percebeu, com a ajuda de seu grupo de pais, que tinha uma crença infantil de que, para ser digna de amor ou amizade, nunca poderia estar errada. Ao pensar que tinha cometido um erro, tentou imediatamente corrigir a situação para satisfazer o professor. Então, ao tentar fazer o que era "certo" aos olhos dos outros, ela não conseguia ver o que era "certo" para seu filho – e para ela mesma. Nesse caso, ela estava mais focada em não ter problemas com o professor do que em ajudar seu filho.

Se a mãe não estivesse tão envolvida em seus problemas não resolvidos, em vez de aceitar a primeira coisa que o professor disse, ela poderia ter conversado com o filho para descobrir o que ele achava que estava acontecendo e o que ele queria fazer a respeito. Ela poderia ter perguntado ao professor se ele havia discutido o problema com seu filho. A mãe também poderia informar ao professor que, embora não aprovasse o comportamento do filho, ela achava que era tarefa dele resolver isso com o professor. Ela poderia perguntar ao filho se ele queria que ela fosse à escola com ele para discutir a situação com o professor ou se ele gostaria de lidar com isso sozinho.

Conhecer os pontos fortes e fracos da sua adolescência ajudará você a evitar que essas velhas inseguranças influenciem a forma como você cria seus filhos. Você pode usar as informações a seguir para ajudá-lo a resolver problemas antigos, para que você possa ser um pai/uma mãe empoderador, encorajador e efetivo para seus filhos adolescentes.

Estar do seu próprio lado geralmente ajuda seus filhos

Se alguém lhe perguntasse: "Você está do lado do adolescente?", as chances são grandes de que você diria: "Claro que estou!" (mesmo que suas ações indicassem o contrário). Mas você está do seu próprio lado? Você pode pensar que está, ainda que você seja como a maioria dos pais que não percebe que tem direito a uma vida separada da de seus filhos, e que os pais não precisam dedicar todas as suas ações aos seus filhos.

Estar do seu próprio lado significa que você considera suas necessidades tanto quanto considera as do seu filho. Quando seus medos se tornam a base de seus pensamentos e ações, então as ações tornam-se uma dança confusa que ignora o autorrespeito e o autocuidado. Danoso é fazer qualquer coisa que não atenda às necessidades da situação e não seja respeitoso.

A ciranda maluca dos danos

Essa ciranda maluca (uma dança de relacionamentos) consiste na escolha aleatória que você faz com pensamentos e ações que atrapalham seus objetivos parentais de longo prazo e seu autorrespeito. Essa ciranda não só dificulta que você fique do lado do seu adolescente, mas também impossibilita que você cuide de si mesmo com dignidade e respeito. Algumas das características mais comuns dessa dança ajudam você a justificar o uso de técnicas parentais de curto prazo (como controle ou permissividade).

Escolhas aleatórias que impedem você de ficar do seu próprio lado

1. Tentar consertar tudo que dá errado, em vez de permitir que os adolescentes cresçam ao corrigir seus erros. Essa atitude também distrai você do objetivo de consertar seus próprios erros enquanto você está ocupado resgatando seu filho adolescente; para ficar do seu lado, você precisa aprender com seus erros e ensinar a seus filhos que eles também podem aprender com seus próprios erros.

2. Preocupar-se com o que os outros vão pensar, de modo que "ficar bem na fita" é mais importante do que descobrir o que é melhor para seus filhos e para si mesmo. Você não pode ficar do seu próprio lado se está ocupado tentando agradar outras pessoas que não estão realmente envolvidas.

3. Tentar proteger seus filhos de toda dor, o que também os protege de aprender e se transformar em adultos capazes. Estar do seu próprio lado significa encarar um pouco da sua própria dor, perdoar a si mesmo e permitir-se crescer.

4. Ter medo da raiva do adolescente, o que significa desistir, ceder ou fazer o que for preciso para evitar a ira do adolescente. Isso ensina aos adolescentes que a raiva é ruim e deve ser evitada, ou que pode ser usada para manipular os outros. Em vez disso, mostre que a raiva é um sentimento válido e pode ser encarada de uma maneira apropriada. Estar do seu próprio lado deixará seus filhos adolescentes com raiva às vezes, especialmente quando você diz "não" e acredita que isso é o certo para você.

5. Acreditar que você é egoísta se não for abnegado, significa que você nunca terá permissão para se divertir. Estar do seu próprio lado significa encontrar equilíbrio entre fazer coisas para si mesmo e fazer coisas para ou com seus filhos.

Estar do seu próprio lado significa entender sua própria individualidade, assim como você entende a individualidade de seus filhos adolescentes, e apoiar seu próprio crescimento com dignidade e respeito, assim como apoia o crescimento do seu adolescente com dignidade e respeito. Seus filhos lhe darão muitas oportunidades para trabalhar o autocuidado.

Se você se sentir preso aos seus problemas antigos, recomendamos revisar este capítulo com frequência. Experimente a atividade descrita no final do capítulo para ajudá-lo a identificar seus problemas de adolescência não resolvidos e livrar-se deles. O que você aprendeu com a experiência enriquecerá sua vida e a de seus filhos adolescentes.

REVISÃO DAS FERRAMENTAS PARENTAIS GENTIS E FIRMES

1. Olhe para o fato de ter um adolescente como uma oportunidade maravilhosa para se livrar da bagagem da sua adolescência, em vez de arrastá-la junto com você ou descarregá-la em seus filhos.
2. Se você tiver problemas com sua autoimagem, seu filho adolescente certamente trará isso à tona. É hora de separar seus problemas dos problemas do seu filho.
3. Prestar atenção aos seus medos pode ser uma excelente maneira de mirar nos problemas do passado. Ao compreender quais são seus medos, você pode liberar-se deles e lidar com as necessidades reais da situação, não apenas com aquelas que você imagina.
4. Com uma nova perspectiva, novas opções aparecem, como que por mágica.
5. Revisite sua própria adolescência em busca de paralelos entre suas memórias e sua situação atual com seu filho adolescente.
6. Não se esqueça de que a dor da maioria das perdas que você sofre é de curta duração e que seu filho adolescente estará constantemente entrando e saindo de sua vida.

ATIVIDADE PRÁTICA

Use a atividade a seguir para identificar problemas não resolvidos da sua adolescência e para colocar você em contato com o mundo do seu filho adolescente. Em vez de pensar como um pai "deveria" pensar, você será capaz de lembrar como você pensava, sentia e se comportava quando era adolescente. Você começará a se lembrar de como era ser um adolescente, o que lhe dará uma melhor compreensão das percepções de seu filho e mostrará que você pode estar levando muito para o lado pessoal alguns dos comportamentos de seu filho adolescente.

Descobrindo seus problemas não resolvidos da adolescência

1. Pense em uma situação que ocorre com você e seu filho adolescente que você gostaria que fosse diferente. Descreva as especificidades da situação por escrito.
2. Como você se sente quando a situação ocorre? Certifique-se de usar palavras de sentimento e não palavras como "aquilo", "como se" ou "como".

Um sentimento pode ser descrito em uma palavra. Se você usar mais de uma palavra, está descrevendo o que pensa. Por exemplo, "senti como se meu filho me odiasse" é um pensamento. "Eu fiquei magoado", por outro lado, descreve sentimentos. (Você pode experimentar mais de um sentimento por vez e pode usar tantas palavras únicas quanto necessário para descrevê-los, mas elas não estarão em frases completas: brava, triste, indefesa e assim por diante.)

3. O que você está fazendo nessa situação problemática?
4. Qual é a resposta do seu filho adolescente ao seu comportamento?
5. Qual é a sua decisão sobre a resposta do adolescente?

Lembre-se da sua própria adolescência

1. Lembre-se de quando você era adolescente e as coisas não estavam saindo do jeito que você queria. Descreva as especificidades da situação por escrito.
2. Como você se sentia sobre essa situação?
3. Como você se comportava nessa situação?
4. Como os adultos ao seu redor ou seus pais se comportavam na situação?
5. Qual foi a sua resposta ao comportamento deles?
6. O que você decidiu sobre a situação?

Use *insights* sobre o seu passado para ajudar o seu presente

1. Revise o que você escreveu sobre as duas situações anteriores. Descreva um problema que ainda não foi resolvido da sua adolescência.
2. Que informação, se houver alguma, você obteve da sua memória da adolescência que pode ajudá-lo a lidar de maneira mais eficaz com sua situação atual?
3. Se você estiver com dificuldade para descobrir as conexões, compartilhe suas respostas com o cônjuge ou um amigo que possa ser mais objetivo sobre você. Talvez eles possam ver soluções e padrões que são muito difíceis de serem enxergados por você.

CONCLUSÃO

Da parentalidade temerosa à parentalidade corajosa

Não faz muito tempo que a palavra "adolescente" existe no dicionário. Em outros tempos, os adolescentes estudavam para aprender uma habilidade, casavam-se e muitas vezes não viviam além dos 36 anos. Embora os padrões políticos, econômicos, técnicos e de saúde tenham mudado drasticamente em nossa sociedade, parece ser mais difícil acompanhar as mudanças emocionais e sociais. As habilidades de parentalidade definitivamente não melhoraram. Hoje, há um foco em tornar os filhos felizes e ajudá-los a desenvolver uma autoestima saudável. No entanto, os pais ainda usam os velhos métodos de supercontrolar ou superproteger, o que torna difícil para os filhos se sentirem bem consigo mesmos. Eles desenvolvem uma mentalidade "de privilégios", e ficam esperando que os pais os façam felizes.

A ênfase no dever de casa e nas notas cria um tremendo estresse, disputas por poder e rebeldia. Pode ser muito confuso para os adolescentes que seus pais pareçam preocupados com sua felicidade e autoestima, mas passem tanto tempo importunando-os com as notas e tentando controlar cada movimento deles – seja por meio de punições, subornos ou recompensas.

Seu desafio como pai ou mãe é evoluir e mudar tão rápido quanto os tempos e tão rápido quanto seus filhos adolescentes. Mudar não é fácil, mas é claro que você pode conseguir se souber que vale a pena. O primeiro passo é parar de tratar seus filhos como bebês, especialmente seus filhos adolescentes.

Você precisa tratá-los como pessoas dignas de respeito e capazes de aprender, contribuir e amadurecer.

Pode ser muito difícil soltar seus filhos e acreditar na capacidade básica deles de aprender sem serem controlados ou superprotegidos por você. Uma razão básica para essa dificuldade é não entender a diferença entre a parentalidade temerosa e a parentalidade corajosa.

Parentalidade temerosa

A parentalidade temerosa consiste em não soltar os filhos porque isso é muito difícil. Você pode se sentir assustado e temer danos permanentes se "soltá-los". Você pode acreditar que o controle funciona. Outro tipo de modalidade temerosa acontece quando você não vê alternativas de pequenos passos ao controle, então você acha que sua única escolha é não fazer nada, e essa não é uma opção para você. Você pode pensar que o controle ou a permissividade são as únicas opções.

A parentalidade temerosa é se preocupar mais com o que os outros pensam ou dizem do que fazer o que é melhor para seus filhos, inclusive permitir que aprendam com seus erros. Significa estar mais interessado na perfeição do que no crescimento de seus filhos adolescentes. Você acha que é seu trabalho "ser uma supermãe ou superpai". Talvez você não tenha nada melhor para fazer. A parentalidade temerosa é reativa porque você tem certeza de que só tem uma chance para lidar com qualquer situação e não ousa errar, ou seu filho sofrerá danos irreparáveis. Pais temerosos não querem magoar seus filhos, mas há muitas coisas que eles fazem sem saber que prejudicam o crescimento e o desenvolvimento de seus filhos. Superproteção, controle, regras rígidas, permissividade e falta de comunicação são apenas alguns dos métodos que contribuem para minar a força e a capacidade dos adolescentes.

Parentalidade corajosa

Parentalidade corajosa significa enfrentar o medo (sim, é assustador "soltar" filhos e permitir que eles cometam erros) e fazer o que precisa ser feito de qualquer maneira. Parentalidade corajosa significa dedicar tempo para ensinar habilidades ainda que seja mais fácil criticar ou resgatar. Pais corajosos acreditam que seus filhos são capazes de aprender com seus erros em uma atmosfera de apoio que não inclui críticas ou resgate. Pais corajosos têm fé nas capacidades básicas de seus filhos adolescentes e sabem que eles podem aprender quando lhes é dado o espaço e o apoio de que precisam.

Quando você pensa em seus filhos adolescentes como pessoas competentes e capazes, dotadas da capacidade de aprender o que é bom para eles por meio da experiência, é mais fácil tornar-se corajoso.

Empoderamento acidental

Às vezes, os adolescentes podem resolver as coisas por si mesmos simplesmente porque os pais não sabem o que seus filhos estão fazendo, então deixam de interferir. Roy compartilhou um exemplo de empoderamento acidental:

> *Estou feliz por não saber que Ian estava cabulando aulas para surfar durante a maior parte do ano letivo. Ele tinha um amigo que respondia a chamada por ele, e como suas notas eram A e B, eu nunca descobri. Quando Ian finalmente me contou sobre suas aventuras, eu disse: "Como eu pude deixar de perceber tudo isso?". Ele disse: "Você não está feliz? Talvez tivéssemos brigado constantemente e isso não teria mudado nada, exceto o nosso relacionamento. Eu também aprendi a lição que precisava quando não consegui entrar na universidade por causa das minhas notas e tive que cursar uma faculdade pior. Mas sabe de uma coisa, pai, eu provavelmente faria tudo de novo. Fiz milhares de grandes amigos tanto no surfe como na faculdade, e me custou muito menos para eu descobrir o que queria estudar".*

Se você é uma mãe ou pai corajoso, você precisa:

1. Cercar-se de outras pessoas que tenham os mesmos objetivos. (Isso pode significar começar seu próprio grupo de apoio aos pais ou trabalhar com um terapeuta que segue a Disciplina Positiva.)
2. Praticar habilidades parentais gentis e firmes.
3. Ensinar habilidades aos adolescentes para que eles possam gerenciar suas próprias vidas.
4. Reler este livro várias vezes. Você aprenderá algo novo a cada leitura.

Educar adolescentes é uma arte e requer um grande compromisso de sua parte. Você precisa de tempo para se treinar, já que muitos dos métodos de parentalidade da Disciplina Positiva acontecem naturalmente. A boa notícia é que quanto mais você pratica relacionamentos respeitosos com seus filhos, melhores se tornarão as habilidades e relacionamentos de ambos.

ÍNDICE REMISSIVO

A

Abraços, 119, 176-177
Abuso físico, 32
Abuso sexual, 201, 221-222, 230-231
Acompanhamento, 59, 66-74,109
    acordos e, 68-73,109
    ameaças e, 73
    armadilhas que derrotam, 68-70
    dramatização e, 68-71
    eficaz, 67-68
    lições aprendidas com a falta de, 72-
      -73
    na vida real, 70-72
    passos para ser eficaz, 67-71
    prazos e, 68-70, 74
Acordos
    e acompanhamento, 68-73,109
    e reunião de família, 73
    motivação e fazer, 59, 62-64
    por escrito, 73
Adler, Alfred, 173-174
Adolescentes
    como onipotente e sabe-tudo, 12-14
    desenvolvimento cerebral de 8-10
    dicas para criar conexão com,
      20-28
    explorando o poder pessoal e a
      autonomia, 6-7, 9-11
    ideal e real, 1-4
    individuação e, 6-15
    mentira e, 10-12, 123-124, 210
    mudanças físicas e emocionais e,
      6-7, 8-9
    necessidade de privacidade, 6-7,
      10-15
    pais como, 5-7
    realidades separadas e, 101-104,
      173-174
    relações entre pares e, 6-10, 143-
      -144, 201-204
    segredos e, 7-8
Águia, estilo de personalidade, 192-
    -193, 196
Ainge, James, 165-166
Alargadores, 132-134
Alterações hormonais, 8-9, 43

Alucinógenos, 208
Amigos, 143-144, 201-204
Amor
    condicional, 19-20
    mensagem de, 17-21, 24-25, 113-
        -114, 118-119
    privação de, 32
Anfetaminas, 208
Anorexia, 227-228
Antidepressivos, 174-175
Apoio emocional, 124-125
Apostas, em comparação com subornos
    e recompensas,154
Apreciação, 59-60
    motivação, 59-60
    nas reuniões de classe, 205
    nas reuniões de família, 101-107
Atenção indevida, 181-192
Atitude positiva, 147-148
Atividade "Segredos da adolescência",
    7-8
Atividade sexual, 187-188, 219-220,
    230-231
Aulas de autodefesa, 207

B
Barbitúricos, 208
Bebidas alcoólicas, 49-51, 131-133
Bissexualidade, 219-220
Blogs, 162
Boa noite, cinderela, 208
Bulimia, 227-229
Bullying e violência, 201, 214-217, 230-
    -231
Busca pela excitação, 181, 186-191

C
Camaleão, estilo de personalidade,
    192-193, 195

Capacidade, sentimentos de, 123-124,
    128-129, 242
Carros e dirigir, 129-130, 150-152,
    155-156, 165
Castigo, 32-34
Celulares, 136-137, 141, 161-162, 165
Cérebro primitivo, 8-9
Ciranda maluca dos danos, 28, 236-238
Cocaína, 208
Competência, sentimentos de, 147-148
Comportamento
    abuso sexual, 201, 221-222, 230-
        -231
    amigos, 201-204
    assustador, 173-174, 201-231
    atividade sexual, 219-220, 230-231
    automutilação, 201, 222-225
    baseado no medo, 25-26
    bullying e violência, 201, 204-207,
        230-231
    objetivos equivocados do, 181-192,
        199
    suicídio, 201, 225-231
    transtornos alimentares, 201, 226-
        -229, 230-231
    uso de álcool, 207-212, 216-219,
        226
    uso de drogas, 201, 207-219, 226,
        230-231
Computadores, 140-141, 161-163, 166-
    -170
Comunicação não verbal, 69-70
Concertos, 142
Conexão com adolescentes, dicas para
    criar, 20-28
Confiança, 144, 165166, 178-179
Conforto ou fuga, estilo de
    personalidade, 192-193, 198
Confronto, evitar, 124-125

Consenso, nas reuniões de família, 103-107, 110-111

Contratos, 72-75

Controlador
estilo de personalidade, 192-193, 196
estilo parental, 17-20, 32-34, 40-41, 236-237, 242

Controle de natalidade, 137-139

Controle dos pais, 140-141, 169-170

Cooperação, 43, 99-100
reuniões de família e, 108-110

Coragem, empoderamento e, 127-128, 152-153, 188-189

Córtex pré-frontal, 8-9

Crianças sem problemas, 180-181

Crítica, 9-10, 48-49, 68-70

Cyberbullying, 161-162, 165-166, 168--169, 204

D

Dependência química, 214-216

Desencorajar, 123-143

Desenvolvimento do cérebro, 8-10, 43

Desistência, negligência e, 37-38

Diário, 14-15

Digitar trabalhos escolares, 123-124

Dignidade, 68-70, 99-100, 124-125

Dirigir e automóveis, 129-130, 150--152, 155-156, 165

Disciplina Positiva,
habilidades para lembrar, 14-15, 28-29, 44-46, 56-57, 74-75, 110-111, 120, 144-145, 170-171, 230-231, 237-238
visão geral da, 38-39

Disputas por poder, 9-11, 199-100, 109-110, 132-133, 165-166, 241

Dobradura do papel (atividade para reduzir o estresse), 5

Doenças sexualmente transmissíveis (DST), 219-220

Dramatização, 204
acompanhamento e, 68-71
em reuniões de família, 181
em situações difíceis, 134-139
para aumentar a empatia, 181

Dreikurs, Rudolph, 144, 173-174, 181

Drogas, uso de, 187-188, 201, 207-219, 226, 230-231

E

Ecstasy, 208

Educação em casa, 139-140

Educação sexual, 220

Eletrônicos, 140-142, 161-171
celulares, 136-137, 141, 161-162, 165
computadores, 140-141, 161-163, 166-170
cyberbullying e, 161-69
diretrizes para o uso de, 163-165, 171
mensagens de texto, 161-1658
política escolar para, 165
reality shows, 161-162,169-171
redes sociais, 10-11, 161, 166-170
sexting e, 161-162, 168-169, 204
uso da internet, 140-141,161-171
vício em, 166-167
zonas livres de mídia, 164, 167-168

Empatia, 21-22, 35-36, 135-136, 181

Empoderamento, 31
acidental, 243
afirmações, 126-127
amigos e colegas, 143-144
automóveis, direção e, 129-130

como fundamento da parentalidade em longo prazo, 127-129

comportamentos típicos, 124-125

coragem e, 127-128, 152-153

desafio do, 144-145

dinheiro e, 135-137

eletrônicos e, 140-142

em comparação com o desencorajamento, 123-124

escola e, 139-141

festas e, 131-133

horário para chegar em casa e, 134-136

irmãos e briga entre irmãos, 130--131

namoro e sexo e, 137-139

quartos e, 137-138

roupas, cabelo, tatuagens, *piercings*, alargadores e, 132-134

shopping, *shows* e outras atividades, 142

tarefas domésticas e, 136-137

Emprego de meio período, 135-136

Empréstimo de dinheiro, 123-124, 135-136

Empréstimo de roupas, garantias e, 149

Encorajamento, 20-21, 23-24, 173-174
motivação e, 59-60, 74

Ensaio, criar uma oportunidade de, 150-153

Envolvimento, motivação por meio dos pais, 59, 64-66, 74

Erros, 47-57
adolescente ideal e, 2
aversão a, 39
compreender as consequências dos e responsabilizar-se pelos, 53-57
mensagens negativas sobre, 47-48

oportunidades de aprendizagem e, 38, 47-51, 99-100, 123-124, 181, 243

perguntas curiosas e, 48-51

permitir, 19-20

Quatro R da Reparação dos Erros, 51-53

se esconder dos pais, 48-49

Escolhas, consequências de, 35-38, 50--51, 123-124, 128, 179-180

Escuta, 20-23, 67-68, 99-106, 118-119, 124-125, 210

Estilos parentais, 31-46
controlador, 17-20, 32-34, 40-41, 236-237, 242
corajoso *versus* temeroso, 242-244
métodos comuns de, 32-34
microgerenciamento, 40
mudar, 39-44
negligente, 36-38
permissivo/superprotetor/salvador, 13-14, 19-21, 34-37, 66-67, 162, 236-237, 242

Estresse
definição de, 4-5
redução do, 4-6

Estupro, 138-139, 208

Exemplo, aprendendo pelo, 65

Expectativas, resistência e, 118-119

F

Festas, 131-133, 216-218

Filhos únicos, 180-181

Fones de ouvido, 165

Fumo, 214-215

G

Garantias
emprestar roupas e, 149

motivação e, 59, 62-64

Gestão e regulação emocional, 8-9

Gibran, Kahlil, 31-32

Glenn, H. Stephen, 205

Gravidez na adolescência, 220

H

Habilidades de comunicação, 8-9, 37--38, 77-98

Habilidades de vida, 34-35, 39, 147-159
abordagens não convencionais e, 153-154
ensaios completos e, 150-153
mentores e tutores e, 156-158
pegar carona nos interesses dos adolescentes e, 148-149
planejamento e programação e, 149--161
rotinas e, 155-158

Harris, Eric, 205

Heroína, 208

Holismo, 173-174

Hora da refeição, questões, 101-103, 141

Horário para chegar em casa, 134-136, 157-158

Humilhação, substituir por encorajamento, 20-21, 23-24

Humor
mantendo o senso de, 128
motivação e, 59, 59-63
tempo especial e, 118-119

I

Igualdade social, conceito de, 173-174

Inadequação assumida, 181-184, 186--191

Inalantes, 208

Incesto, 221-222

Indisponibilidade emocional, 37

Individuação, características da, 6-15

Inspeção de quartos, 209

Internet, uso da, 140-141, 161-171

Intervenções, 215-218, 230-231

Intner, Riki, 192-193

Irmãos
brigas e, 130-131
ordem de nascimento e, 180-181
tempo especial e, 119-120

J

Jogo, 161

Julgamento, 20-24, 68-70

Justiça, por meio da vingança, 181-188

Justiça, senso de 71-72

L

Leão, estilo de personalidade do, 192--197

Levantamento de ideias, 99-100, 103--104, 117

Lição de casa, 241
envolvimento parental na, 65, 139--141

Losoncy, Lew, 201-203

Lott, Lynn, 1-2, 192-193, 205

M

Maconha, 208, 214-218

Medicação em excesso, 173-174

Medicamentos, 173-177
prescritos, 208, 216-217
sem receita, 208, 216-217

Medo, parental, 144, 151-153, 209-211

Memórias, tradição familiar e, 100-101

Mendenhall, Barbara, 192-193

Menos é mais, conceito de, 69

Mensagens de texto, 161-168

Mentalidade "de privilégios", 241

Mentir, 10-12, 210
    aos professores, 123-124

Mentores e professores, 156-158

Mesada, 32, 103-104, 135-136, 150

Microgerenciamento, estilo parental do, 40, 100-101, 139-140

Mimar, 19-20, 162

Modelo de doença, 173

Momento especial, 111-121, 134-135
    abraços, 119
    dicas para, 118-119
    ideias para, 114-118, 120-121
    rivalidade entre irmãos e, 119-120
    saindo, 117-120
    tempo de qualidade, 117-120

Momento individual, 119-120

Momentos de ensino, 147-149

Motivação, 59-75
    acompanhamento e (ver Acompanhamento)
    acordos, compromissos e, 60-61
    acordos/garantia e, 59, 62-64, 74
    encorajamento e, 59-60, 74
    humor e, 59, 59-63, 74
    por meio do envolvimento dos pais, 59, 64-66, 74
    resolução conjunta de problemas e, 59, 65-67

Mudanças emocionais na adolescência 6-9

Mudanças físicas, na adolescência, 6-9

Mudanças no humor, 8-9

N

Namoro e sexo, 137-139

Negligência, formas de, 20-21, 36-38

Nelsen, Jane, 1-2, 49-50, 205

Notas, 139-140, 241-242

O

Obesidade, 227-228

Oração da serenidade, 219

Ordem de nascimento, 180-181

P

Paciência, 105-106

Pais
    como adolescentes, 5-7, 233-239
    comportamento baseado no medo dos, 25-26
    vergonha dos, 6-7, 12-13

Parentalidade
    com helicóptero, 40
    corajosa, 242-244
    de curto prazo, 31-38, 41, 43
    temerosa, 242

Passeios ao *shopping*, 142

Pense, sinta, faça, 176-180

Perfeccionismo, problemas com o, 2-4

Perguntas certas e erradas, 41-42

Perguntas curiosas, 21-23, 48-51, 123--124, 128, 134-135, 204, 210, 213, 227-228

Período de reflexão, 99-101,110-111

Permissivo/superprotetor/salvador, estilo parental, 13-14, 19-21, 32, 34-37, 66-67, 161, 236-237, 242

Personalidade, tipos de, 192-193

Pfeiffer, Kelly, 129

Piercings, 132-134

Poder mal direcionado, 181-188

Poder pessoal e autonomia, explorando, 6-7, 9-11

Pornografia, 163

Prazos, em acompanhamento, 68-70, 74

Preservativos, 220

Prioridade(s), 68-69, 73

do estilo de vida, 192-198
Privacidade, necessidade de, 6-7, 10-15
Privilégios, perda de 5-6, 26, 32-34,
    113-114
Problemas com drogas, 213-214
Procrastinação, 5-6, 61-62, 153-154
Profeta, O (Gibran), 31-32
Psicologia, 173-199
    atenção indevida, 181-192
    busca pela excitação, 181, 186-188,
        190-192
    fatias da torta da família, 179-181
    inadequação assumida, 181-184,
        186-191
    justiça por meio da vingança, 181-
        -188
    objetivos equivocados de
        comportamento, 181-192, 199
    ordem de nascimento, 180-181
    pensar, sentir, fazer, 176-180
    percepção de adolescentes, 174-177
    poder mal direcionado, 181-188
Puberdade, 8-9
Punição, 25-26, 32, 48-49, 67-68, 113-
    -114, 123-124, 242

Q
Quartos, 136-138
Quatro R da Reparação dos Erros, 51-
    -53

R
Realidades separadas, 101-104, 173-174
Reality shows, 161-162, 169-171
Rebeldia, 6-8, 13-14, 43-44, 241
Reclamações, 5-6, 74-75
Recompensas, 32, 123-124, 242
    em comparação com apostas, 154
Reconciliação, 51-52

Reconhecimento, de erros, 51-52
Redes sociais, 10-11, 161, 166-170
Relações entre pares, 6-7, 9-10, 143-
    -144, 201-204
Resiliência, 34-35
Resolução de problemas, 8-9, 38, 43,
    99-100, 124-125, 128
    em conjunto, 59, 65-67, 134-135,
        204
Respeito, 20-23, 27-32, 38, 52, 56-57,
    68-70, 99-100, 124-125, 165-
    -166, 173-174
    mútuo, 22-23, 38, 99-100,
        173-174
Responsabilidade, 32-33, 43, 68-70,
    99-100, 128
    ajudar no estabelecimento da, 128-
        -129
    manipular e evitar, 72
    pelos erros, 51-52
Reuniões de classe, 204-205
Reuniões de estudo, 154
Reuniões de família, 43, 50-51, 99-112,
    124-125, 134-135, 204
    acordos na, 73
    apreciações nas, 59-60, 101-107
    consenso e, 103-111
    dicas para melhorar, 105-107
    dicas para reuniões eficazes, 103-
        -106
    dramatizações, 181
    estabelecer cooperação e, 108-110
    estilos de, 100-101
    exemplos reais, 106-108
    importância de 99-101
    ouvir nas, 99-102, 103, 106
    pausa positiva e, 99-101, 110-111
    pauta da, 100-104
    planejamento e programação, 150

planejando tempo especial na, 117--118

questão das refeições, 101-103

questões controversas nas, 106-107

rivalidade entre irmãos e, 130-131

tempo de, 100-101, 113-106, 110--111

Reuniões em círculo, 204

Rotinas, 155-158

Roupas, 132-134

S

Sair de casa, 228-230

Satisfação, estilo de personalidade, 192--195

Segredos, 7-8

Sexting, 161-162, 168-169, 204

Sistema límbico, 8-9

Soluções, envolver os adolescentes para focar em, 20-21, 26-27

Subornos, 242

em comparação com as apostas, 154

Suicídio, 2, 127-128, 201, 225-227, 230-231

Superioridade, estilo de personalidade, 192-193, 197

T

Tarefas domésticas

dispensado das, 124-125

disputas por poder e, 109-110

reuniões familiares e, 108-109

Tartaruga, estilo de personalidade, 192-193, 198

Tatuagens, 132-134

Televisão, 141, 163

Terapeuta, escolha de, 215-216

Torta da família, fatias da, 179-181

Transtorno bipolar, 174-175

Transtorno opositor desafiador (TOD), 173-174

Transtornos alimentares, 227-231

Tutores e mentores, 156-158

U

Uso de álcool, 207-208, 210-212, 216--219, 226

Uso experimental de drogas, 212-213

Uso regular de drogas, 213

Uso social de drogas, 213

V

Validação, 123-125

Valores da família, rebeldia e, 7-8

Viciados em aprovação, 2, 7-8, 33-34

Vingança, justiça por meio da, 181, 182-188

Z

Zonas e horários livres de mídia, 164, 167-168